［基金项目］云南省新学科培育计划立项建设学科"边境社会治理学"（云教发〔2022〕73号）阶段性成果

乡村振兴的云南边境实践：
产业振兴

主　编　王旭明
副主编　李兆生

东北大学出版社
·沈　阳·

图书在版编目（CIP）数据

乡村振兴的云南边境实践：产业振兴 / 王旭明主编.
沈阳：东北大学出版社，2025. 5 -- ISBN 978-7-5517-
3841-5

Ⅰ. F327.74

中国国家版本馆CIP数据核字第2025J3P404号

出 版 者：东北大学出版社
　　　　　地址：沈阳市和平区文化路三号巷11号
　　　　　邮编：110819
　　　　　电话：024-83683655（总编室）
　　　　　　　　024-83687331（营销部）
　　　　　网址：http://press.neu.edu.cn
印 刷 者：辽宁一诺广告印务有限公司
发 行 者：东北大学出版社
幅面尺寸：170 mm × 240 mm
印 　 张：12.75
字 　 数：256千字
出版时间：2025年5月第1版
印刷时间：2025年5月第1次印刷
策划编辑：石玉玲
责任编辑：孙 锋 项 阳 刘桉彤
责任校对：石玉玲
封面设计：潘正一
责任出版：魏 巍

ISBN 978-7-5517-3841-5　　　　　　　　　　定价：48.00元

序言

乡村振兴，是关系全面建设社会主义现代化国家的全局性、历史性任务，是新时代"三农"工作的总抓手。习近平总书记强调"民族要复兴，乡村必振兴"，为我们指明了前进的方向。《乡村振兴的云南边境实践》系列丛书的出版，恰逢其时，是对云南在乡村振兴伟大征程中积极探索与丰硕成果的生动记录和深度总结。

党的二十大报告明确指出，"全面推进乡村振兴。全面建设社会主义现代化国家，最艰巨最繁重的任务仍然在农村。坚持农业农村优先发展，坚持城乡融合发展，畅通城乡要素流动。加快建设农业强国，扎实推动乡村产业、人才、文化、生态、组织振兴"。这为乡村振兴战略的实施提供了清晰的路径和明确的目标。云南在实践中深入贯彻落实党的二十大和二十届三中全会精神，在"五个振兴"方面取得了显著成效。

产业振兴是乡村振兴的基础。在产业振兴上，党的二十届三中全会提出"壮大县域富民产业，构建多元化食物供给体系，培育乡村新产业新业态"。云南立足自身资源禀赋，积极探索特色产业发展之路。高原特色农业蓬勃发展，花卉、茶叶、水果等产业不仅在国内市场占据重要地位，还逐步走向国际舞台。同时，云南大力推动农文旅融合，通过打造"乡村文旅+特色民宿"的融合发展新模式，形成了丰富多彩的乡村产业振兴样本。

人才振兴是乡村振兴的关键。习近平总书记强调，要培养造就一支懂农业、爱农村、爱农民的"三农"工作队伍。云南积极落实这一要求，一方面通过政策引导，吸引了大批在外人才返乡创业，为乡村发展注入新的活力；另一方面，加强本土人才培养，开展各类农业技术培训和职业技能教育，培育了众多有文化、懂技术、善经营的新型农民，他们成为乡村振兴的中坚力量，在产业发展、乡村建设等各个领域发挥着重要作用。

文化振兴是乡村振兴的灵魂。云南拥有丰富多样的民族文化和历史文化资源，在乡村振兴过程中，各地注重保护和传承中华优秀传统文化，深入挖掘民族文化内涵，打造了一批具有地方特色的文化品牌。通过举办民族节庆活动、传承民间技艺等方式，不仅丰富了农民的精神文化生活，也增强了乡村的文化吸引力和凝聚力，促进了乡村文化与旅游等产业的深度融合，让文化成为推动乡村发展的重要动力。

生态振兴是乡村振兴的重要支撑。习近平总书记指出，"绿水青山就是金山银山"。云南牢固树立绿色发展理念，打造"生态文明建设排头兵"，加强农村生态环境保护和治理，推进农村人居环境整治，加强对洱海、高黎贡山等重点领域的保护，实施山水林田湖草沙一体化保护和修复工程。同时，积极探索生态产品价值实现机制，发展生态农业、生态旅游等绿色产业，让良好生态环境成为乡村振兴的支撑点，让绿水青山真正变成了金山银山，实现了生态效益与经济效益的双赢。

组织振兴是乡村振兴的根本保障。云南始终坚持以党建为引领，加强农村基层党组织建设，选优配强村党组织带头人，充分发挥党组织在乡村振兴中的战斗堡垒作用。同时，完善党组织领导的自治、法治、德治相结合的乡村治理体系，广泛发动群众参与乡村治理，激发群众参与乡村振兴的积极性和主动性，营造了共建共治共享的良好氛围。

《乡村振兴的云南边境实践》系列丛书中的一篇篇论文从不同角度、多个层面展现了云南在乡村振兴五大领域的实践探索和理论思考。它不仅是云南乡村振兴成果的集中展示，也是对全国乡村振兴工作的有益借鉴。希望这套丛书能够为广大读者提供有益的启示和参考，推动乡村振兴战略在各地更好地落地生根、开花结果，为实现农业农村现代化、全面建设社会主义现代化国家作出新的更大贡献。

王明春

2025年1月

目录

凤凰社区乡村治理困境研究

——基于乡村产业寡头化趋势

罗晓欢

在乡村振兴的大背景下，要实现乡村振兴就必须实现乡村产业振兴，打破城乡二元结构。在总结乡村产业发展经验及乡村治理经验的同时，要不断探索新路径，实现产业兴旺，乡村"智治""善治"的战略目标。本文尝试借鉴前辈学者的学术成果，从社区产业发展困境引起村治困境的视角入手，基于凤凰社区的乡村产业"寡头化"趋势有关的问题及凤凰社区的经验总结，分析乡村产业"寡头化"趋势的原因及现状，从而为解决有关的村治问题提供新的途径。

一、乡村产业"寡头化"趋势概括

（一）乡村产业"寡头化"的定义

这里说的乡村产业"寡头化"不是经济学上的生产者寡头垄断，而是乡村产业"大户"对销售渠道、生产技术、生产资料所占有的巨大优势，从而使乡村产业"大户"的竞争力越来越强，对乡村市场及销售渠道都会呈"垄断趋势"，即资本的自然集中，这个姑且称为乡村产业"寡头化"趋势。然而，我们不应该因为"寡头"这个词带有贬义色彩，就对产业"寡头化"趋势一概而论，应当对其保持客观态度。乡村产业"寡头化"趋势有利有弊，资本的自然集中，有利于资源整合、激发市场活力，从而形成强劲的市场竞争力。但是，乡村产业发展的过程中，在"寡头化"趋势的作用下会出现很多产业"大户"，也就是"寡头化"的最大受益者，他们在产业发展的过程中会自觉或不自觉地挤压产业"小户"的生存空间，从而引发一系列由乡村产业"寡头化"趋势间接或直接造成的村治问题。

（二）乡村产业"寡头化"趋势的影响

乡村产业经过一定时期的发展，单个产业本身或者是整体产业都会出现资本自然集中的现象，这说明该产业或整体产业都是健康且充满活力的。这也充分说明乡村产业"寡头化"趋势是必不可少的，只有存在"寡头化"趋势，即资本的自然集中，才能使乡村产业蓬勃发展。乡村种植产业的最大困境就在于产品本身的价值不易实现，即长期的产业单一不聚集、规模小等因素，让发展产业的农户得不到应有的利益，从而限制产业本身的发展。

乡村产业与农民的联系非常紧密，农户是发展乡村种植产业的主体，产业是实现农户发家致富的载体。产业发展得好，农户自然发展得好，但是产业发展属于市场行为，这就不可避免地出现竞争与层级分化，与之相对应的农户自然会出现竞争与层级分化，这样就会使农户间出现矛盾。只有资本不断集中，该产业才能形成核心竞争力，这也刚好是乡村产业最需要的力量。乡村产业只有成规模、专业化、形成自己的核心竞争力，才可以冲破城乡壁垒的阻碍。乡村产业发展需要"寡头化"趋势，但是"寡头化"趋势引起的农户竞争与层级分化，极易引起村治矛盾。对于乡村产业发展"寡头化"趋势的弊端也不可忽视，从解决此趋势弊端入手，完善乡村治理能力是一个很不错的路径。同时在发展乡村产业时，应当正确引导产业"大户"成为"领头雁"，成为打破城乡二元结构的生力军。

二、腾冲市凤凰社区产业"寡头化"趋势的演变

（一）腾冲市凤凰社区的概况

凤凰社区属于腾冲市明光镇的下辖社区。该社区以前叫"鸦鸟村"，在明光镇人民政府的引导下，该村与保山市烟草公司进行合作，该村成为了烟草种植基地。因此，当地的产业开始迅速发展，推动经济高速发展，从此改名为红云社区。再之后在烟草种植产业的推动下，红云社区的其他种植产业也得到发展，人民的生活水平得到很大提升，从此红云社区正式改名为凤凰社区①。凤凰社区山地面积广阔，土地肥沃，气候适宜农作物生长，特别是雨水充沛，自然条件利于种植产业发展。

---

① 凤凰社区，由于本村的产业经济快速发展，寓意着乌鸦变凤凰。

（二）凤凰社区产业"寡头化"趋势的表现

据悉，凤凰社区在被规划为烟草种植基地之前，种植产业大都是自给自足，没有规模化种植，农作物种类多，种植规模小。自从凤凰社区被规划为烟草种植基地后，在烟草技术部门的帮助和村委会的引导下，开始出现大规模种植，自此烟草成为了凤凰社区的第一种成规模的种植产业。农户自然也得到了烟草产业发展带来的丰厚收益。

从第二年开始有更多的农户投入到烟草种植产业中，同时在上一年取得收益的农户，可能会扩大产业规模。由于烟草技术部门的技术支持、政策引导，村委会落实具体工作，加大市场需求。凤凰社区因烟草种植产业的发展，在较短时间内就催生出一批相对富裕的农户，这类农户因为有了一定的资本积累和资源渠道，有较强的抗风险能力。烟草种植产业因为有政策和技术的大力支持，种植户只需做前期投入、中期管理及烘烤，后期销售都是烟草收购站负责，而且完全不用担心交易资金。烟草种植产业最大的缺点就是前期资金投入较大。最早进行烟草种植产业的农户已经有一定的资本积累，所以这批农户中大部分都通过扩大种植规模来谋求更多利益，成为了烟草种植"大户"。

在"大户"发展产业的过程中，他们会不断地租借其他农户的耕地，雇佣当地及附近的劳动力。"大户"的发展很大程度上推动了烟草种植产业的发展，但是他们也在挤压"小户"的发展空间。首先，"大户"的发展需要雇佣当地及附近的劳动力，这会造成当地劳动力缺乏，供不应求，从而使劳动力工价上涨，致使"小户"无力扩大种植规模，或是"小户"放弃烟草种植产业，成为"半工半耕"①的农户。在国家政策调整、市场影响、土地因多年连续种植使烟草产生很多病变等这些因素的作用下，烟草种植产业"小户"会错过这次烟草种植产业带来的红利。而"大户"因为有一定的资本积累和资源渠道，自然成为了今后凤凰社区种植产业发展的主要力量和受益者。

当烟草种植产业发展略显颓势的时候，在政策引领和村委会的努力下，凤凰社区开始引进更多的种植产业，并由村委会带头，联合相关村民成立了很多种植产业的合作社。形成了以烟草种植产业、万寿菊种植产业、中草药种植产业、一般农作物（水稻、玉米、土豆等）为中心的凤凰社区产业格局。其中，万寿菊作为政府推广的经济作物，政府不仅给予农民相应补贴、技术支持，对成品还统一收购。就作物本身来说，虽然万寿菊可一年多收，但是投入的劳动力成本太高，这个门槛又隔绝了一部分"小户"。总的来说，万寿菊种植产业

---

① 夏柱智. 半工半耕：城市化背景下农民阶层及分化研究 [D]. 武汉：华中科技大学，2015.

的发展虽与烟草种植产业的发展相类似，但是由于烟草种植产业"大户"的直接过渡，"小户"和"大户"的起点就有一定差距，致使万寿菊种植产业的发展虽然更快速，但也是凤凰社区万寿菊"小户"较少的原因。对于中药材来说，种子成本投入在一万元每亩①左右，这还不算劳动力成本，且成品售卖也没保障，虽然利润高，但是不适合"小户"种植。至此凤凰社区的乡村产业"大户"基本形成。在"大户"形成的过程中，"小户"被"大户"自觉或不自觉地挤压，即在烟草种植产业开始到万寿菊和中药材种植产业的发展过程中，"小户"的种植规模被"大户"通过对资本、渠道、资源的占有而限制。"小户"只能选择种植一般作物，或转型成为"半工半耕"，再或者外出务工。

（三）影响凤凰社区产业"寡头化"趋势的多元主体

在乡村产业"寡头化"趋势进程中，存在多元主体影响其进程的现象，有的促进其进程，有的控制其进程。

1. 政府

从政府角度看，乡村产业"寡头化"有利于资本集中，调动乡村产业发展活力，形成乡村产业竞争力。政府部门的产业扶持，虽然在一定程度上能保证"小户"利益，但是更多的是对整个产业的扶持，就是间接地扶持产业"大户"。同时，乡村产业"寡头化"能催生出一部分"大户"，为国家项目进村提供便利条件，能起到很好的带头示范作用，即"新代理人理论"②。所以在不出现违法违规操作的前提下，是允许乡村产业"寡头化"的。政府对乡村产业"寡头化"有控制作用。

2. 凤凰社区村委会

从村委会的角度看，对于农户，无论是产业"大户"还是产业"小户"都一视同仁，都为其提供力所能及的帮助，并在大方向上引导其发展。"小户"由于资本、认知等因素的影响，可能会出现不配合、不积极的表现，这让产业发展的重任又落到了早有准备的"大户"身上，这样就不自觉地加速了乡村产业"寡头化"的进程。凤凰社区村委会对产业"寡头化"有促进和控制的作用。

---

① "亩"为非法定计量单位，为保证农业用语习惯，本书使用"亩"，1亩≈0.067公顷。

② 李祖佩."新代理人"：项目进村中的村治主体研究 [J]. 社会，2016，36(3)：167-191.

凤凰社区村委会还帮助农户建立了很多农业合作社，而合作社里面自然是"大户"更具有话语权，这可能使合作社内部出现矛盾，而且矛盾蔓延到社区内部。合作社加速了乡村产业"寡头化"的进程。

3. 企业

企业（工商资本）[①]作为外部力量，本身就具有很大的能量，当它表示想要投资乡村产业时，村委会基本都会给予其很好的待遇。企业本身的能量再加上村委会给予的待遇加持，相当于"空降"的新兴"大户"。当企业发展新的乡村产业，那它就会成为名副其实的"寡头"。如果选择种植类产业，基本会选择高利润的中药材产业，一般也能成为此产业的带头人。企业会促进乡村产业"寡头化"进程。

4. 凤凰社区村民

凤凰社区农户作为乡村产业的基本组成单位，其发展的整体现状就是乡村产业发展的基本情景。农户按照产业规模可以分为"大户"与"小户"，"小户"的个体发展能力有限，且"小户"间的联系不紧密，没有形成"小户"的发展合力。而"大户"的个体发展能力强，通过合作社等组织联系紧密，容易形成发展合力，这会不自觉地挤压"小户"的发展空间。从而使"小户"与"大户"产生矛盾，直接影响村治。从这方面说，农户会自觉或不自觉地遵从资本集中的规律，加速乡村产业"寡头化"进程。

5. 销售渠道及技术

随着乡村的产业发展水平不断提高，产业资源都集中在"大户"，而"小户"逐渐被淘汰，造成产业横向发展不平衡；"大户"的产业规模会不断扩大，技术会越来越先进，会形成"大户"独有的产业竞争力；与此形成对比的是"小户"的"集体内敛"，出租了土地资源或缺资金的"小户"在产业发展上集体失声，成为了行业中绝对的弱势群体，更面临着自然消亡和淘汰；"大户"会逐渐掌控销售渠道，严重影响"小户"销量。

"渠道为王"，说明销售渠道在市场中有举足轻重的地位。乡村产业的农产品基本都是外销的，这自然会与外面的商家有紧密的联系，当农户与外面的商家为了谋求更大且更稳定的利益时，农户与商家就会通过协议的方式确定合作关系，而合作的前提就是农户需要保证产量，但是只有"大户"才能保证产

---

① 陈靖. 村社理性：资本下乡与村庄发展——基于皖北T镇两个村庄的对比 [J]. 中国农业大学学报（社会科学版），2013，30（3）：31-39.

量，所以"小户"自然成了"大户"的附庸。长此以往，销售渠道就会被"大户"掌控，这直接影响到了"小户"的农产品能否变现，甚至"大户"会牺牲"小户"的利益而谋求自身的利益。产业"大户"对销售渠道的掌控力度会越来越强，"小户"的销量会被"大户"严重影响，"小户"的产业发展就会受到阻碍。

技术是产业发展的第一生产力，技术又可以分为耕种管理技术和机械使用技术。农户在耕种管理技术上基本没有差距，但是在机械使用及技术应用上就存在着差距。"大户"在机械技术上的投入更多，这就会使"大户"的生产效率更高，从而进一步挤压"小户"的发展空间。同时，在种植产业中机械的推广，可能使人工需求减少，对工人的待遇也会造成影响，这对"半工半耕"的农户是很大的打击。

可见，销售渠道和技术对"小户"的限制明显，这自然会加速乡村产业"寡头化"进程。

三、凤凰社区寡头化趋势下乡村治理及产业发展困境分析

（一）乡村治理困境

在乡村产业"寡头化"趋势下，农户被划分成了"大户"和"小户"，造成了乡村产业发展不平衡，农户收入差距大。在产业发展过程中，"大户"挤压"小户"，"大户"拥有了优先享受资源配置的权力，致使"小户"难以发展。在此趋势下出现了一系列的村治问题。

1. 潜在的"寡头政治"危机

只要是乡村产业存在"寡头化"趋势，"寡头政治"危机就不可避免地存在。产业"寡头"进入社区基层，"富人治村"①可能出现"寡头政治"②的危机，工作人员以权谋私、滥用职权、易滋生腐败。在产业发展过程中产生的"大户"间联系都比较紧密，从中产生的代表，在本村具有一定的影响力，可

———————————

① 刘锐. 富人治村的逻辑与后果 [J]. 华南农业大学学报（社会科学版），2015（4）：90－98.

② 林辉煌. 寡头政治与中国基层民主 [J]. 文化纵横，2011（2）：73－77.

以称之为本村的产业"精英"①。在乡村振兴的大背景下，产业振兴也是村治的重要目标，政府项目进村的第一站就是村委会；同时，本村产业与外界的正式沟通，村委会也是主要保障。因此，产业"精英"就会自觉地靠近村委会，加强与其联系。这就有可能出现新的利益集体，即村级民主治理主体从全体村民变成村委会领导与产业"精英"，出现"寡头政治"。

2. 凤凰社区村委会潜在的合法性危机

社区村委会可能陷入合法性危机，得不到广大"小户"群体的支持，社区工作开展困难；当"小户"觉得自身的利益受到侵害，"小户"可能直接越过社区村委会，出现越级上访；甚至影响群众路线的开展，挑战乡村治理体系。社区村委会的合法性危机主要是由于"小户"对村委会的认知出现偏差，村委会与群众的联系不够紧密。凤凰社区作为产业发展较好的大村，"大户"与"小户"的矛盾也不可避免。在"小户"中可能普遍存在一种认知：自己在产业发展中属于弱势群体，在公共资源分配时应该更多地照顾自身利益。所以即使是按规定分配，"小户"也可能觉得有失公平；当国家项目进村或企业入村投资，需要有实力的"大户"带头或企业需要寻求有基础的"大户"合作时，即使"小户"参与其中，也会觉得其中可能存在黑幕，有失公平，自身利益受损，从而对村委会产生质疑，出现部分村民不信任村委会的情况。

3."半工半耕"农户及村民缺席乡村治理问题

社区村民在烟草种植产业发展初期，由于一些因素错过了烟草种植产业带来的红利，失去了发展烟草种植产业的黄金时机，成为了种植产业的"小户"。他们迫于生计和适应市场，开始转型为"半工半耕"的"小户"。他们的特点是在自家种植一些一般作物，然后将剩余劳动力出卖给"大户"。在烟草种植产业发展的一段时间内，劳动力供不应求，劳动力的工价还是很可观的，这使得部分农户也成了"半工半耕"的状态。但是，随着附近及外地的劳动力投入到本社区的产业发展中，劳动力供过于求，劳动力工价下降，使"半工半耕"的农户遭受很大的经济压力；随着科技在种植产业的运用，对劳动力的需求也有一定的抑制作用。同一时期，外省的劳动力市场供不应求，部分农户和"半工半耕"的农户纷纷选择外出务工。

---

① "精英"是政治学、社会学研究领域中的经典议题，"精英"最初的含义是指最高级的、最好的或最优秀的人（参见安德鲁·海伍德：《政治学核心概念》，吴勇译，天津：天津人民出版社，2008年，第208-210页）。本文分析的"产业精英"是指在村庄社区中拥有政治、经济、社会、文化等优势资源，在村庄场域中有一定影响力的村庄成员。

当社区本土劳动力大量外流，乡村也出现了留守问题。青壮年外出务工，把老人、孩子、妇女留下，出现了如下现象：老人年老无人照顾；孩子由爷爷奶奶带，缺乏父母关爱，从而更容易叛逆；妇女留守，家里缺乏劳动力，无法开展高效生产。留守问题也成了村治的重要治理对象。

当青壮年大量外流，社区的产业就会缺乏活力，影响乡村产业发展。同时，由于青壮年长时间外出务工，他们就缺席了乡村治理活动。在外的青壮年也就间接地失去了参与本社区的村民自治的权利，容易与本社区脱轨，降低了外出青壮年的家乡归属感与责任感。

（二）乡村产业发展困境

1. 资本集中化与"小户"发展的矛盾

由于乡村产业"寡头化"趋势的影响，乡村产业资源被"大户"自觉或不自觉地占有，长此以往，乡村产业发展体系中就出现了资本集中化的态势。此态势又限制了"小户"对产业资源的开发利用，挤压了"小户"的生存空间。虽然乡村产业在"大户"的推动下发展势头很好，但是乡村振兴的要求是全体村民的振兴，不单单是"大户"的振兴，最重要的是让"小户"也振兴，减小"大户"与"小户"的差距，形成农村产业发展合力，形成产业振兴。但是资本的集中是经济规律，只有让大户成为乡村致富带头人，对乡村产业"寡头化"趋势的影响趋利避害，才能做到同时保持乡村市场活力和市场竞争力。

2. 销售渠道固化

在市场活动中，为了使自身更好地发展，合作与竞争自然是必不可少的。乡村"大户"从崛起开始，自然与外界存在很多的交易，为了保障自身的利益趋于稳定，不受波动，"大户"自然会寻求与稳定的收购商合作。所以，"大户"与收购商为了实现自身更大的利益，双方会通过成文协议或不成文约定，形成利益共同体，这就会使销售渠道固化。销售渠道固化，可能会影响集体经济和合作社的利益，打压"小户"的价格、破坏市场公平。

3. "小户"的"集体内敛"

"小户"在发展产业的过程中，由于销售渠道固化，收购商因为有"大户"的稳定供给，不用担心失去货源，从而为了获得更多的利益，就可能通过压迫"小户"降低价格收购农产品。这会使"小户"逐渐丧失定价权，自身的产品失去竞争力；"大户"与"小户"的矛盾，可能会使"小户"对社区村委会或合作社的引导存在质疑，认为他们都主动偏袒"大户"，只维护其利益，从而形成矛盾；"大户"用更好的待遇绑定了大部分劳动力，相对的"小户"只能使用部分劳动力资源，从而被劳动力成本限制。市场因素、生产要素等限制，会使"小户"出现"内敛"的现象，成为乡村产业发展的"弱势群体"，即收拢产业投入，缩小规模，从而影响乡村产业发展。

4. 乡村产业人才"空壳化"

青壮年劳动力由于自身为"小户"的原因，自觉或不自觉地放弃发展乡村产业，选择外出务工，出现乡村青壮年劳动力外流的现象。这就会使社区产业面临由于缺乏从事乡村产业发展的人才及本村劳动力，从而产业发展青黄不接的尴尬局面。本村的青壮年劳动力外流，出现的产业发展劳动力真空，容易被外来资本占据生产市场，虽然能发展乡村产业，但是产业带来的红利就被外人窃取，这不利于乡村产业的长久发展，更不利于乡村产业振兴。

四、破解乡村产业发展困境引起的村治问题的对策思考

虽然本文的视角是从乡村产业困境引起乡村治理困境的研究，但是乡村治理困境与乡村产业发展困境具有很强的关联作用。总的来说，乡村产业发展困境会延伸出一系列的乡村治理问题，最后演变成乡村治理困境。在处理乡村治理困境与乡村产业发展困境时，必须双管齐下，兼顾两头，对问题进行动态监控和静态指标审核，取得标本兼治的效果。

（一）产业多元化发展，打造乡村产业发展新格局

1. 引进新产业，加速资本流向新产业，减少单一产业"内卷"①

凤凰社区的种植产业现在成规模的有烟草种植业、万寿菊种植业、中草药种植业、一般农作物种植业。对于产业格局而言，产业比较单一，不能形成产业体系。产业形式单一，致使农户的"内卷"严重，容易造成资源内耗，让本就发展困难的"小户"浪费不必要的资源。

凤凰社区的做法是积极引入新产业，丰富产业构架。2022年凤凰社区落地"冶炼厂"新产业，缓解部分"半工半耕"的农户压力，使其有机会转型成为工厂职员。

---

① 贺雪峰. 论乡村治理内卷化：以河南省K镇调查为例 [J]. 开放时代，2011（2）：86-101.

凤凰社区自然条件优越，适合很多农作物及中草药的生长，可以考虑引进新的作物进行规模化种植，从而转变部分农户的产业方向，减少单一产业的内卷；由于凤凰社区的农作物产量十分丰富，可以做农产品的初加工产业。将凤凰社区的农产品进行简单归类，在社区内部设立工厂，做农产品的初级加工，有利于提高社区农产品的质量，形成新的竞争力；并且丰富下游产业，完善产业结构，形成新的产业链，从而确保农户的销售渠道，让"小户"和"大户"在销售渠道面前拥有平等的机会。

2. 整合资源，一二三产业融合发展

在乡村产业"寡头化"趋势下，趋利避害，必须调整产业结构，整合资源，实现一二三产业融合发展。在整合第一产业的同时，应该将下游产业也做好，努力发展第二产业，再结合实际情况开发第三产业。凤凰社区的规划就充分体现了融合发展的美好情景。社区的万寿菊产业不只是经济作物，更是社区下一步规划的关键——观赏性作物。万寿菊花期长，颜色美丽，可大面积种植，一花多用。所以社区准备就万寿菊产业扩大种植规模，未来将开放万寿菊观赏景区，真正做到一二三产业融合发展。

3. 运行村寨银行体系

乡村产业发展资金缺乏，一直是困扰"小户"发展的最大问题，同时也是青壮年劳动力外流的主要原因。"小户"缺乏扩大规模、调整产业方向的资金，从而被迫放弃发展产业或扩大产业规模。由于凤凰社区拥有自己的水电站，再加一些政府补贴，一年的村集体收入也有100万元。经过近十年的产业发展，也产生了许多"大户"，他们也有了一定的资本积累。村委会带头，可以将"大户"号召起来参与"村寨银行"建设，让"大户"起带头示范作用，同时发动"小户"将一定的资金投入"村寨银行项目"，最后再通过村民代表大会，争取将村集体经济的一部分投入其中。联系正规银行，与其开展合作，让正常"村寨银行"运行，给农户发放最优惠的贷款，放宽产业发展条件，加大对本村产业发展的扶持力度，进而打破资本积累的壁垒，真正做到乡村产业一体化发展。

4. 吸引企业到乡村投资投产

在做好引入外来资本的准备后，可以选择好的企业来社区投资建厂，这是最快速丰富产业结构，形成产业链的方式。

（二）引导"精英阶层"参与乡村治理，发挥"乡贤"功能

乡村产业"寡头化"催生出了许多产业"大户"，而他们经过发展就会形成"富人""精英"团体，他们在乡村具有较高的经济社会地位，进而形成了"精英阶层"。在推动乡村产业发展、走出乡村产业发展困境和乡村治理困境的过程中，需要正确引导"富人""精英"参与到产业发展与村治活动当中，并帮助他们成为乡村的致富带头人。

在乡村振兴的过程中，产业兴旺及打破城乡二元结构是其至关重要的两步棋。在实现这两个战略目标的过程中，我们必须正确看待并且引导"富人""精英"参与村治，让其成为乡村产业发展的"领头雁"，成为打破城乡二元结构的中坚力量，成为乡村发展的致富带头人。从改革开放的成功中不难发现，"让一部分人先富起来，再带动另一部分人富起来"，这是客观的历史规律，所以在乡村产业发展过程中出现"大户"是产业发展取得阶段性成功的标志。

"精英阶层"参加乡村治理是历史的必然，我们不但不能否定他们参与村治的权利，更要正确引导他们，发挥其价值。在村治的主要力量逐渐年老后，只有所有村民参与其中，包括"精英阶层"，这样才能填补产生的权力真空，完善乡村治理体系。推进城乡一体化发展，打破城乡二元结构，"精英阶层"是重要力量，他们与城镇联系紧密，与村民也联系紧密，最适合充当城乡交融的催化剂；"大户"经过一定阶段的发展，以自身产业为媒介，打通了与大市场的联系。只有整合乡村资源，形成以"大户"为核心的产业力量，才有利于充分发挥乡村产业的核心竞争力。在乡村经济发展的过程中，必须充分开发"大户"的产业能力、社会地位价值、市场能力，并且对其实施正确引导，减少乡村农户"内卷"，将"大户"转变为乡村的致富带头人。

"精英阶层"向乡贤转变也不是一朝一夕的，需要村委会正确引导，再通过乡规民约①规范他们的行为，唤醒他们的责任感与使命感。对他们委以重任，将"大户"派选为部分村民代表，直接参与村治活动中，让他们能通过自身的见识及实力更好地为村治提供新视野；在基层政治中，摒弃对"大户"的

---

① 我国法律中主要采用 "村规民约"一词，"乡规民约"主要在文化传承意义上使用，但在大多数场合"乡规民约"与"村规民约"在使用上并无严格区分，两者可以通用。如无特别说明，本文通用这两个语词，并主要使用 "乡规民约"一词。从使用情况来看，乡规民约有四重含义：一是指村庄共同体成员的行为规范；二是指基于村民自治而形成的自治规范；三是指调整乡村社会关系的社会规范；四是指村民基于协商民主而达成的社会契约。本文认为，乡规民约是法治社会建设中的重要规范，全面调整着乡村社会关系，因而主要从社会规范层面界定其含义。

偏见，让他们真正地融入村集体建设中，领导村民走稳产业振兴乡村的路；村委会应该积极引导、配合产业"大户"走出去，打通与外界的产业交流通道，为"大户"带领乡村产业走向大市场保驾护航；正确建立"大户"帮扶"小户"的机制，让"小户"不掉队，壮大乡村产业发展力量，让"大户"成为乡村致富带头人，推动乡村产业蓬勃发展、协调发展。

（三）村两委扎根群众，加强党建引领

为解决乡村产业困境及治理困境，就必须坚持"从群众中来，到群众中去"的工作原则，村委会的合法性危机最大的原因就是群众工作不到位，让其有了不信任的心理。只要村基层干部走到群众中，落实工作，为村民办实事，自然能得到村民的认同。同时加强党建引领，加强基层党组织建设，建成一支能攻坚克难的干部队伍。为此凤凰社区定期召开村民代表大会，定期在各个支部召开小组会议，切实将村民自治落到实处。

（四）充分发挥政府职能

政府作为乡村产业发展的规划者、农户发展产业的后备保障者，应该适当加大政府保底产业投入，即政府可以实事求是地根据农作物种类发放相关补贴，减少农户的成本投入；可以发展如万寿菊种植的类似产业，政府安排统一收购，将种植产业的风险降低。

政府应该加强对留守人员的保障功能，在吸引外出务工人员返乡发展生产的同时，政府必须做好留守人员的保障工作。

作为落到实处的"针"，政府应该对村级自治组织社区村委会进行深化改革、放管结合、动态监管，将乡村产业发展的主导权下放，这样才能因地制宜地发展产业。同时加强监督，严防"寡头政治"的产生，并辅以适当考核，不至于使村委会为了完成考核，将资源倾向于"大户"。

在乡村产业发展的过程中，为了避免产业"寡头化"带来的负面影响，乡村可以引入外部资本。但是，在外部资本流向乡村产业的过程中，政府必须规范企业对乡村的资金流向，做到公开透明。

（五）完善工农相互的劳动力体系

因为市场原因、供求关系，凤凰社区劳动力工价存在一定的波动，为了保障农户的利益，需要建立浮动的劳动与酬金相适应的体系。只有明文规定劳动力工价，才能在保障本地劳动者利益的同时，吸引外来的务工人员，形成稳定的劳动力市场，最大限度地为乡村产业发展提供劳动力。同时，还应缓解就业

难压力，吸引青壮年回村发展生产。

在推动乡村产业发展的同时，创造新的岗位。将乡村产业进行专业化拆分，聘请专业的农业人才，提高乡村产业的产量，节约成本。形成"以工哺农""以工带农"的格局。

结语

要想稳步推进乡村产业振兴，从而实现乡村振兴，一定要正确地看待乡村产业"寡头化"趋势。此趋势是自然形成的，对集中资本、激发乡村产业市场活力有重要作用，但是也会给产业发展带来产业发展不均衡、不长久的问题，同时会引发"寡头政治"危机、社区村委会合法性危机等。想要走出这重重困境，就要充分发挥村民自治的优越特性，实现多元主体参与治理。加强社区村委会对乡村产业的管理并加以引导；引进新资源，发展新产业；完善社区产业结构，发展下游产业，推动一二三产业融合发展；对"富人""精英"加强组织领导，让其以"乡贤"的身份参与村治，打破城乡壁垒，发展乡村产业；最终要减小"大户"与"小户"的差距，实现真正的乡村产业一体化发展。

参考文献

［1］ 郑煜菡，于术桐. 工商资本下乡背景下农村环境合作治理研究：基于D村的案例［J］. 环境保护科学，2022，48（2）：8-11，23.

［2］ 李玲玲，杨欢，赵晓峰."三治融合"中乡村治理共同体生成机制研究：以陕西省留坝县为例［J］. 西南大学学报（社会科学版），2022，48（3）：100-109.

［3］ 许杨百合. 电商环境下的企业市场营销渠道整合研究［J］. 商场现代化，2022（6）：71-73.

［4］ 仇叶. 乡村旅游的景观制造逻辑与乡村产业发展路径：基于赣南C县梯田景观开发的实证调研［J］. 南京农业大学学报（社会科学版），2022，22（2）：10-20.

［5］ 杨丽新. 乡村经济精英的政治参与研究：基于对豫鄂两个村庄的调查［J］. 陕西行政学院学报，2021，35（3）：29-36.

［6］ 李祖佩，胡朝阳，马平瑞. 再论"富人治村"：基于地方政府自主性视角的解释［J］. 西南大学学报（社会科学版），2021，47（5）：25-36，223.

［7］ 崔盼盼. 乡村振兴背景下中西部地区的能人治村［J］. 华南农业大学学报（社会科学版），2021，20（1）：131-140.

［8］　王黎.寡头治村：村级民主治理的异化［J］.华南农业大学学报（社会科学版），2019，18（6）：121-129.

［9］　郭芸芸，杨久栋，曹斌.新中国成立以来我国乡村产业结构演进历程、特点、问题与对策［J］.农业经济问题，2019（10）：24-35.

［10］　李祖佩."新代理人"：项目进村中的村治主体研究［J］.社会，2016，36（3）：167-191.

［11］　刘锐.富人治村的逻辑与后果［J］.华南农业大学学报（社会科学版），2015，14（4）：90-98.

［12］　王海娟.资本下乡的政治逻辑与治理逻辑［J］.西南大学学报（社会科学版），2015，41（4）：47-54.

［13］　夏柱智.半工半耕：城市化背景下农民阶层及分化研究［D］.武汉：华中科技大学，2015.

［14］　张雪霖.利益密集型乡村的富人治村逻辑：以浙江省D镇为个案［J］.中共宁波市委党校学报，2015，37（2）：81-88.

［15］　贺雪峰.工商资本下乡的隐患分析［J］.中国乡村发现，2014（3）：125-131.

［16］　卢海阳，钱文荣.子女外出务工对农村留守老人生活的影响研究［J］.农业经济问题，2014，35（6）：24-32，110.

［17］　陈靖.村社理性：资本下乡与村庄发展：基于皖北T镇两个村庄的对比［J］.中国农业大学学报（社会科学版），2013，30（3）：31-39.

［18］　马九杰."资本下乡"需要政策引导与准入监管［J］.中国党政干部论坛，2013（3）：31.

［19］　王国敏，罗浩轩.中国农业劳动力从"内卷化"向"空心化"转换研究［J］.探索，2012（2）：93-98.

［20］　贺雪峰.论富人治村：以浙江奉化调查为讨论基础［J］.社会科学研究，2011（2）：111-119.

芒宽乡百花岭村产业联动发展路径探析

黄仁术

产业振兴是乡村振兴的重点，2024年中央一号文件指出："促进农村一二三产业融合发展。坚持产业兴农、质量兴农、绿色兴农，加快构建粮经饲统筹、农林牧渔并举、产加销贯通、农文旅融合的现代乡村产业体系，把农业建成现代化大产业。鼓励各地因地制宜大力发展特色产业，支持打造乡土特色品牌……。优化实施农村产业融合发展项目，培育农业产业化联合体。"[1] 推动乡村产业高质量和可持续发展，要依托农村特色资源，大力发展乡村特色产业，要深入挖掘乡村多元价值，选准产业发展的突破口，不断推进乡村产业体系建设，持续壮大乡村富民产业，强化产业发展联农带农，真正实现农民增收致富。

中国是一个农业大国，共同富裕最艰巨、最迫切的任务在农村，国家一直都很重视农村的发展问题。产业是发展的基础，也是巩固和拓展脱贫攻坚成果、全面推动乡村振兴的有效策略。当前我国经济社会处于转型升级的关键时期，要想加快实现乡村全面振兴，必须把产业作为关键抓手来抓，着力构建具有地域特色的乡村产业体系。只有乡村产业得到发展，才能真正地巩固和拓展脱贫攻坚的成果，为乡村全面振兴奠定坚实的经济基础，并逐步构建农业农村现代化产业体系。

在乡村振兴战略背景下，云南省保山市隆阳区芒宽彝族傣族乡百花岭村积极探索经济发展路径，利用独特的生态资源发展生态产业，同时，当地政府积极引导，带领村民发展"观鸟经济"，并带动发展徒步、野外探险等旅游项目。但是，百花岭村产业发展仍存在诸多问题（如产业链薄弱，联动性不强；政府引导能力不足；农民主体性不强，发展难以惠及全村等问题），这些问题都制约着该村产业的发展。本文通过分析百花岭村产业发展的现状，揭示其独特的生态资源优势以及产业联动发展的重要性，进而剖析百花岭村产业联动发展的机遇和困境，针对存在的问题提出以政府为主导，从当地主导产业出发，健全产业联动发展机制，加快产业融合发展的对策建议，为百花岭村产业联动发展提供借鉴和参考，以促进百花岭村经济高质量发展。

一、相关概念与理论基础

产业发展对乡村经济、社会、生态等具有重要的意义，能增加农民收入，促进乡村经济发展。通过对产业振兴、产业联动发展等概念的解读，了解乡村振兴战略背景下农村产业发展状况，并基于产业融合理论、农业多功能性理论和习近平生态文明思想，对百花岭村产业联动发展的路径进行探析，为该村产业联动发展提出可靠对策。

（一）相关概念

1. 产业振兴

实现乡村产业振兴，是乡村振兴的首要任务，是经济可持续发展的重要基础，也是推进乡村人才、教育、医疗等全方面振兴的重要基础。国务院《关于促进乡村产业振兴的指导意见》中对乡村产业做出了明确的表述。乡村产业根植于农村，始终以农民为生产主体，是繁荣农村、富裕农民的产业。随着经济的快速发展，农村发展已不再是传统的畜牧业、林业等"传统农业"，而是根据乡村特有的资源优势，因地制宜地发展各种现代产业，比如旅游观光、乡村民宿、康养基地、农特产加工，等等，通过发展振兴产业，推动农村经济发展。[2]

产业振兴的目标是提高农业发展质量，构建高质量且高效的现代化乡村产业体系，为农村发展提供产业支撑。一方面，农业是最基础的产业，对农村经济发展至关重要，乡村产业振兴必须坚持发展农业，加快转变农业发展方式，推动农业现代化转型。另一方面，产业振兴的生命力体现在人才、技术、政策等要素的充分涌动，体现在各产业之间的有效互动和持续发展。要在发展农业的基础上，充分利用农村独特的资源优势，发展多种形态的经济模式，壮大乡村产业，激发农民积极性、创造性，促进农村经济繁荣和可持续发展。

2. 产业联动发展

产业联动是一种产业发展形式，在这种经济发展模式下，农业、工业、服务业相互交叉，在同一条产业链上协同发展。通过将产业分化、重组、融合、联动，突出地域产业特色，发展多样化、多形态的产业，形成相互协同、相互促进、相互支持的乡村产业链，实现全面发展。[3]

乡村产业联动发展，通过利用农业景观和生产活动，促进休闲观光产业发展；利用独特资源促进旅游发展，并带动种植业发展壮大；利用良好的产业基础发展农产品加工业，促进农产品生产和初加工、精加工协同发展。乡村产业联动发展使农村生态旅游、原始探险、文化传承、蔬果采摘等多种功能得到发挥，形成"你中有我，我中有你"的产业发展格局。

（二）理论基础

1. 产业融合理论

产业融合是指三大产业之间或产业内部，通过相互渗透、交叉、重组等方式最终融为一体，逐步形成新产业的过程。[4] 产业的深度融合能使资源得到有效利用，促进各产业协同发展，也扩大了融合范围和效益。

随着高新技术不断突破、迅速发展，技术创新、政府管制放松、竞争合作等因素的影响，产业一体化趋势越来越明显，改变了产业发展模式，使不同产业逐渐实现了持续融合与渗透，形成新的产业，从而引发产业融合。

2. 农业多功能性理论

农业多功能性是指农业具有经济、生态、政治、社会和文化等多种功能，例如农业与文化、环境、社会等结合，就可以形成多种业态和经营形态，如特色小镇、休闲农业、生态农业等，农业与旅游业相结合的形式就是农业多功能性的体现，农业的多功能性就是通过经济、文化、生态、生产、生活等多个方面的结合去发展农业，反之农业的发展也带动这多个方面的发展。因此，了解农业的多功能性使我们能够根据地区的资源建立更科学的农业发展框架，创新农业发展业态和管理方法，充分利用农业的多功能特性，促进区域发展。[5]

3. 习近平生态文明思想

党的十八大以来，以习近平同志的核心的党中央高度重视生态文明建设，将生态文明建设纳入"五位一体"总体布局，并明确指出要积极推动生态文明建设，平衡好经济发展与生态保护之间的关系。

习近平总书记强调："绿水青山就是金山银山"，保护环境就是保护生产力的新经济发展观，要把生态环境保护摆在更突出的位置，我们既要绿水青山，也要金山银山，要让绿水青山充分发挥经济社会效益，关键是要树立正确的发展思路，因地制宜选择好发展产业。[6] 绿水青山和金山银山并不是对立的，两者可以协调发展，只要充分考虑到生态环境的承受能力就可以。因此，我们要保护生态资源、合理开发利用生态资源，让经济发展和生态文明相辅相成、相得益彰，让良好环境成为人民生活质量的增长点，让绿水青山变成金山银山。

二、芒宽乡百花岭村产业发展现状

（一）百花岭村基本概况

百花岭村是保山市芒宽彝族傣族乡下辖的行政村，位于隆阳区潞江镇北面，高黎贡山南麓，是一个典型的高海拔村寨，占地面积18.6平方公里，是芒宽乡最南侧的村寨，距离芒宽乡人民政府38公里，全村最高海拔1860米，最低海拔800米，平均气温21℃，具有热带、亚热带、温带等地理气候特征，有着独特的生态资源。大自然的慷慨馈赠造就了这一独特的动植物王国，这里尤其是鸟类赖以生存的天堂。

2023年统计，百花岭村共有603户2536人，全村有8个村民小组，且各自然村连成一条线（图2-1），主要有汉族、彝族、傣族、傈僳族、白族等民族，是一个民族村寨。百花岭村耕地面积11330.5亩，林地面积17890.5亩，主要发展以咖啡、柑橘、芒果等为主的第一产业和以观鸟、昆虫、滇西抗战爱国教育、古道穿行、热带雨林谷探险等为特色的第三产业。被誉为"中国五星级观鸟胜地"的百花岭村吸引着全国各地乃至国外的许多游客。

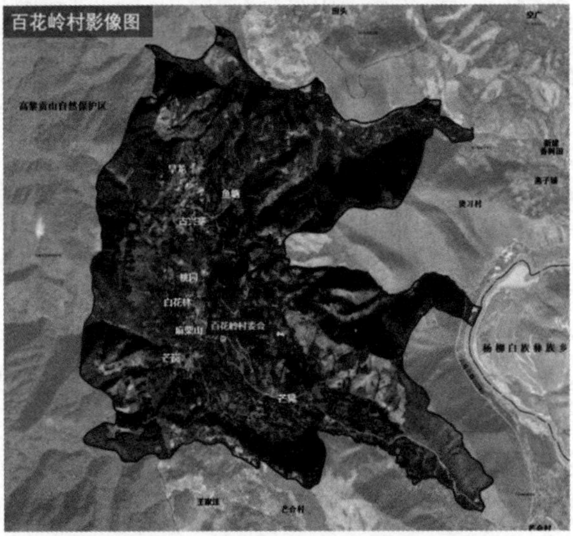

图2-1　百花岭村各村民小组区位图

资料来源：百花岭村规划书

（二）百花岭村产业发展的现状

全面落实乡村振兴战略20字总要求把产业的繁荣置于首要位置，这突显了产业振兴在推动农村整体发展方面的关键作用。推动农村经济社会发展离不开特色产业，各地需因地制宜根据独特的资源不断探索传统产业转型升级的新路子，积极探索传统产业与现代产业协同发展的新出路，促进乡村实现产业高效高质量发展。百花岭村全村有8个村民小组，各村民小组的重要产业（表2-1）以及现有合作社情况（表2-2）如下。

表2-1　百花岭村各村民小组主要产业情况

小组	产业情况
旱龙	旅游服务业；咖啡、芒果等种植业
鱼塘	文旅服务；咖啡、柑橘等种植业
古兴寨	集体林；猪、鸡、鸭等养殖业；板栗、咖啡等种植业
桃园	甜柿、咖啡、芒果等种植业
麻栗山	农产品加工业；咖啡、柑橘等种植业
百花林	抗战宣教、文物参观为主的旅游业；柑橘、咖啡等种植业
芒岗	文旅服务业；枇杷、芒果等种植业
芒晃	芒果、核桃等种植业；鱼、虾等养殖业

资料来源：实地调研资料整理

表2-2　百花岭村合作社情况统计表

合作社	成员数	经营范围
越腾古道农业旅游合作社	160	水果种植与销售；旅游服务
源升农产品种植专业合作社	293	水果、咖啡等种植
永宏农产品种植专业合作社	131	水果、坚果
隆阳区凤康养殖专业合作社	26	畜牧、家禽饲养
宜农土著鱼养殖专业合作社	31	鱼养殖
黎林种植专业合作社	108	水果、中药材种植

资料来源：百花岭村情况报告

通过实地调研了解到，百花岭村在政府政策的指引下，积极推动农业转型升级、农产品加工企业建设、旅游二次创新发展，努力打造完善的乡村产业体系，这对农村发展具有极大的带动作用。但是，目前百花岭村一二三产业发展不均衡，一定程度上制约着其产业体系的建设（图2-2）。

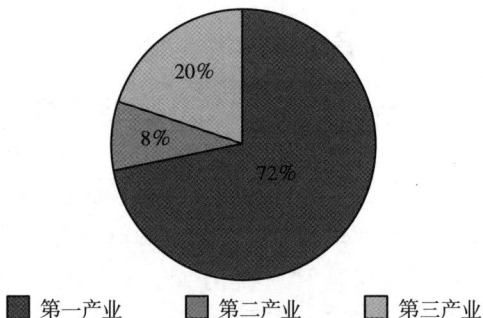

图2-2 百花岭村一二三产业占比情况

资料来源：实地调研资料整理

1. 第一产业发展情况

百花岭村气候独特，为种植业发展提供了得天独厚的气候条件，该村以咖啡、柑橘、芒果等为主发展种植业，惠及全村。近年来，引入电商平台，农产品通过网上直播销往各处，真正实现种植业快速发展。

百花岭村种植业发展经历了一段演变历程，是在不断变化中发展的。改革开放以来，农民积极性提高，百花岭村原先主要以种植水稻为主，2000年以后，种植甘蔗，后来甘蔗经济发展难以致富，2005年后，逐步引进咖啡种植，当时咖啡价格好，村里开始大面积种植咖啡，经济得到快速发展，咖啡也成为了主要的经济来源。2012年，咖啡价格开始下跌，2015年至今，村民转而种植柑橘、芒果，其成为主要经济来源。据调查，目前百花岭村咖啡种植面积1000多亩，而柑橘和芒果种植面积为4000多亩，带动当地村民500多户增收致富（表2-3）。

表2-3 百花岭村主要经济作物种植面积和产量情况

种类	产业规模（亩）	产量（吨）
咖啡	1260	170.18
柑橘	4000	6000
芒果	4000	6000
核桃	800	1200
甜柿	500	1000
板栗	600	150
玉米	8000	6000

资料来源：百花岭情况报告

农业不仅是最基础、最重要的产业，也是国民经济的根基，因此，要优先考虑农业的发展。根据实地调研情况发现，百花岭村种植业经济收入占总体收入的60%～70%，是全村主要的收入来源，因此，要积极搞活种植业。

2. 第二产业发展情况

百花岭村是一个传统的农业村，其第二产业发展缓慢，目前，尚未形成规模的产业园区，缺乏咖啡加工厂、果蔬加工厂等。其咖啡主要是销售半成品或者代加工，未能形成自己的咖啡品牌。其农特产主要以柑橘、芒果、甜柿等鲜果销售为主，没有农特产品加工厂或企业，农业产业链短，农产品附加值低。

3. 第三产业发展情况

百花岭村素有"中国观鸟的金三角地带"和"摄友飙鸟的五星级胜地"的美誉，百花岭村依托高黎贡山自然保护区，物种丰富，鸟类区系复杂，迄今共记录有343种鸟类。

百花岭村观鸟产业可以追溯到20世纪80年代。在1995年，百花岭村迈出了重要一步，成立了高黎贡山农民生物多样性保护协会，这标志着中国首个农民生物多样性保护组织的诞生。自此，村庄的"猎鸟"行为逐渐转变为"护鸟"行动，开启了由村干部引领、村民、教师、学生等多元主体共同参与的生态环境保护与可持续发展之路。

依托观鸟产业，百花岭村逐步走出了一条生态产业发展之路。百花岭村目前拥有24处精心打造的观鸟塘，共计341个观测机位，配备专业的鸟导80余名。据2020—2023年旅游人次统计显示，百花岭村累计吸引约6万人次的观鸟和摄影游客（图2-3），单日可接纳游客700余人次，每年实际创收上千万元。另外，全村从事与旅游相关的人员有900余人，具体旅游服务情况如表2-4所示。百花岭村凭借得天独厚的资源优势，已成功举办了多届国际观鸟节，并举办了一系列丰富多彩的活动，如拍鸟摄影大赛、爱鸟护鸟论坛等。在观鸟产业发展带动下，自然教育、徒步、野外温泉、古道穿行等旅游项目逐步发展起来，吸引着越来越多的游客，进一步提升了其生态旅游的吸引力与影响力。

表2-4 百花岭村旅游业服务情况

	具体项目	数量	延展项目
住宿	民宿、生态旅社	民宿18家 房间221个 床位386个	餐饮：百花宴、咖啡宴、马帮菜； 零售：咖啡、柑橘、芒果等鲜果，自泡咖啡体验、果园采摘
观光	观鸟、徒步探险、温泉、宣教中心	鸟塘24个 鸟导80余名 观测机位341个	

资料来源：百花岭情况报告

人次/万人

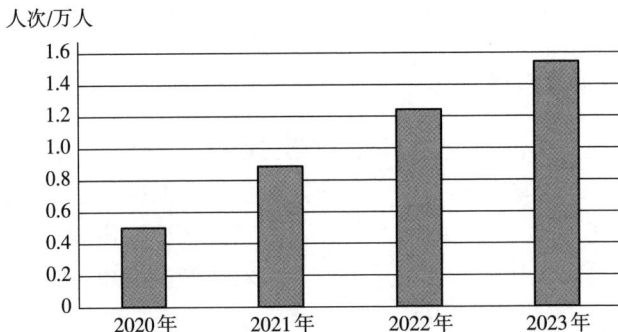

图2-3 百花岭村2020—2023年旅游人次情况

资料来源：百花岭相关资料整理

4. 产业联动发展现状

产业是乡村发展的基础，乡村振兴离不开产业支撑，通过产业联动发展，区域内产业往往能形成较强的产业链从而提升产业在区域外的竞争力。[3] 目前，百花岭村主要以观鸟产业为中心，辐射带动乡村旅游发展，按照"产业发展生态化，生态建设产业化"发展思路，积极探索产业协调发展路径，不断推进产业联动发展。

在观鸟文化产业带动下，百花岭村旅游业逐步发展完善，拓展了自然教育、古道穿行、野外温泉、徒步探险等生态旅游项目，百花岭村观鸟名片也名扬海外，吸引着无数国内外游客。同时，以咖啡、柑橘、芒果为主的种植业也得到了进一步的发展，现如今借助电商平台，为销售带来了更多选择，也吸引了许多年轻人返乡创业。

但是，通过实地调研发现，百花岭村产业联动发展效能不够明显。首先，旅游业辐射带动范围小，主要是鱼塘和旱龙两个小组，其他村民小组主要依靠种植和外出务工，旅游业并未将8个村民小组进行合理规划，没有充分挖掘、整合各村特色资源，没有形成一条辐射全村、相互关联的旅游环；其次，观鸟经济吸引的人群主要是中老年人，对年轻人吸引力弱，并且最佳观鸟季节是每年10月至次年4月，淡季发展尚未找到好的出路，旅游业的发展直接影响餐饮、民宿、种植业等的发展；再者，工业发展缓慢，甚至没有工业园区，没有农产品加工厂；最后，种植业不成规模，小而分散，农特产品附加值低，品牌效应不强。百花岭村各产业发展联动性、持续性不强，旅游业与农业、农业与工业联动效能不明显，政府着力推进产业联动发展，但却未对一二三产业融合发展做出合理规划，因此仍需要继续探索和完善。

三、芒宽乡百花岭村产业联动发展的机遇和困境

（一）百花岭村产业联动发展的机遇

党的二十大以来，我国的乡村振兴进入了新的发展阶段，促进农村产业发展的优惠扶持政策进一步落实，这给农村发展带来了更多的机遇。2024年2月3日发布的《中共中央 国务院关于学习运用"千村示范、万村整治"工程经验有力有效推进乡村全面振兴的意见》指出，要"以提升乡村产业发展水平、提升乡村建设水平、提升乡村治理水平为重点，强化科技和改革双轮驱动，强化农民增收举措，打好乡村全面振兴漂亮仗，绘就宜居宜业和美乡村新画卷，以加快农业农村现代化更好推中国成现代化建设。"[7] 在新的时代背景下，百花岭村迎来了新的发展机遇。

1. 政策机遇

在探讨农村发展的路径时，国家提出了乡村振兴战略，旨在全面推动乡村经济社会的繁荣与发展。乡村产业振兴与乡村的整体振兴紧密相连，相互促进。为实现农业强国的宏伟目标，推动乡村产业振兴进而促进农业农村现代化，成为了当前的重要任务。

针对农村产业发展，国务院发布了《关于支持农业产业化龙头企业发展意见》，为农村产业发展提供资金扶持；农业农村部发布了《关于加快推进农产品初加工机械化高质量发展的意见》，为农村产业发展提供技术支持。《中华人民共和国增值税暂行条例》规定农产品免征增值税。[10] 云南省委、省政府牢牢把握高质量发展这个首要任务，坚持大抓产业、主攻产业，实施"3815"战略发展目标，加强规划和政策引领，制定并实施一系列产业发展行动，大力推进产业强省建设。芒宽乡人民政府2024年政府工作报告指出，坚定不移推动产业融合，做优特色产业，做强服务产业，积极探索"农文旅"融合发展模式。政府政策对农村产业发展的大力支持给百花岭村产业发展带来了更多机遇，政府政策的扶持，有利于百花岭引进大型企业入驻，尽快形成完整产业链，促进各产业联动发展。

2. 人才机遇

随着社会经济的发展，我国的主要矛盾已经转变，人们的生活质量不断提高，不仅追求吃得好穿得好，还更加注重追求绿色健康的生活方式，乡村田园

生活成为越来越多人的向往，为农旅发展带来了极大的契机。

农村的发展繁荣离不开人才的支持，而当前农村发展面临的一大挑战正是人才匮乏，缺乏专业人才的深度参与。为应对这一挑战，国家高度重视，制定了一系列优惠政策，旨在吸引年轻人返乡创业，加强农村人才队伍建设。根据《"十四五"农业农村人才队伍建设发展规划》中的目标设定，预计到2025年，将有超过1500万的返乡创业人员活跃在乡村建设中，其中，引领农村创业发展的带头人才将增至100万人。为进一步激发和引领广大青年在乡村振兴中发挥积极作用，云南省特别制定并发布了《云南省支持青年创业兴乡三年行动（2024—2026年）》，该行动计划旨在有序引导包括大学生、外出青年和本地青年在内的30万名青年人才到乡村提供服务、参与就业创业，从而全面支持青年在乡村的蓬勃发展。政府大力支持年轻人到农村去历练和发展，并对其提供帮助，给予一定优惠，这给农村产业发展带来了人才机遇。百花岭村产业发展面临的一大困境就是缺乏人才支撑，政府出台的一系列人才引进措施，有助于吸引青年返乡创业和人才引进，进而为产业快速发展提供人才支撑。

3. 平台机遇

中共中央、国务院发布的《数字中国建设整体布局规划》中，着重强调了以数字化手段推动乡村产业的发展，特别指出农业现代化需聚焦于"土特产"的发掘与利用。与此同时，新华社发布的《中国数字经济高质量发展报告（2023）》揭示了数字经济在乡村振兴中的重要作用，该报告指出，数字经济在乡村振兴中具有积极作用，通过新技术如大数据、云计算、区块链等的深度应用以及与农业、农村和乡村振兴战略的紧密结合，数字经济正在为农业现代化开辟新的道路，这种融合不仅改变了传统的资源配置模式，还给农村地区带来了新的发展机遇。农业产业化龙头企业是乡村产业振兴的生力军，应大力支持全产业链龙头企业入驻农村，助力乡村产业发展。《隆阳区招商引资优惠政策》中提出，在境内上市的企业，上市成功后兑现奖励，奖励金额最高500万元。另外，电商平台的普及，使农产品销售有了更多可能，通过电商平台可将农产品推广至更广范围的消费群体，提高农产品知名度和销量，增加农民的收入，促进经济可持续发展。借助农业产业龙头企业带动以及电商平台、农业智能监控、智能化管理平台等为农村一二三产业融合发展提供了极大的可能。各大企业、数字平台的出现和推广给百花岭村各产业联动发展提供了全新的发展平台。

（二）百花岭村产业联动发展面临的困境

在乡村振兴战略大背景下，农村产业发展获得更多的发展机遇，百花岭村在面对机遇的同时，仍处于一定的发展困境中，其产业发展仍面临产业基础薄弱、政府引导能力不足、产业发展人才匮乏、利益联结机制不完善等困境。

1. 产业基础薄弱

第一，产业链水平低。农业产业链是在农业生产的基础上与产品加工以及物流、仓储、销售业相结合的完整链条，形成"生产＋加工＋物流＋销售"为一体的产业发展机制。目前，百花岭村农业生产缺乏现代生产技术和管理经验，导致生产效率低，其种植业未能形成规模；没有大型农产品加工业，该村农特产品还处于初加工或者代加工销售阶段；缺乏深加工、精加工等环节，品牌效应也不强，产业链水平低，使得产品附加值低，经济效益不明显。旅游产业规模小、集聚程度低，缺乏更大力度、更深层次的合作。各产业规模小而分散，并没有联动形成完整产业链。

第二，品牌效应弱。首先，优势产品影响力不足，品牌效应不明显。百花岭村农特产品主要以柑橘、芒果、咖啡等为主，经过深加工的产品较少，仅仅停留在初加工或代加工的基础上，未能形成独立农特产品牌；其次，产品销售大多局限于周边及游客，新的销售策略和渠道不足，产品市场竞争力不强；再者，主导产品少，并且缺乏品牌意识，加上宣传手段单一，影响力不足，品牌效应不能真正形成经济效益；最后，其观鸟名片带动力不足，百花岭村观鸟文化吸引着众多游客，但对百花岭村其他旅游项目以及农特产品的带动力不强。总体来看，百花岭村特色产品影响力不强，还未形成独立的优势品牌，这成为其产业发展的一大制约因素。

第三，要素集聚难。产业兴旺的关键在于资源要素的协调利用，由于中国城乡二元结构长期存在，农村要素长期单向流入城市，使得乡村产业领域资源要素协同利用遇到一定的困难。[2] 近年来，百花岭村技术、土地、人才等发展要素流通不畅，这使得要素供给能力不足，制约产业联动发展。

首先，科学技术水平低。在第一产业方面，农业现代化转型效率低，当地传统产业，如咖啡、柑橘、芒果等，都处于初级的加工、售卖，近年来虽然引进电商，但是由于技术不成熟、人才缺失等原因电商未能普及和真正发挥带动作用。在第三产业方面，信息技术设施不完善，旅游智能化程度低，虽然进山观光早已采取扫码机制，但山里的网络、智能系统不完善，体验感也不足，另外，管理模式陈旧，这使得其旅游业的发展受到限制。综合来看，信息技术与产业融合程度低，制约着百花岭村产业现代化转型。

其次，人力资源供给不足。劳动力不断减小，大量青年劳动力涌向城市，劳动力外流严重；农民文化水平低，发展现代农业需要技术熟练、有知识、有文化的新型农民，农技人员数量明显不足、专业技术人才少、产业化人才少，这也阻碍着产业的发展。

再者，土地流转不畅。实地调研发现，百花岭村种植业并未形成规模，主要原因是村民不愿流转土地，加上年轻人外出务工，老人种不了多少土地，从而也导致无法进行大规模的生产，这也使得产业规模小而分散。土地流转困难，使得种植业无法实现大规模连片种植，这也使得难以引进农产品加工企业入驻。

最后，基础设施薄弱。进村路口斜坡大、道路狭窄，大型客车通行困难，而且进村岔路口多，容易迷路；旅游设施不完备，景点沿线缺少垃圾箱、公厕、指示牌等。

2. 政府引导能力不足

产业发展需要政府、企业、农民以及各种组织等多元主体共同参与，单靠一方是难以持续健康发展的，其中政府在产业联动发展中扮演着重要角色，通过政策引导和管理协调推进乡村振兴。[8] 党和国家对"三农"问题做出了一系列规划和部署，作为地方政府，也应该积极响应国家号召，充分结合本地区经济发展实际以及产业格局制定适合本地区的产业发展规划。即便如此，百花岭村产业发展仍面临政策问题，原因具体如下：

一是相关政策落实不到位。我国推动乡村振兴的目的是要逐步缩小城乡之间的发展差距，逐渐推动乡村政治、经济、文化等迈上新台阶，尽管国家实施了多项强农惠农政策，但由于政策宣传力度不够、农民对政策的理解偏差等问题，使得相关政策落不到实处，给各产业主体发展产业造成阻碍。产业联动发展过程中，产业主体间缺乏政策保障，很大程度上影响着企业经营者与农户的积极性，使产业发展不能更好发挥"造血功能"。

二是党建引领产业发展力度不够。当前，基层政府积极构建"互联网＋党建＋产业"发展模式，加强党建引领农村产业发展，但百花岭村党建引领产业发展力度仍显不足。首先，有关优惠政策由于宣传范围不够广、相关扶持政策衔接不足等原因导致从业人员得不到专业化的就业指导，加上人才匮乏以及在村人员知识水平偏低等导致专业培训难以开展和落实。其次，基层政府未能对产业发展作出合理的规划，旅游业虽然在基层政府组织领导下得到了一定的发展，但是带动辐射范围小，而且处于分散发展状态，8个村民小组也未能形成旅游链；生态资源、民族文化、农业资源等相互结合不紧密，没有形成合力。最后，虽然成立了爱鸟护鸟协会、农产品专业合作社等组织，但是并没有充分发挥其带动作用。

三是组织形态不完善。产业发展不是一个部门单打独斗，产业联动发展过程中需要政府、企业和社会组织的共同努力，单靠任何一方都不能持续健康地发展。百花岭村产业联动发展过程中，基层农技服务队伍力量薄弱，政府与企业、企业与农户、政府与农户之间合作力度不够，产业联动效能不明显，组织形式单一。缺乏大型企业领头，经营模式较为传统，电子商务、物流配送、品牌建设等现代管理和经营方式还未普及，并且相关人才缺乏，没有形成独特的产业联动项目。

3. 产业发展人才匮乏

习近平总书记多次强调："乡村振兴，人才是关键。要积极培养本土人才，鼓励外出能人返乡创业，鼓励大学生村官扎根基层，为乡村振兴提供人才保障"。[9]百花岭村产业发展的一大困境是缺乏人才，产业建设队伍不强，具体表现为以下两点：

一是劳动力资源不足。随着生活水平的提高，物质需求的不断丰富，很多年轻人选择外出务工，导致村里劳动力缺失，老龄化增加。许多高学历人才到农村工作的意愿不高，本地人才还外流，使得农村产业发展人力资源更加匮乏，然而乡村产业发展需要专业技术人员和青年劳动力，而人才的缺失无疑会使产业发展举步维艰。

二是缺乏专业型人才。百花岭村产业联动发展过程中缺乏专业型人才支撑。第一，缺乏旅游管理人才，百花岭村旅游业由于缺乏统一规划，处于分散状态，没有引进第三方入驻，主要还是旱龙小组牵头发展，模式单一，管理缺乏规范，都是散户开民宿，旅游景点讲解员、历史文化讲解员较少；第二，缺乏农业技术人才，现代农业发展需要新技术、新设备作为引擎，然而，由于在村人员年龄普遍偏大、学历整体水平偏低，资深农技人员匮乏，使得新技术推广和应用困难，尽管某些产业已经取得初步发展，但由于知识、技术和人才的制约，其进一步的发展和壮大仍然面临挑战；第三，缺乏电商运营人才、宣传和销售人才，电商平台的出现虽然为产品销售带来了很大的机遇，但由于缺少这方面的人才，进行直播带货的人少，有时往往需要请人带货，实际经济效益甚微，大多数情况是果蔬成熟后被商户低价收购。

4. 利益联结机制不完善

自乡村振兴战略实施以来，我们见证了农村产业的迅猛发展和一二三产业的深度融合。在这一进程中，融合主体间的利益联结机制也展现出了多样化的模式，如订单制、合作制、股份制等，这些多元化的合作模式为各产业主体提供了更多选择，他们可以根据自身实际情况和需求，选择一种或多种合作形式，从而实现更高效的资源配置和利益共享。但由于主体规模、产业资源等原因的制约，百花岭村产业发展中利益联结机制的不完善，一定程度上制约着产业振兴。

第一，就其种植业而言，百花岭村特色农业基地少，规模小而分散，农产品的单产量也偏低，没有形成规模的农业产业园，经济效益不明显，农民受益不高。旅游业亦是如此，主要是以旅游合作社的形式进行统一管理、统一售票，但没有专业的旅游管理系统，且主要集中于旱龙以及鱼塘小组部分群体，还有6个小组未能加入旅游业发展大潮中来。另外，其旅游业提供接送、背包上山、送饭、鸟导、场地租赁等服务，虽然解决了一定的就业问题，但是受益者仍然是少数。

第二，农民主体性不强。农民是乡村振兴的主体，无论发展哪类产业，都必须把农民纳入产业链，稳定农民与各投资主体的利益联结。[11]根据百花岭村实地考察发现，普通农户更多的是耕种自己的土地，他们对产业整体规划和发展不甚关注。旅游业辐射范围小，仅仅惠及两个村民小组，其发展主要是合作社带头，统一管理、统一售票，但民宿、餐饮等都是自主经营，同时，也没有形成完整的旅游路线，且没有进行统一规划和惠及全村，这使得农民的参与性不高，农民主体性不强。

第三，利益联结机制松散。百花岭村现有产业发展较为松散，企业与农民之间利益联结机制脆弱，产业链收益主要是一三产业，第二产业发展缓慢，甚至没有工业发展园区，农民主要还是从事初级农产品生产、销售，农民也缺乏对产业发展的了解和支持。由于没有形成完整的产业链，农产品从种植到销售都没有固定的商户，其芒果、柑橘等水果的销售虽然引进了电商平台，但由于缺乏电商运营人才，农户缺乏电商运营经验，成效不明显。第一产业不具规模，没有产品加工厂，使得种植业没有固定对口的企业合作，农户与各经营主体利益联结机制松散，合作形式单一，处于简单的商业关系或契约关系，没有形成紧密联系的利益链，而且将利益联结单纯理解为对农户的利益分配，从而忽略了双方的互惠关系，使得双方难以达成长久稳定的合作机制。

四、芒宽乡百花岭村产业联动发展的对策建议

（一）以政府为主导，建立健全产业联动发展机制

政府是乡村产业联动发展的重要推动主体，要进一步发挥其在乡村产业联动发展中的积极作用，扮演好服务型政府的角色，推动产业联动发展。在乡村产业联动发展过程中，基层政府应履行好其责任，将国家的政策、方针传达给相关人员，发挥好引导作用，重点在基础设施、产业扶持、基层组织建设等方

面有效作为，不断健全和完善产业联动发展机制，推动产业融合发展。

1. 要全面优化政策扶持水平

政府部门有所作为，履行好职能，加强农村市场引导与监管，对产业融合中的各个指标合理规划，充分发挥政府职能，层层推进融合机制建设。[3]基层政府要全面优化乡村发展政策，基层组织应积极落实乡村产业优惠政策，为乡村产业发展提供政策支撑。

一是提高政策补贴力度，以政策导向引导社会投资，落实农业贷款、农业企业入驻等优惠政策，大力推动工商资本对农村产业进行投资，为产业发展营造良好的政策、营商环境。二是优化金融服务体系，以芒宽乡工商银行、农村信用社等金融机构下乡为基点，促进乡村金融服务体系构建，向农村提供多元金融服务，真正实现金融普惠农村。三是加大对新业态的扶持力度，对农产品加工、电子商务等新领域放宽投资限度，从财政税收、用地用电、人才支撑等方面提供支持。

2. 优化产业联动发展规划

基于产业融合理论和农业多功能性理论，积极推动一二三产业联动发展。通过产业联动发展，使区域内产业逐步形成完整且高效的产业链从而提升产业在区域外的竞争力。基层组织可以从以下两点来促进产业联动发展：

一是健全和完善基础设施。加强信息网络建设，大力发展信息技术产业，为乡村产业发展提供现代化设备，通过创新产业方式、营销方案和生产模式，打造新型的"互联网＋产业"模式。[12]改善交通、扩建道路，使大型客车也能畅通驶入村寨；完善景区的相关设施，如垃圾箱、公共卫生间、指引牌等。

二是整合各产业资源，对产业联动发展进行合理规划。基层政府应根据百花岭村产业基础状况，因地制宜，对8个村民小组的产业发展进行规划设计，将各村民小组特色资源进行优化整合，整体谋划，深度挖掘其历史文化、生态等优势资源，加强各领域的相关性，积极打造融合性、联动性产业链。利用现有的生态旅游资源，促进现代农业、工业、电商等产业发展，促进各产业联动发展，推动经济可持续发展。

（二）加快产业融合，完成联动价值

乡村振兴，产业振兴是十分关键的，其核心目标是通过产业发展来逐步实现乡村全面振兴。百花岭村加快产业融合，完成联动机制，推动全产业链发展，可以从以下两方面着手。

1. 整合资源，统筹发展

一要挖掘农业多功能性。要积极推动农业产业链延展，推动农业多元发展，深入挖掘农村特色资源，促进农村各类资源的优化整合，积极探索农业多元价值，拓展农业多功能性，积极打造集绿色果蔬采摘、休闲观光、康养服务等为一体的农庄项目。

二要整合各类资源，以促进产业的融合与发展。百花岭村应深度挖掘各村特色资源，盘活各村优势产业，使农业、工业、旅游业逐步融合，推动全产业链构建与发展。应大力发展现有的咖啡和水果种植产业，建立集吃、喝、玩、购等为一体的旅游服务链，探索出一条山上观鸟、徒步探险、温泉戏水，山下有水果、有咖啡、有民俗文化体验馆的农文旅融合发展之路，打造集旅游、文化、产业为一体的特色农旅村寨。

2. 树立品牌，注重发展特色产业

乡村产业发展与乡村内部原动力密切相关，优势产业在乡村经济增长中扮演关键角色，特色产业是推动产业兴旺，实现乡村可持续发展的重要举措。依托地域自然资源、传统文化、生态和区位等优势，发展"一品一村"，是助力现代农业发展、推动乡村产业振兴的重要途径。[13]

一方面，百花岭村作为"中国五星级观鸟胜地"，有着丰富的物种资源，百花岭村观鸟文化是推动其经济发展的特色资源，应将观鸟产业打造成为该村文化产业发展的名片。除此之外，充分利用独特的生态旅游资源，积极开展自然教育、民宿体验、休闲农庄等产业发展，充分利用独特的资源优势，注重品牌建设，打造特色产业名片。另一方面，注重企业品牌建设，打造精品咖啡产业，对柑橘、芒果等水果产业进行精包装，积极打造食品老字号，通过做优供应链、用好平台，做好品牌宣传，提高产品知名度、美誉度、忠诚度。

（三）培养壮大人才队伍，助力产业联动发展

人才是第一资源，是乡村建设的关键。积极吸纳和培养人才是弥补乡村产业人才缺口的重要途径。乡村产业振兴需要大量优秀人才，从业人员不仅需要对相关产业理论知识有足够的了解，还需要全面掌握产业发展所需的专业技术，百花岭村应积极采取措施，培养和引进人才，为产业联动发展提供人才支撑。

1. 建立人才激励机制，促进人才下乡创业

要做好各产业项目的协调工作，推动各产业联动发展，不仅需要留住本土人才，还需要引进各领域专业人才。百花岭村应加大政策扶持力度，建立各种人才激励机制，积极吸收优秀人才到村发展，从而为产业发展注入新的动力。

首先，制定人才下乡创业优惠政策，为下乡创业人才提供一定期限的财政补贴，降低其初始创业成本，减轻经济压力；提供税收优惠，对下乡创业的企业或个人，给予一定的税收减免或优惠，增加其创业收益；加强社会保障，确保下乡创业人员能够享受与当地居民相同的社会保障待遇，如医疗保险、养老保险等。其次，通过表彰、奖励等方式，激发下乡人才创业热情和积极性，根据下乡创业人员的贡献和成果，给予相应的物质奖励，如奖金、股权等，提高其创业收益和动力。最后，加强基础设施建设，提高交通、通信、水电等基础设施的完善程度，为下乡创业提供良好的环境保障。

2. 强化专业技术培训，培养各类专业人才

开展专业技术培训是促进农村产业高质量发展的重要方法，政府应免费开展多种形式的农技培训活动，支持科技下乡。百花岭村要依据自身实际需要，围绕农业生产管理、技术创新、产品销售等方向，培养一批农业技术人才、旅游管理人才、电商运营人才，不断壮大农村产业发展的人才队伍。

在培训过程中，要保证让所有从业人员都有机会参加培训。培训课程尽可能全面、实际，需要什么人才就培养什么人才，缺什么人才就引进什么人才，例如乡村旅游业，接待、导游等应该具有相应的专业素养，充分了解和熟悉相关的工作，为游客提供高质量的旅游体验；种植业，需要教授种植方法、修剪、嫁接、病虫害防治等方面的知识给农民，并且引进先进的生产技术；等等。

（四）加强组织化建设，协同治理促发展

提高农民的组织化程度是实现农业产业化的基础，小农户以独立个体身份参与农产品生产和销售，缺乏商业技能和议价能力，影响本地区产业发展和农户利益。[4] 政府应当致力于实施一系列产业政策，其中包括培养和引进多元化的产业经营主体，以及完善各主体间的利益联结机制，这些举措将有助于强化组织化建设，从而为产业的高质量与可持续发展奠定坚实的组织基础。

1. 健全产业合作化组织体系，利用好相关政策红利

健全和完善产业合作化组织体系，政府作为产业发展的重要推动者，必须加强政策引导，吸引不同主体参与乡村产业建设；各类主体应把握政策机遇，主动投身于乡村产业的建设中，从而推动乡村产业规模的持续拓展；农业经营户应积极响应政府政策，大力发展现代绿色农业，积极参与合作社，参与旅游业发展，从中分享红利；旅游业要注重观鸟品牌建设，同时利用好政府金融政策，因地制宜发展文旅产业、休闲农庄、康养等产业，不断延长旅游产业链，强化与农业的关联性。

2. 引进优势企业，发挥产业引领作用

政府应积极招商引资，引进一些新科技人才和资质企业来带动产业发展，按照"政府引导、项目支持、多元参与"的思路，引进和培养代表性企业，通过对土地、设备、建筑等的合理规划，加快第二产业建设和发展，协调好合作社、企业、政府、农民之间的关系。引进一批先进农业产业化企业，积极发挥优势企业的带头引领作用，推进乡村产业体系建设。引进专业旅游管理企业，打造特色一流服务业。

3. 完善各主体间的利益联结机制，共促产业发展

健全各经营主体的利益联结机制，以确保参与融合主体的稳定性。在产业融合发展过程中，一要构建多种形式的利益联结机制，并积极培养建立以企业＋农户、企业＋合作社＋农户、企业＋村委会＋农户等多元经营主体稳定的利益联结机制，共同抵御市场风险。同时，鼓励农户以劳动、土地经营权等参与合作社、企业等经营主体管理，以股份分红等方式保障农户利益，从而不断激发各主体的积极性，推动产业深度融合。[14] 二要实行合同制，在利益联结机制中，鼓励各经营主体与农户签订合同，使各方利益得到法律保障，有利于双方合法权益得到保护，实现双赢。

结语

特色产业是乡村产业振兴的重要举措，产业兴旺关系着农村经济发展，农民增收致富、生活质量提升，关系着乡村是否真正振兴。如今，加快推进乡村产业发展已是大势所趋。

百花岭村是一个旅游村，也是一个农业村，乡村振兴战略实施以来，百花

岭村产业联动发展取得一定成绩，其"观鸟经济"发展势头平稳向好，但与实现农业产业现代化，乡村产业振兴的总目标还有差距。本文在了解、分析百花岭村产业发展现状的基础上，剖析其产业联动发展的机遇和面临的困境，提出在产业联动发展中需要以政府为主导，建立健全产业联动发展机制，积极培养专业型人才，加强组织化建设，完成产业联动机制，实现产业联动发展，推动经济高效发展。

在撰写本文的过程中，鉴于个人研究能力和资料获取渠道的局限性，未能详尽地搜集和整理关于百花岭村产业联动发展的多元化数据与信息。因此，对于百花岭村产业联动发展的实际现状，未能进行细致而全面的剖析。同样地，针对该村产业联动发展所提出的策略与建议，也可能存在一定的局限性和不够深入的问题。百花岭村产业发展是一个长期而复杂的问题，需要随时关注和调整发展过程中出现的新问题，希望更多的学者和专家加入百花岭村产业联动发展问题的研究中，为百花岭村产业振兴注入新血液，实现新发展。

参考文献

[1] 伍广强.推进乡村全面振兴 加快建设农业强国:聚焦2024年中央一号文件[J].广东教育(高中版),2024(4):46-51.

[2] 李佳谣.乡村振兴战略背景下保定市乡村产业振兴发展研究[D].保定:河北大学,2022.

[3] 魏宇宏.成华区融入成渝地区双城经济圈产业联动发展的问题与对策研究[D].北京:北京大学,2021.

[4] 徐小明.常州市农村三产融合发展路径探究[J].南方农业,2021(27):139-140.

[5] 李蕾蕾.乡村振兴背景下禹州市特色农业产业发展研究[D].武汉:武汉轻工大学,2022.

[6] 张桃林.深入贯彻习近平生态文明思想 扎实推进乡村生态振兴[J].环境与可持续发展,2022(5):53-56.

[7] 中共中央 国务院关于学习运用"千村示范、万村整治"工程经验有力有效推进乡村全面振兴的意见[J].现代农村科技,2024(3):158.

[8] 梁海兵.乡村产业高质量发展的困境与优化:一个嵌入机制的分析框架[D].兰州:兰州大学,2022.

[9] 马立辉.乡村振兴背景下民族地区产业发展研究[D].大理:大理大学,2021.

[10] 胡晓东.乡村振兴背景下农村产业融合发展研究:以正阳县为例[D].郑

州:郑州大学,2020.

[11] 李晓,张明生.浙江农村一二三产业融合发展的路径分析与提质对策[J]. 浙江农业科学,2020,61(8):1483-1487.

[12] 汪三贵,周园翔,刘明月.乡村产业振兴与农民增收路径研究[J].贵州社 会科学,2023(4):7.

[13] 陈春燕,邵周玲,刘远利,等.四川省"一村一品"特色产业发展现状与对策 研究[J].四川农业与农机,2023(2):9-11,20.

[14] 卢永荣.乡村转型视角下新疆策勒县乡村产业融合发展研究[D].乌鲁木 齐:新疆农业大学,2022.

多元共治视角下南涧镇"小店经济"发展路径探究

徐涛

　　"小店经济"一直是市场经济发展的重要组成部分，但长期没有受到重视。近年来，国务院及各部委连续发布有关发展"小店经济"的政策或文件，各城市也都推出有利于"小店经济"发展的相关政策。2020年7月，商务部等7部门联合印发《关于开展小店经济推进行动的通知》（以下简称《通知》）。其实早在2019年12月30日召开的国务院常务会议上，李克强总理就提出，"要以更有针对性的政策措施，发展'小店经济'，创造更多就业机会，促进形成一批人气旺、特色强、有文化底蕴的步行街"。[1]"小店经济"这一概念的首次提出，是对"小店经济"在我国经济发展中的重要作用的肯定，而今《通知》的出台，再度彰显出国家对于"小店经济"的认可和支持，体现了"小店经济"在我国经济发展中的重要作用，同时也表明"小店经济"已被提升到国家战略层面来谋划布局，并且随着城市化进程和小商业的兴起，"小店经济"在城市经济中的地位逐渐提升，但这种经济形式规模偏小、分散零乱。"小店经济"的发展仍存在诸多问题，迫切需要寻求新的治理模式，加之"小店经济"的发展与政府管理部门、市场、公众、小店经营者等主体密切相关，本研究基于多元共治视角来应对"小店经济"发展的问题，深刻阐述对"小店经济"发展如何实行多元共治，促使"小店经济"有序有度地发展，为南涧镇打造服务型政府和营造良好的营商环境提供一定引导，在一定程度上为南涧镇解决"小店经济"发展困境提供一些启示，为南涧镇"小店经济"的发展提供一定帮助。

一、相关概念界定

（一）小店经济

"小店经济"是一种特定的经济形态，它主要由面向居民消费的小型店铺组成，如批发、零售、住宿、餐饮等行业中的个体工商户和微型企业。根据国家统计局《统计上大中小微型企业划分办法（2017）》，小店通常指面向居民消费的批发、零售、住宿、餐饮、家庭服务、洗染服务、美容美发、维修、摄影扩印、配送服务等行业的个体工商户，雇员10人以下或年营业额100万元以下的微型企业及年营业额1500万元以下的网店。由小店而形成的促进大众就业、改善民生服务、驱动多元化消费的经济形态，称为"小店经济"[2]。《关于开展小店经济推进行动的通知》提出了"小店经济"的概念，强调了其在城市总体经济中的重要地位，它是城市经济活动的基础力量，也是推动经济多元化及创新的关键机制。李克强总理在2019年12月30日召开的国务院常务会议上表示要坚持地方政府引导、市场主导、消费者选择，以更有针对性的政策措施，发展"小店经济"，创造更多就业机会，促进形成一批人气旺、特色强、有文化底蕴的步行街。由此小店被首次上升到国家级的会议上，"小店经济"被正式提出[3]。

（二）多元共治

在传统的社会管理事务中，政府部门运用公共权力开展各类行政管理活动，是社会事务中唯一的管理主体。为了实现目标责任制，政府内部通过划定层级、划分模块、集中权力来开展自上而下的管理，由不同的部门来负责不同类别的行政行为，这种模式被认为是单主体管理模式，相对于单主体管理模式，多主体共治是一种新的治理模式，是一种互动化、多样化的运作模式，包括了政府负责，企业、社会团体、公众等参与协作等方面，强调的是国家与社会公众的合作、政府与非政府组织的合作、公共机构与私人机构的合作的过程，它要求在社会问题的治理过程中，政府不再独享权力和资源，而是将权力和资源向企业、社会团体及公众倾斜，通过主动创造条件，引导其他主体来参与社会治理，同时为他们提供系统的、全面的制度保障[4]。各主体充分发挥各自的优势，通过共同合作、共同协商解决复杂多样的社会问题，有效整合公共资源，最后实现多方共赢的目标[4]。

多元共治制度并不是指简单的政府与社会组织之间的合作，还包括中央政府与地方政府、地方政府之间以及政府、市场与社会间的协商与合作。共治不是指自上而下的管理指挥过程，而是多元主体间通过对话、竞争、妥协、合作最后采取集体行动的过程[5]。

二、"小店经济"发展的意义

（一）扩大内需，稳定就业

2020年7月，商务部联合财政部、人力资源和社会保障部等7部门联合印发了《关于开展小店经济推进行动的通知》，指出"发展小店经济对促进就业、扩大消费、提升经济活力、服务改善民生、满足人民对美好生活的向往等具有重要意义"。明确"推动形成多层次、多类别的小店经济发展体系，满足人民日益增长的美好生活需要"的工作目标。这是一个以人民为中心，以市场为导向的政策举措，明确宣示小店经济是我国现代经济体系的有机组成部分[6]。

"小店经济"虽然看起来很不起眼，但它却兼具个体就业和企业经营的双重主体属性。一方面，它以劳动者自主就业的方式解决了民生问题；另一方面，它直接面向市场，以经营主体的方式参与经济循环，它也是最接地气、最具广泛根基的市场主体，同时是蕴含着巨大企业经营潜力的市场主体，也是吸纳就业、重塑市场主体的有效途径[6]。

2023年全国两会的许多议题中，代表委员们对于如何促进就业表现出广泛关注，特别是如何以"小店经济"充分带动就业成为了代表委员们热议的焦点，"小店经济"一词也在议题中多次出现。全国政协委员丁佐宏表示，"现在各领域面广量大的民营企业，其源头很多都是个体工商户起家。只有让个体户铺天盖地，国家经济才能顶天立地。"据市场监管总局统计数据，截至2023年6月底，全国登记在册的个体工商户达1.19亿户，约占经营主体总量67.4%，2023年上半年，全国个体工商户共新增1136.5万户，同比增长11.3%[7]。2023年的政府工作报告中提道，"过去五年城镇新增就业年均1270多万人"[8]，而2023年的发展主要预期目标，就是城镇新增就业1200万人左右，即以"小店经济"带动就业。

"小店经济"创造了大量就业机会，特别是在中小城市和农村地区，为许多劳动者提供了就业和创业的平台。就业增加直接带动了居民收入的提高，从而增加了消费能力，进一步扩大了内需。由此可见"小店经济"在一定程度上缓解了就业压力，通过多层次、多维度的作用，成为扩大内需、促进经济持续健康发展的重要力量，也给更多的人带来就业机会。

（二）促进消费，繁荣市场

2020年7月21日，习近平总书记主持召开企业家座谈会，强调要保护和激发市场主体活力，明确指出包括个体工商户在内的"市场主体是我国经济活动的主要参与者、就业机会的主要提供者、技术进步的主要推动者，在国家发展中发挥着十分重要的作用。"[9]

小店通过提供多样化、高质量、独特的产品和定制化的服务，满足了消费者不断升级、多样的消费需求，激发了消费热情，推动了消费结构的优化和升级，带动了整体消费增长。小店的灵活性使其能够快速适应市场变化，推出符合消费者需求的商品和服务，从而吸引更多的消费者，而消费者在小店中获得了更丰富的消费体验，这种消费模式的变化进一步推动了市场的繁荣和经济的持续增长。

"小店经济"丰富了市场供给，促进了市场多样化发展。不同于大型连锁店的标准化产品，小店可以提供更具特色和差异化的商品，满足消费者个性化需求，提升了市场的整体竞争力。"小店经济"以其灵活性和适应性，能够迅速响应市场需求的变化，通过不断引入新的产品和服务，激发市场活力，避免了市场的单一化和僵化。小店提供的多样化、个性化的商品和服务补充了大型连锁企业无法覆盖的市场空白，丰富了市场供给，这种多样性满足了不同层次消费者的需求，提升了消费者的购物体验，从而进一步促进了市场的繁荣。

（三）释放经济动能，促进经济循环

千万个小店的健康成长，进一步推动我国实体经济发展。"小店经济"作为城市经济的"毛细血管"，越是通畅，其经济活力就会越好，对城市整体经济发展水平的提升也会起到重要的助推作用。我国政府对"小店经济"的推进，是中央进一步扩大开放、深化改革的有力信号，也是对激发基层民众积极创新的推动，以此释放更大的经济动能，推进更多经济主体成长[6]。

"小店经济"为个人和小团队提供了低门槛的创业机会，激发了大众创业的热情。通过开设小店，许多创业者能够实现自己的商业梦想，同时带动了创新和新兴产业的发展，释放了经济发展的动能。"小店经济"具有高度的灵活性，能够迅速适应市场需求的变化。小店经营者可以根据市场反馈快速调整产品和服务，从而保持竞争力，这种灵活性有助于整个市场系统的动态调整和优化，增强了经济的韧性。

"小店经济"作为整个经济发展的其中一个环节，可以与其他产业进行有效配合。"小店经济"依托本地供应链和生产体系，带动了上下游产业的发展，通过与本地生产商和供应商的合作，促进了本地经济循环，提升了区域内的经济活动水平，直接带动了上下游产业的发展。"小店经济"也创造了大量的就业机会，特别是对于那些无法进入大企业的就业困难群体，如部分年轻人、妇女和老年人，为其提供了就业和收入来源，而就业人数的增加也进一步推动了消费，形成了良性经济循环。"小店经济"的存在也能降低商品和服务的流通成本，因为小店通常分布在社区内部或靠近消费者的商圈，减少了物流和运输环节，提高了商品流通的效率，缩短了供应链，提升了经济效率。

综上所述，"小店经济"通过促进创业、提升消费、增强市场灵活性、带动上下游产业、增加就业、推动社区经济、支持地方经济等多种方式，释放了经济动能，促进了经济的良性循环，成为推动经济持续健康发展的重要力量。

三、南涧镇"小店经济"发展的现状

（一）南涧镇经济社会发展概况

南涧镇，隶属于云南省大理白族自治州南涧彝族自治县，地处南涧彝族自治县东北部，全镇辖安定、小军庄、西山、南街、东涌、新山、团山、瓦折、得胜、保安、文启、涧河、太平、复兴、白云15个村（居）委会，178个自然村，273个村（居）民小组。2024年全镇共有常住人口61246人，户籍人口49786人，有汉族、彝族、回族、白族、苗族等17个民族[10]。

南涧镇地处哀牢山脉，气候温和，土壤肥沃，适宜多种农作物的生长，传统农业在南涧经济中占据了重要地位，主要农作物包括水稻、玉米、小麦、豆类及薯类等；经济作物以茶叶、泡核桃、烤烟尤为著名。南涧茶叶生产历史悠久，以普洱茶和滇红茶为主，因品质优越在国内外享有盛誉。茶叶种植和加工也已经形成了完整的产业链，带动了南涧农业经济的发展，也是当地农民增收的主要来源。

近年来，南涧县农业农村局积极宣传、引导和支持各乡镇根据各自实际发展"一村一品"特色产业和开展国家、省、州级"一村一品"示范村的创建，在产业选择上重点围绕"六个一"特色农业产业，也鼓励部分村立足自身的资源优势和招商引资情况发展其他特色产业，其中南涧镇东涌村委会就把甘蔗作为"一村一品"特色产业重点发展，不断提升甘蔗品质和产量。截至2023年，南涧镇东涌村委会共有220多户村民种植了甘蔗，种植面积300多亩，亩产量为3500～4000棵，除此之外，甘蔗还可以和辣椒、黄豆、番茄等蔬菜套种，除去甘蔗收入，每年套种的蔬菜每亩就有大约3000～4000元的收入[11]；

还有中国民间跳菜艺术之乡的"跳菜村"西山村，是隶属于南涧镇的一个行政村，因"跳菜"有名，被南涧县委、县政府命名为"跳菜村"。目前西山村发展了小枣采摘园、云灰软香米种植基地田园风光、阳光玫瑰葡萄采摘园、烤烟种植基地观光区、冬桃采摘园等一系列农业观光休闲特色产业。

南涧"一县一业"茶产业蓬勃发展，种植面积达12.09万亩，其中绿色有机茶园达71996亩，实现综合产值12.11亿元，挂牌保护古茶树11703株，荣获"中国茶叶百强县""中国十大生态茶产茶县""中国茶旅融合发展竞争力十强县""全国重点茶叶基地县"等称号。2003年南涧被文化部命名为"中国民间跳菜艺术之乡"；2008年"南涧彝族跳菜"被列入第二批国家级非物质文化遗产保护名录；2015年10月，国家主席习近平和夫人彭丽媛出席伦敦兰卡斯特宫举办的中英创意产业展时，受环球音乐邀请，云南南涧跳菜艺术团4名演员为艺术家萨顶顶助阵，在中英创意产业展上献艺，这是南涧跳菜在欧洲的首次亮相。2024年，南涧镇成功举办了火把狂欢节、"中国·大理沱茶文化旅游节"、藏茶谷半程马拉松、全州职工运动会篮球赛、"跳菜王子"争霸赛、澜沧江孔雀渡第三届全国野钓大赛等活动，这些节庆赛事充分发挥了引流作用，累计全年接待游客共185万人次，实现旅游业总收入29.9亿元。[12]

（二）南涧镇"小店经济"发展模式布局

小店布局是多种多样的，依据南涧县城"三纵九横五巷"街道的空间结构，南涧镇小店形成了多种经营模式，具体主要有社区小店、商圈小店、步行街小店、摊位小店四种。

社区小店是面积以20～100平方米为主的各类个体店铺，主要面向学生、家庭生活用户，为目标顾客提供日常生活所需，侧重"一日三餐"，主营饵丝、米线、油粉等特色小吃，烧烤，果蔬以及日常生活用品零售、服装等，主要分布在民族商贸城、龙凤御锦城、龙凤丽都、四十米大街等居民区和学校附近。

商圈小店主要以面积为100～1500平方米的中大型商场或市场为主，主要面向上班族以及商圈附近居民，配置不同种类的商品，主要布局通信、家用电器、文化用品、果蔬、生鲜、建材、配送服务等行业，例如超市、南涧县综合集贸市场、建材市场、小红桥粮食市场等，其中配送服务等行业主要分布在南涧县综合建材城内的南涧县物流共配中心。南涧县物流共配中心占地面积约1300平方米，目前物流园区内已入驻申通快递、极兔速递、韵达快递、德邦快递4家快递公司和心捷达物流、安能物流、壹米滴答物流、得胜物流4家物流公司，集中市场30%以上快递件及50%以上的物流件[13]。

摊位小店是各类小店在景区、商圈以摆摊设点等形式进行创新销售的模式，主要以集市形式分布在南涧镇西山村、土林无量塔景区、平安大道夜市等特色夜间经济商圈，主要经营小吃、水果、酒吧、烧烤、娱乐项目等。南涧镇西山村、安定社区都是跳菜传承较好的片区，正处于规划建设跳菜产业园的过程中，专门制作跳菜演出道具服饰、开发文创衍生品等，和南涧镇土林无量塔景区一起，连片打造夜间经济消费聚集区，吸引周边乡镇、县城游客前来，增加客流量。

最后是以主题步行街为载体的模式，在县城内建设有"茶文化主题街区"、"跳菜文化步行街"、"定边路历史文化主题街区"、水果街、民族小吃街等功能性街区等来发展南涧镇小店，主要分布在南涧县城中心板块，例如老街心、圆房子、涧南公园等人流量较多的区域，主要经营具有南涧特色文化的商品和各类特色小吃，例如有关彝族文化、跳菜文化、茶文化和古定边文化的服饰店、书店、特产店等，小吃有南涧锅巴油粉等。2023年的大理沱茶文化旅游节期间，南涧镇还在作为南涧特色文化的集中展示区域的跳菜文化步行街策划举办了"跳菜长街宴"，逐步带动商业业态。

南涧镇"小店经济"布局涵盖了县城"三纵九横五巷"街道，布局主要包括通信、家用电器、文化用品、服饰、餐饮、居民服务等小店网点和县城建材市场、蔬菜批发市场、茶叶及核桃交易市场、综合集贸市场、小红桥粮食市场等中大型市场网点。

（三）南涧镇"小店经济"发展举措及成效

1. 丰富内容形式，文旅结合促繁荣

南涧镇的"小店经济"注重发挥本地民族文化和传统手工艺的特色，利用南涧镇的彝族文化资源，结合小店实际，开发具有本地特色的旅游纪念品、特产等，很多小店销售具有地方特色的彝族刺绣、银饰等手工艺品，以及本地特产如南涧锅巴油粉、南涧凤凰沱茶普洱茶、南涧泡核桃、无量山乌骨鸡等，这些独属于南涧的特色产品吸引了大量游客。

南涧镇夏季气候炎热，2023年6月以来，南涧镇人民政府利用其适合夜间消费的特点，在加强县城绿化、改善人居环境的基础上大力发展夜间经济。在南涧镇土林无量塔景区游客服务中心创办周末夜间市集，带动周边农户或县城小店主参与市场经营。土林市集汇集了南涧县及周边特色传统美食，各类摊点在此经营，草坪烧烤、围炉煮茶、儿童小集市成为新兴业态，带动了南涧及县城周边的夜间消费，暑假期间，部分返乡大学生也会带着自制美食或自制的文创产品加入摆摊大军，摊位最多时能有80个以上。

近年来，南涧镇引入市场化运作模式，利用传统的春节、火把节、二月八

"哑巴会"以及国庆节、劳动节等法定假日和"中国南涧跳菜艺术节暨无量山樱花节"等节庆活动，利用短视频，微南涧、南涧旅游等微信公众号有针对性地推介南涧的绿水青山、民族风情、特色旅游产品，陆续推出孔雀渡野钓、樱花谷踏青赏花、灵宝山祈福、正月初九观灯活动等，其中以龙灯会游演为契机，政府与商家形成联动，放手发展"节日经济"，打造出了"食、购、玩、娱、游"一体化消费业态场景，形成了以餐饮、购物、游憩、民俗娱乐等元素为亮点的综合型商圈，掀起了民俗文化与县城小店经济相融合的热潮，民族特色小吃街的油粉店、小吃店，科技广场的超市、服装店等商户积极推出促销活动吸引消费者，扩大消费，呈现出购销两旺的场面。

2. 大力优化营商环境，提供融资渠道

近年来，南涧镇深化"放管服"改革，聚焦南涧"一区两城三化"发展定位，围绕南涧"533"工作思路，通过持续优化营商环境，充分发挥"店小二"精神来大力支持个体工商户的发展。南涧镇建设完善便民市场和商业街区，如集贸市场、民族特色小吃街、民族商贸城、土林周末集市等便民生活服务圈，推动营商环境优化升级。据南涧县工商联统计，南涧镇2024年1至5月，净增餐饮、零售、服务等个体工商户362户，较2023年7873户增长4.6%。目前全镇经营主体达到35417户，较2023年同期增加43.7%。

2018年11月，南涧镇新建成了第二综合集贸市场，新市场囊括了副食品批发、餐饮、五金建材、蔬果肉食贩卖等，共占地60亩。新市场相较于以往的旧市场，占地面积更大，场地划分更明确，设施设备也更齐全，新市场的入口处还张贴了详细的导购分布图，每个区域都做了详尽的规划，人们可以根据自己的需求前往相应的区域。同时许多商家表示新建的菜市场摊位租金比原来的老市场便宜得多。

2020年11月，南涧镇完成集贸市场主体提升改造建设，新建小服装交易商铺7间，建筑面积52.5平方米；新建活禽交易区商铺2栋17间，建筑面积688.5平方米，活禽宰杀做到宰杀区、展示区、销售区、店铺经营者生活区四区分离。小吃街小摊铺26间，建筑面积273平方米；果蔬大棚区新增卤制、烤制区摊位14个，建筑面积156平方米。南涧县综合集贸市场共规划商铺16栋530间，建筑面积26426.5平方米，固定摊位442个，临时摊位400余个，可提供就业岗位约2580个，经营户入驻率达到98%，可同时满足约15000人进场交易，进一步改善了市场环境[14]。

南涧民族特色小吃街位于工人街，水果街位于文昌路，这两条路一直以来是群众自发的占道摆摊的地点，其中工人街以小吃店为主，水果街以一些零散的水果经营户为主，这些摊贩大多是县城及周边失地农民。2019年，为认真贯彻县委、县政府统筹疫情防控和经济社会发展的决策部署,全面落实"六稳""六保"任务,释放消费潜力,激发城市活力,规范和支持发展地摊经济,结合美丽县城建设,经县人民政府批准,由南涧县综合行政执法大队初步规划,将县城仁和路设置为小吃街、文昌街设置为水果街,实行第三方运营、自负盈亏、控制摊位价格上限的管理模式,设置水果街、小吃街之后,县城内以路为市、占道经营现象得到了根本性改善。目前小吃街由南涧绿铭环境发展有限公司运营管理,内有商户64户;水果街由南涧敬泽公共管理有限公司运营管理,内有商户38户。水果街内还专门留了44个临时摊位,专门用于其他乡镇的群众从家中采摘一些节令性水果到县城售卖[15]。

3. 以产业发展为基础,创新经营模式

南涧无量山联合商会在协调政府与企业、社会与企业、企业与企业之间的关系中,发挥了较好的桥梁和纽带作用。有效结合"商、旅、文"与"互联网 +",围绕"资源变资本、产品带产业、增产促增收"的融合发展思路,采取"会员 + 基地 + 电商 + 实体"的运营模式,合力创建"无量山宝"系列品牌,创新小店经营模式,用实际行动推进产业合作,并引进外商、游客等交流促进消费,积极开设线上绿色食品、特色农产品旗舰店,建成乡村电子商务服务站点共89个。除此之外,还在农贸市场打造电子商务公共信息平台,拓宽无量山农特产品销售渠道,扩大"绿美茶区、跳菜南涧"知名度。

因为多元化的"小店经济"能为城市发展带来浓浓的烟火气,南涧各商会通过广泛吸收新的企业和新生代企业加入商会组织,优化会员结构,以扩大工作覆盖面。这些新兴的"小店经济"不仅为南涧镇居民提供了更优惠的产品和服务,还构建了效率更高、成本更低、链路更短的新业态模式,拓宽了消费群体,挖掘了更多消费潜力。

"南涧县村级集体经济创业园"建设是南涧县在乡村振兴新征程中探索实施的统筹整合村级集体经济跨镇联村、异地置业的创新之举,该创业园位于南涧镇安定社区,居县城东郊214国道边,区位优势较好,总占地面积71亩。2021年1月,一期工程顺利建成并投入使用,建设项目包含建材城,内含大棚8个,可根据租户需要分割成数十个商铺,已有商户入驻经营;大车停车场1个,已采取市场化运营。目前,创业园已注入村集体经济1140万元,覆盖28个村,每年共计实现增收68万元。各乡镇、各村突破地域限制,跨镇联村,通过到园区投资来实现异地置业,实现村集体经济增收。

在南涧,有很多很多各种各样的小店,正是这些小店承载了市民生活、休闲与消费的需求,也成为平凡劳动者的生计。政府、各类经营者以及公众也在为发展南涧镇"小店经济"做出不断的努力,但充分引导和促进"小店经济"

繁荣发展仍任重而道远。

四、南涧镇"小店经济"发展的困境

（一）政府对小店的规划和引领不充分

在"小店经济"的发展过程中，政府不仅承担监管职责，还应积极扶持小店的成长。尽管南涧镇的小店经济已有所发展，但整体来看还较为滞后，其原因在于南涧镇人民政府在技能培训方面的工作存在不足，还没有建立健全的小店经营者培训体系，在小店的市场监管方面可能存在不足，例如对小店的商品质量、价格、服务等方面的监管不到位，而南涧镇的小店多以餐饮、零售、美容服务等为主，产品的质量与价格应是政府重点关注的，这可能导致小店之间的不正当竞争、侵害消费者权益等问题，影响小店的声誉和形象。

南涧镇人民政府在本地"小店经济"发展中没有充分发挥信息中介的作用，没有通过充分的市场调查来给予小店在市场信息上的科学引导，导致一些小店对市场信息、政策信息、技术信息等方面的了解不足。南涧镇人民政府也应明确哪些行业已经饱和，例如那些市场需求萎缩或竞争过于激烈的传统行业，小店主应谨慎进入，不值得过多投资经营，而与此同时一些有较大发展潜力的行业却缺少关注。这些都会影响小店经营者作正确决策，也会导致一些小店难以实现规范化经营。只因市场信息匮乏，创新能力不足，影响了小店的长远发展，这种状况可能会导致小店错失商机，经营政策制定出现偏差，浪费资金，进而影响"小店经济"的可持续发展。南涧镇人民政府在信息引导方面需要更加积极。

2020年10月，南涧汇鑫置业有限公司开发的南涧彝族跳菜文化步行街开始全面招商，这条步行街是南涧首条主体跳菜步行商业街，是具有南涧彝族特色的地标性的民族步行街，为突出南涧跳菜文化的彝族风格，项目外观具有浓郁的地域文化气息，是底层用作商铺、上层为住宅的商住一体房，整个步行街统一规划，综合配套。但截至2024年2月，仅有4家餐饮店、1家酒吧、1家特产零售店入驻，客源稀少，没有达到打造一个集文化、商业、旅游、休闲为一体的步行街的目标，也没能充分体现环境、商业、居住概念，造成了空间资源的浪费。

（二）小店经营与城市管理矛盾突出

"小店经济"的发展程度，深刻体现了城市治理能力和水平，体现了一座城市的包容性和开放性,"小店经济"也是城市治理的重难点,对城市治理者的能力和水平都提出了非常高的要求。城市管理者要在稳定就业、促进民生的基础上,通过对资源的重组和有效利用,提高城市管理水平[16]。

南涧镇小店数量众多且经营分散,城市管理通常要求街道整齐划一、干净卫生、经营规范,但南涧镇的小店主要以烧烤、小吃等形式为主,充满浓厚的烟火气息,而小店经营方式多样,形式灵活,与城市管理要求的整齐划一存在冲突。

以前在南涧夜市的主阵地——南涧镇南安桥头、温州大酒店门口、军供站门口、民族商贸城聚集着各类餐饮小店,其中军供站门口一整条路上都是各类露天烧烤、小吃店,但露天烧烤带来丰富夜生活的同时也带来了许多问题,人行道上摆满了各式各样的桌椅板凳、烧烤炉具,造成周边交通严重堵塞、油烟缭绕、油污遍地、垃圾满地等;温州大酒店门口、民族商贸城喧哗声此起彼伏,尤其民族商贸城是商住一体的小区,周围商铺的噪声严重扰民,结合美丽县城创建工作,南涧县城市管理综合执法大队于2019年11月16日开始对城区露天烧烤占道经营、油烟污染、噪声扰民等问题进行了专项整治,通过发放传单、上门劝导、暂扣经营物资、予以行政处罚、增加夜班值守等多种方式,对露天烧烤进行规范整治,在执法工作人员进行回访时发现有的经营户已经积极整改,部分已经搬迁至小吃街进行经营,整治效果也较为明显,很多此前整改过的重点路段占道经营有所好转,但是部分路段的烧烤店占道经营仍然存在、我行我素,例如南安桥头、客运站附近、金龙路阳光丽景旁出现"城管一走、油烟又来"的现象,无法根治。

如果对所有外摆位商铺进行搬迁,最大的难点在于,除水果街、小吃街和农贸市场外,县城范围内还没有其他可以替代摆摊功能的街道或者市场来承接这些商户。搬入农贸市场内,多数商贩嫌生意不好,不愿意进入。如果强制取缔两个街道,最坏的结果就是一部分人不再经营,一部分人又到街面上"打游击",这样间接导致就业压力增大,也势必会增加县城内秩序管理压力。

南涧镇的"小店经济"在繁荣市场、满足居民多样化需求方面发挥着重要作用,但与城市管理之间的矛盾也相当突出。此外,城市管理的标准化要求与小店经济的自由灵活特点不一致,这些矛盾需要通过各主体沟通协调和政策调整来逐步解决,以实现城市管理和"小店经济"的共赢发展。

(三)小店经营者缺乏创新能力和品牌形象塑造意识

小店市场竞争激烈,根据实地调查,南涧镇大多数街边小店为夫妻档、亲友店,由沾亲带故的人员组成,采用家族式的管理方式,管理思想较为落后,维持经营现状是常态,跟风现象突出,缺乏创新动力和能力,很多小店业主不去做相应的市场调查导致同质化严重，进而导致市场小店发展过程中还面临"大店"以及连锁商业经济体的威胁。尤其以南涧镇民族商贸城的"奶茶店一条街"为主，在这条街道两旁共有12家以奶茶、咖啡为主要商品的小店，其中不是品牌连锁加盟、只有单一饮品或没有特色宣传的店难以在激烈的竞争中脱颖而出。其他龙头级连锁店因其已经具有一定的知名度，且有总部对各门店进行专业的管理运营，并根据市场的具体情况进行调整，不断推出各种优惠活动以满足不同商圈消费者的需要，竞争力较强，而一些竞争力不强的小店就在这样的竞争中渐渐销声匿迹。

小店发展的核心离不开特色，如果产品没有特色，很快就会被市场淘汰。大多小店因为规模小，准入门槛低，导致同质化严重，完全失去竞争力。对于小店来说，只有做到人无我有，人优我特，才能持久地经营下去，而不是一味地模仿，做一些跟随市场流行而无特色的产品，流行的趋势一旦消失，产品就会失去市场，小店就会失去竞争力[17]，就会很难持续经营下去。南涧镇的许多小店由于同质化严重，陷入低层次的价格竞争，导致利润薄弱。在这种情况下，为了降低成本，有些店铺开始使用劣质原材料，出现劣币驱逐良币的道德风险和逆向选择问题。低劣价格竞争不仅损害了消费者的利益，也破坏了市场的健康发展，进一步加剧了小店的经营困境。调查发现，很多小店业主在经营过程中存在"挂羊头卖狗肉"的现象，有的店铺门头店面名称与许可证名称不一致，例如在许可证上是"南涧县×××拉面馆"，可实际的店面名称就变成了"正宗××牛肉拉面馆"，这些小店往往打着特色的旗号，但实际产品和服务却与宣传不符，缺乏真实的特色和创新，这不仅欺骗了消费者，让消费者失望，还削弱了小店的市场竞争力，难以建立良好的品牌形象，更难以形成长期的顾客忠诚度。

（四）社会公众共同参与和监督意识淡薄

南涧镇很大一部分消费者缺乏参与和监督小店发展的意愿，许多消费者在购物时只关注商品的质量和价格，认为小店经营中的问题与自己无关，而对于小店的经营行为、卫生状况、服务质量等方面缺乏关注，没有意识到自己的消费行为与小店经营者的行为是相互关联的，对于维护市场秩序和公共利益缺乏主动意识。

当消费者遇到小店经营问题时，部分消费者不知道如何投诉和维权，不熟悉投诉和维权的渠道，不了解相关规章制度，也不知道如何利用投诉等方法来维护自己的权益。许多小店经营者、消费者还缺乏参与城市管理的意识，对城市规划、环境保护等缺乏关注，往往只关注自己的利益，而忽视了作为居民应承担的社会责任和自身行为对城市环境的影响。

部分小店由于经营规模小，客源稀少，经济效益无法充分满足店铺租金和人工成本开销，以至于小店长期处于盈亏平衡点，因经营波动很容易出现亏损[16]。伴随着房地产价格一路飙升，店铺、商品房等租金一直处于高价，甚至成为许多小店最主要的成本支出，成本结构严重不合理，导致很多小店选择退出市场，也劝退了一批想要加入小店经营的人群，大大打击了公众对于小店经营的积极性和参与度。2020 年初的新冠病毒感染疫情致使南涧镇的部分实体小店停业关门，等到陆续批准开门营业时，一些小店已经因为不能承受零收入还需支付高额的房租而永久退出市场。

五、多元共治视角下南涧镇"小店经济"发展的对策建议

（一）政府角度

1. 发挥政府服务职能，优化"小店经济"布局

南涧镇部分小店与城市管理矛盾突出，政府作为服务者，需要有力度，更要有温度，应由原来的"绝对领导者"转变为"治理主导者""服务提供者""关系协调者"，持续让政府有形之手和市场无形之手协同发力，用心做好小店扶持工作，在尊重市场的基础之上，政府要积极探索符合城市发展的小店经营模式，应根据南涧镇的总体规划，合理划分商业区域，特别是民族商贸城、工人街、跳菜步行街、樱花广场、科技广场和各住宅小区周边等小店集中的区域，在小吃街、水果街的基础上建立更多专门的夜市、商业街区等，将餐饮、零售、服务等不同种类的小店进行分区集中管理，给小店经营者提供规范的经营环境，既可以方便消费者购物，又能减少占道经营、噪声污染等对城市秩序的影响。

市场经济具有自发性、盲目性、滞后性的缺陷，需要政府积极参与到"小店经济"的布局中来。政府应积极回应小店关切，提高政务服务覆盖面，南涧政府可以建立专业的市场分析和信息发布平台，定期发布市场趋势和消费者需求的调研报告，为小店经营者提供及时有效的市场信息，帮助小店经营者准确把握市场动向。除此之外，还可以建立"小店经济"与特色文化融合发展的服务平台，提供政策咨询、业务指导、资源对接等服务，帮助小店解决实际经营中遇到的问题，充分发挥政府的服务职能。通过深入研究南涧镇经济的特点，制定"小店经济"与特色文化融合发展的专项规划，优化街区功能，合理分布业态。

在南涧镇，"小店经济"以小吃、烧烤、饮品、饭店等餐饮业为主，政府应积极鼓励餐饮企业推出新菜品、大力发展"夜经济"。支持餐饮企业整合餐饮产业链的优势资源，强化餐饮配送、中央厨房、网上营销等餐饮产业体系建设；鼓励品牌餐饮企业以连锁经营方式到土林无量塔等景区、龙凤丽都等社区、民族商贸城等商圈开店设点；鼓励各类小吃店延长夜间营业时间，允许在夜间特定时段设置外摆位，而不是全面禁止所有露天烧烤、小店推车等经营方式，可以适度延长重点商场、超市周边公共交通运营的时间，活跃夜食、夜购、夜娱、夜展等夜间消费业态，打造夜间消费场景和文旅消费集聚区，让"小店经济"得到合理布局的同时保留烟火气。应因地制宜，通过政策引导，依托浓厚的文化底蕴、丰富的旅游资源，融合沱茶、跳菜、油粉等南涧特色产业文化，举办"特色美食小吃街"、打造适应本地需要的特色商业步行街，推进南涧跳菜文化步行街建设发展进度，加大招商引资，尽快将闲置店铺充分利用起来进行特色产品展销、小店经营等。另一方面，也为南涧特色文化做好宣传，提高社会认知度，吸引更多消费者关注和参与，进一步促进"小店经济"的发展。

2. 建立健全政策体系，助力"小店经济"发展

"小店经济"的发展是一项系统工程，牵一发而动全身。各地政府作为当地政策的制定者、执行者和监督者，要使"小店经济"持续向好发展，必须优化顶层设计，全方位统筹推进，合理配置各类资源[18]。

政府应从加强规划引领、加大创业就业扶持、健全社会保障体系、加大金融支持、加大减税降费力度、优化经营场所供给政策等方面加大政策供给，进一步健全完善促进个体工商户、私营企业发展的政策体系。在加大财政政策支持方面，政府可以统筹安排个体工商户专项资金，对符合条件的"个转企"企业给予项目补助。对高校毕业生等重点群体创业就业提供就业扶持、政策支持。进一步强化金融政策支持，助力解决个体工商户融资难、融资贵问题。在优化经营场所供给政策方面，政府充分利用现有市场、闲置厂房等场地资源为个体工商户开展经营活动提供便利，同时鼓励支持个体工商户参与特色商圈、南涧主题步行街、便民生活服务、县域商业体系等建设，例如强化南涧茶文化休闲主题步行街和跳菜文化主题步行街两侧商铺业态引导，打造集文化、商业、旅游、休闲于一体的步行街或茶饮休闲主题街区。

制定支持南涧镇小店发展的相关政策，包括放宽小店经营条件，进行宣传推广、减免租金、平台打造、品牌建设等，可对全年销售额排名前列的批发、零售、住宿、餐饮小店给予专项资金奖励，鼓励品牌经营店铺转为企业法人。优化街区功能定位，对小店经营所处房屋的使用性质进行规范调整，对一些中

心地段，适当降低租金或者是给予一定的租金补贴，降低小店经营的支出成本[19]。降低小店运营成本，增加就业岗位，提高员工薪资水平，实施好高校毕业生就业创业行动计划等。强化典型示范引领，及时出台一系列针对"小店经济"与特色文化融合发展的优惠政策，激发其创新活力。还可设立专项基金，为具有创新性和文化特色的"小店"提供融资支持，帮助其扩大规模、提升品质。

3. 加强市场监管力度，管好管活"小店经济"

南涧市场监管局可以坚持推动实施柔性执法，对个体工商户的轻微违法，实施教育整改不处罚，不打击从业者的积极性，但又要做到监管与服务并重、规范与指引并举。

依托网格化监管＋落实主体责任，实现常态化、长效化管理，召开行业部门部署会、市场主体动员会、专项行动培训会、督促整改约谈会等，行业部门驻点督促指导小店市场改造提升、督促监管等工作，坚持问题导向，强化理念融合、队伍融合和业务融合，进一步明确市场开办方、经营主体、监管部门"三方责任"。

可以实施分组管理各个辖区的商铺，让相关负责人完善店铺相关经营手续、规范经营。部分小店店主因为忙于经营店铺，没有时间去办理营业执照，市场监管局的工作人员可以直接到摊位上帮助小店店主办证。南涧县市场监管局应持续深入一线到社区、村委会、小吃街、农贸市场等开展市场主体现场登记注册，实行"点对点"上门办证，个体工商户开启"掌上"注册登记服务，通过分管团队积极开展工作，当好服务摊贩的"店小二"，建立健全长效管护机制，全面实现管理规范化、长效化、常态化、精细化。

深入推进信息公示制度，在政府官网渠道及时对外公布小店"黑红榜"，也及时公布"退黑"店铺，进一步完善企业信用修复机制，为市场主体放权赋能，减少不当干预，全力保护小微企业、个体工商户合法权益和发展空间，坚持宽进严管的准入准营规则，做到监管规范和促进发展并重。

（二）经营者角度

1. 创新发展理念，打造特色小店

随着经济的快速发展，人们的物质生活得到极大满足，根据马斯洛的需求层次理论，必然对精神层次的需要提出更高的要求[20]。"小店经济"与文化产业、旅游产业等进行跨界融合，推动文化与"小店经济"融合发展，打造特色

小店。发挥重大节庆引流作用，举办火把节、沱茶旅游文化节、野钓大赛、体育赛事等节庆活动，全面放开传统民俗活动，推出跳菜长街宴、无量山货一条街等体验项目，搞活"小店经济"，打造南涧特色美食小吃街、"网红"夜市等。

小店经营者应持续创新，不断适应消费者需求和市场变化，提供与众不同的产品或服务。例如，可将南涧非遗特色文化融入产品设计或服务中，使产品在外观、功能或使用方式上与众不同，从而吸引消费者，通过差异化发展避免同质化竞争，强化品牌形象。特别是深入挖掘彝族特色文化等历史人文资源以及南涧跳菜等民间艺术类非物质文化遗产，突出南涧特色，打造独特的品牌形象，形成一批有实力的"网红店"。各类文创小店或手工艺品小店可以积极开发一批带得走的旅游产品、文创产品，比如代表"南涧跳菜"形象的文旅产品"跳菜娃娃"套盒、挂件、背包等，这样不仅能增加产品的附加值，还能吸引具有文化认同感的消费者。经营者除了日常维护小店运转，还需要为小店发展注入新理念，在稳中求变，以此融入当下人们的新生活。

2. 增强责任意识，塑造小店良好形象

作为经营者，要严格遵守相关法律法规，维护市场秩序和公共利益。保持店面整洁，注重店铺的环境卫生，遵守环保和卫生标准，定期进行卫生自查，维护店铺及周边的环境整洁，减少对环境的负面影响。小店经营者可以在遵守城市管理规章制度的基础上对自家小店门头、门面进行合法改造，内容既可以包括商户门头、店面的形象更新，也包括基础设施建设更新，促进店内的业态和空间升级，同时也是与周边社区环境的融洽共生，尝试从小店出发，通过融入居民、设计师、商户、管理部门、社会公众等多元主体，以需求为导向推动小店更新，进一步优化顾客体验，赢得消费者信任，为小店塑造良好的形象。

小店经营者必须定期检查产品质量，做到重视产品质量，确保产品和服务的高质量是赢得消费者信任的基石，经营者要选择可靠的供应商，确保进货渠道正规，所有商品明码标价，杜绝假冒伪劣产品、虚假宣传和价格欺诈行为，建立和完善诚信价格体系、售后服务体系，确保消费者购买后出现问题能够得到及时有效的处理，赢得消费者信任。

3. 推动数字赋能，开辟经营渠道

支持小店引入数字化技术，提升运营效率和服务质量。例如，帮助小店搭建电商平台等。强化市场营销，推进茶叶专业合作社发展。鼓励龙头企业、农民经纪人开拓市场。销售南涧特色产品的小店可以积极入驻电商平台，在淘宝、京东等大型电商平台开设店铺，增加商品的曝光度和销售渠道，如南涧罗

伯克茶、南涧核桃、南涧锅巴油粉等一大批南涧农特产品。经营者要不断整合资源优势，利用社交媒体提高品牌知名度和客户流量。在微信、小红书、抖音等社交平台上开设和运营店铺账号，定期发布产品信息、优惠活动等。制作优质的内容，如产品介绍视频、客户评价分享、使用指南等，增强与顾客的互动。

小店可以利用电子商务体验中心、电商扶贫服务平台（如电子商务平台"邻老板"）开辟新的经营渠道。"邻老板"基于微信卡券功能，将消费者、街边店、经销商、厂家有机地联系起来，使商业关系、经营效率都得到提升，并变得更加健康，从而实现线上线下的真正融合。小店主通过直连厂家，直连经销商，直连便利店，直连消费者，自主地、互联网化地经营自己的熟客，自主变现小店的天然流量。充分利用电子商务平台"邻老板"优势，促进虚拟经济和实体经济、线上电商平台与线下实体产业的深度融合，转变传统商业销售模式。

数字化支付方式能有效提高小店经营者决策的效率和准确性。店主通过对后台的支付数据进行简单的梳理分析，就能较为精准地把握顾客的消费规律，有利于店主做出科学的决策。另一方面，数字化支付方式有助于店主取得信贷支持。以支付宝为例，支付宝现在推出的芝麻信用就承担了征信的功能，店家如果长期使用支付宝收款和日常的消费支付，就会积累信用评分，信用好的商家便可以通过网上银行进行小额贷款，满足日常的经营需要[18]。

（三）社会公众角度

1. 构建行业协会，有效聚合社会资源

行业协会联盟可以为不同类型的小店提供一个平台，使他们能够共享资源、经验和信息。例如，餐饮行业的小店可以成立餐饮联盟，零售行业的小店可以成立零售联盟，这些联盟可以定期组织会议、培训和研讨会，通过构建行业协会，小店可以互相帮助，共同应对危机。例如，在面对市场竞争、政策变化或经济不景气时，小店可以通过联盟共享应对策略，通过集采集配降低采购成本，提高商品质量，甚至在必要时进行联合促销活动。

行业联盟可以利用其集体影响力来吸引外部资金，例如联盟可以设立专项基金，用于扶持有潜力的小店发展，鼓励社会资本投资有潜力的小店，提供资金、技术和管理支持，助力其做大做强。除此之外，行业联盟可以制定行业标准和行为准则，明确联盟的宗旨、目标、组织结构、成员资格、权利义务等，对成员进行自我监管，例如，可以制定产品质量标准、服务规范、诚信经营守则等。联盟可以设立监督委员会，定期检查成员的执行情况，对于进行假冒伪

劣、败坏行业形象的小店，可以采取排斥措施，如取消会员资格、公开通报等。

南涧各乡镇商会要积极联合，在跳菜步行街和建材城等商业展销区对外展示南涧特色茶产品、特色农产品、特色手工艺品等，吸引各地企业及有关方面交流互动，对接洽谈，寻求合作。积极扩大跳菜文化步行街店铺招商范围，吸引休闲类业态小店，如咖啡吧、茶吧、甜品店、精酿啤酒屋、音乐酒吧、书吧、品牌服装店等；特色餐饮小店，如特色小吃、品牌中餐西餐、快餐店等；旅游时尚工艺品类小店，如民族服饰首饰、纪念品店、手工艺品店、珠宝玉器、休闲食品等旅游类产品小店投资入驻，发挥商会联盟优势，推动小店繁荣发展。

2. 包容严格并重，营造良好社会氛围

社会各界需要给予"小店经济"更多的包容和支持，形成良好的社会氛围，鼓励并尊重小店的多样化经营模式，支持不同风格、不同特色的小店生存和发展。对于具有地方特色或创新特色的小店，社会应给予更多的支持和关注，营造一个包容多元的商业氛围，在包容的同时也要与严格并重，加强对小店的监督。公众可以通过意见征集、消费者评价等方式，向小店经营者提供建设性的建议，帮助其改进和提升，对小店在经营过程中可能会遇到的各种问题和挑战，多一些理解和建议，而不是一味地批评或否定。

南涧镇以餐饮小店居多，在日常经营过程中，可能会因为噪声、垃圾处理等问题对周围居民造成一定的影响，可以通过沟通与宣传提高居民的包容与理解，例如小店可以定期向周边居民宣传其经营情况、作息时间及对环境的改善措施，通过信息透明化增加居民对小店的理解和支持。定期召开居民协商会，邀请居民代表和小店主共同参与、讨论并解决扰民和卫生问题，寻求最佳解决方案，同时可以建立一个有效的建议反馈机制，鼓励公众积极参与，对小店提出建设性意见，有助于小店不断改进，例如设置意见箱和在线意见反馈平台，方便公众提出建议，小店应定期查看并回复公众意见，积极采纳合理建议，对提出有价值建议的公众给予奖励，鼓励更多人参与到小店的改进中来。

公众监督是促进小店规范经营的重要手段，通过公众监督和举报机制，可以及时发现和纠正小店存在的问题，可以邀请社区居民担任公众监督员，定期巡视餐饮小店的卫生和经营情况，发现问题及时向有关部门报告，或通过设立举报热线，鼓励居民对小店存在的问题进行举报，相关部门及时受理和调查，并公开处理结果，增强公众的信任感和参与感。

通过以上措施，可以实现包容与严格并重，既促进小店的发展，又保障社区居民的利益。在包容与严格的平衡中，小店可以不断改进经营，提升服务质量，最终实现小店可持续发展。

3. 推动社区引领，形成共治共享格局

接地气的经济要立足于群众。社区、邻里可以通过提供意见和帮助，协助小店解决经营中的问题，共同促进小店的成长。

社区组织可以定期举办相关的主题活动，如油粉美食节、手工艺品展销等，吸引更多消费者。鼓励小店之间共享设备和设施，降低经营成本，例如民族商贸城社区可以设立共享厨房、共享仓库等设施，供小店共同使用。鼓励小店与大店、品牌店合作，共享客户资源和市场信息，实现互利共赢，专业机构等可以为小店提供免费的经营管理、市场营销等咨询服务，帮助小店提升专业水平。

通过社区引领，形成共治共享的格局来促进小店发展。小店作为社区的一部分，可以积极参与社区治理，成为社区治理的重要主体，例如定期组织社区会议，邀请小店主参与，讨论社区发展和治理的相关问题，让小店主在社区事务中有发言权和决策权。建立小店与社区居民之间的合作机制，小店与社区居民共同管理环境卫生，形成协同治理的模式，鼓励小店主参与社区治理项目，例如定期组织小店和居民一起开展清洁活动，清理街道垃圾、美化环境，提升社区整体卫生水平，共同维护社区的良好环境和秩序。

动员小店店主和员工参与社区志愿服务。在社区内招募志愿者，包括小店店主、员工和居民，共同参与社区服务活动。设立多样化的志愿服务项目，如老人关怀、社区巡逻、公共设施维护等，让小店主有机会为社区做贡献，并对积极参与志愿服务的小店主进行激励，形成良性循环；还可以建立志愿服务积分制度，小店主通过参与志愿服务积累积分，可以兑换社区提供的优惠或服务。小店主可以通过参与各种公益活动，提升自身形象，增强与社区的联系，如定期举办公益义卖活动，可以将部分销售收入捐赠给社区公益项目，既提升销售，又做出贡献。小店主还可以赞助社区的文化活动、体育赛事等，增强与社区居民的互动和联系。

通过以上措施，可以有效促进小店与社区的共治共享，形成互相促进、共同发展的良性循环。

结语

"小店经济"不仅是城市发展的活力，还是吸收就业和保障民生服务的重要支撑，本文通过多元共治视角对南涧镇"小店经济"发展现状、成效进行了深入剖析。南涧镇的"小店经济"展示了其数量多、分布广的特点，这些特点

也决定了南涧镇"小店经济"必须通过多元主体的共同治理来实现可持续发展。本文认为，将政府、经营者和社会公众等多元主体有机结合起来，是"小店经济"实现长远发展的关键路径。多主体共同治理不仅为"小店经济"提供了稳定的成长环境，还为其逐步成长为规模经济奠定了坚实基础。进一步来看，要让"小店经济"真正发展起来，实现从"小店"到"大店"的转变，进而发展成国民经济的支柱产业，这一过程需要各主体的共同努力和密切合作。政府应发挥服务职能，继续加大对"小店经济"的政策支持和监管力度，为"小店经济"营造良好的营商环境；经营者则应通过创新经营模式、提高服务质量等方式，增强市场竞争力；社会公众应积极参与，继续保持对本地经济的关注和支持，为"小店经济"注入活力。只有政府、经营者、社会公众三方协同发力，才能真正绘就"小店经济"崭新的宏伟蓝图。通过多方共同努力，"小店经济"不仅能够实现自身的稳健发展，还能对整个国民经济产生积极影响。

当然，本文的研究也存在一定的不足之处，例如研究对象较为单一，分析不够深入全面等。未来的研究可以进一步扩大研究对象范围，深入分析不同类型的小店在不同发展阶段的具体需求和挑战。尽管如此，本文的研究仍为南涧镇"小店经济"的发展提供了一些有价值的参考。随着现代化经济的发展浪潮不断推进，相信"小店经济"将迎来更加繁荣的未来。通过多元主体的共同努力，"小店经济"不仅将在规模和质量上实现新的飞跃，还将成为推动区域经济发展的重要力量。

参考文献

[1] 李克强.推进步行街改造提升[J].城市规划通讯,2020(2):1.

[2] 陈慧敏.小店经济的演化路径、成长动因与未来展望[J].商业经济研究,2022(2):50-52.

[3] 潘慧琳.小店经济大有可为[J].决策探索(上),2020(9):20-23.

[4] 黄珍.流动摊贩治理困境及多元共治的对策研究[D].广州:华南理工大学,2021.

[5] 王名,蔡志鸿,王春婷.社会共治:多元主体共同治理的实践探索与制度创新[J].中国行政管理,2014(12):16-19.

[6] 张圣兵.小店经济的大逻辑:现代经济体系的有机组成部分[J].河北经贸大学学报,2021,42(3):62-68.

[7] 赵文君.全国登记在册个体工商户已达1.19亿户 占经营主体总量67.4%[EB/OL].(2023-07-12).https://www.samr.gov.cn/xw/mtjj/art/2023.html.

［8］ 李克强.政府工作报告：2023年3月5日在第十四届全国人民代表大会第一次会议上［EB/OL］.（2023-03-05）.https://www.gov.cn/zhuanti/2023lhztfgzbg/index.htm.

［9］ 习近平.在企业家座谈会上的讲话［EB/OL］.［2020-07-21］.http://xinhuanet.com.

［10］ 周娅铭,周巧燕.南涧镇东涌村的幸福生活从"蔗"里来［EB/OL］.（2023-12-123）.http://www.zgnj.gov.cn/njxrmzf/c102622/202312/b0e71573a2bc4c72a2c60aca0a958095.shtml.

［11］ 南涧县人民政府办公室.南涧县2024年政府工作报告［EB/OL］.（2024-02-08）.http://www.zgnj.gov.cn/njxrmzf/c103626/202402/88c677b3be9e4bcca3d875f8f2e50c75.shtml.

［12］ 余霞,吴绍汝.打通乡村物流"最后一公里"南涧建成县乡村三级物流共配体系：乡乡有站点 村村有服务［EB/OL］.（2024-01-22）.http://www.zgnj.gov.cn/njxrmzf/c102621/202401/23c0d9817818419696648b67110d61e1.shtml.

［13］ 程丽,余霞.南涧爱卫行动—南涧：集贸市场实现"五有""五化"［EB/OL］.（2021-03-09）.http://www.zgnj.gov.cn/njxrmzf/c105008/202103/e43a212c42ac45ffaecd6465851da572.shtml.

［14］ 南涧县住房和城乡建设局.南涧彝族自治县住房和城乡建设局关于对南涧彝族自治县第十三届人民代表大会第二次会议第125号建议的答复［EB/OL］.（2023-09-29）.http://www.zgnj.gov.cn/njxrmzf/c106438/202309/c384448d192d4c7682122040ebbcbaae.shtml.

［15］ 韩梦雨."小店经济"发展存在的问题与中国路径选择［J］.山西农经,2021(15):46-47.

［16］ 郑健.从长尾效应看"小店经济"的发展［J］.当代经济,2021(3):68-70.

［17］ 杨丽娟,孙永鹏.小店经济的演化路径、繁荣动因及未来展望［J］.经济论坛,2020(8):134-142.

［18］ 薛颖."小店经济"蕴藏"大活力"［J］.人民论坛,2020(15):198-199.

［19］ 曾瑞勇.需求理论视角下的HZ低碳科技馆运营与发展对策研究［D］.杭州:浙江工业大学,2019.

［20］ 包晓佳.基于"四店"形态的"小店经济"发展研究:以山东省泰安市为例［J］.中国市场,2021(1):54-55.

［21］ 郭娜.政府?市场？谁更有效:中小企业融资难解决机制有效性研究［J］.金融研究,2013(3):194-206.

［22］ 宁叙林,李璐涵,储龙刚,等."小店经济"数字化转型的发展研究:以合肥老乡鸡为例［J］.营销界,2022(11):41-43.

乡村振兴背景下宁蒗县文化产业
高质量发展路径研究

肖姗姗

引言

经过接续奋斗，2020年我国全面打赢了脱贫攻坚战，实现了全面小康这个中华民族的千年梦想，我国发展站在了更高历史起点上。《中共中央　国务院关于实现巩固拓展脱贫攻坚成果同乡村振兴有效衔接的意见》明确提出，"脱贫摘帽不是终点，而是新生活、新奋斗的起点。"在打赢脱贫攻坚战、全面建成小康社会之后，要在不断巩固拓展脱贫攻坚成果的同时，把乡村振兴这篇大文章做好，持续推动脱贫地区的发展和人民的生活水平。

《中共中央　国务院关于做好2022年全面推进乡村振兴重点工作的意见》中，明确指出了"持续推进一二三产业融合发展"。在完成了脱贫攻坚任务之后，党中央、国务院作出了"文化产业赋能乡村振兴计划"，这是一项为乡村振兴注入新动能的重要工程[1]。《关于推动文化产业赋能乡村振兴的意见》是由国家发改委等六部委共同发布的，目的是要把文化产业对乡村振兴的赋能作用，通过优化结构、扩大消费、增加就业机会等方式，实现对乡村振兴的有效支持。具有促转型、可持续的特殊功能，可以帮助农村地区的经济和社会发展，帮助实现巩固拓展脱贫攻坚成果与乡村振兴的有效衔接，促进乡村产业兴旺、生态宜居、乡风文明、治理有效、生活富裕。在2023年中央一号文件中，明确提出要对乡村新产业新业态进行培育，并实施文化产业赋能乡村振兴计划。

宁蒗彝族自治县地处滇西北横断山脉中部、丽江市东北部的川滇交界处。辖区内民族众多，截至2021年9月，宁蒗县总人口28万人，境内有彝族、汉族、摩梭人、普米族、傈僳族等12个世居民族，拥有丰富的特色文化资源。

当前，宁蒗县依托民族特色文化大力发展文化产业，并取得了一定的成绩，但由于文化产业发展起步晚、规模小、内部发展不均衡等问题，文化产业高质量发展面临着众多挑战。"文化产业赋能乡村振兴计划"给宁蒗县文化产业高质量发展带来了机遇，本文认为，宁蒗县可以以所拥有的丰富特色文化资源为突破口，因地制宜，大力发展文化产业，推进供给侧结构性改革，走高质量发展道路，实现产业兴旺，助推乡村振兴。

一、相关概念界定

（一）乡村振兴

乡村振兴是习近平同志在2017年在党的十九大报告中所提出的一项国家战略。乡村振兴是由习近平同志带领的新一代党中央，在新一轮中国特色社会主义发展到新时期、新阶段的基础上，始终以习近平新时代中国特色社会主义思想为指导，紧紧抓住新时期"三农"问题，加速推进农业和农村现代化进程的重要国家战略[2]。第一，乡村振兴是以习近平同志为核心的党中央在新时期解决"三农"问题上发挥新作用的一个重大举措。第二，实施农村振兴是实现国家"三个现代化"目标的一项重大策略。新时期，我国是一个全面建成小康社会的国家，但最困难、最沉重的工作还是在乡村。第三，实施乡村振兴是实现小康社会目标的需要。党的十九大报告指出，我国的社会主要矛盾已转变为人民日益增长的美好生活需要和不平衡不充分的发展之间的矛盾，目前要解决的第一个问题是城乡发展的不平衡、农业农村发展的不充分。而要想让数以百万计的农民拥有更多更好的美好生活，就一定要将乡村发展放在国家的战略位置上，始终坚持农业农村优先发展的原则，加速推进农业农村现代化进程。第四，农村振兴是一项适合中国实际情况、富有创新和现实价值的高层次规划。乡村振兴战略是一项前所未有的伟大创造，在改革开放40多年的时间里，我们党和国家对此进行了持续的探索，并在此过程中得到了进一步的充实。

（二）文化产业

文化产业这个词是在20世纪的早期出现的，作为一种理论最早见于霍克海默与阿多诺共同撰写的《启蒙辩证法》。文化产业是一种特殊的文化形式，也是一种特殊的经济形式，它直接影响着人们对它的认识，各国对它的认识也不尽相同[3]。教科文组织对文化产业的界定是这样的：文化产业是指一种生产、再生产、存储、销售等一系列的活动，它是一种基于工业标准的文化产业。从根本上来说，文化产业可以被分为三种类型：一是生产和销售以相对独立的物理形态将文化产品呈现出来的行业（例如，生产和销售图书、报刊、影视，影像制品等行业）。二是以服务的方式产生的文化服务（如表演、体育、娱乐、策划等）。三是为其他产品或产业带来增值的产业（如装潢、形象设计、文化旅游等）。

中国国家统计局于2012年发布的《文化及相关产业分类（2012）》，在征求有关部门和社会各界的意见后，将文化产业界定为"向公众提供文化及相关商品的生产性活动"的总称。中国的文化产业，主要有以下几个方面：一是以文化为中心，直接满足人民精神需求的创作、生产和传播、文化产品的制作，如展览等。二是为了完成对文化产品的生产所必要的辅助性生产。三是文化商品的生产，是指其作为物质的载体，或者是制造工具（使用、传播、展示等）的生产行为。四是为文化产品的制造提供专业的装备[4]。

（三）高质量发展

高质量发展是全面建设社会主义现代化国家的首要任务。高质量发展这一新概念是在2017年党的十九届三中全会上第一次正式提出的，从2021年开始，习近平总书记就一直在反复强调这一概念。推进高质量发展，是现在和未来一个阶段确定发展思路、制定经济政策、实施宏观调控的基本要求。因此，我们一定要对高质量发展的含义有更深入的了解，才能让我们的经济在高质量发展上持续地取得新的进步。

要达到高质量发展，必须从各个层次加以协同与推动。从宏观角度看，要实现高质量发展，就要实现经济平稳增长，要实现城乡均衡发展，要强化创新驱动；实现绿色发展，让经济发展成果更多更公平地造福于全体人民[5]。这就要求我们不再一味地追逐高速、规模化，而是更加关注发展的质量。在推进高品质的过程中，要始终维持高速与规模的领先地位。这表明，我们不仅要以较快的速度为目标，还要在较大范围内进行统筹发展。在实现高质量发展的同时，我们也要始终保持绿色发展的思想，加强可持续发展的能力。要实现高质量发展，还必须兼顾生产、生活和生态，要始终坚持以人民为中心的发展理念，将改善民生福利作为发展的基本目标。

从产业层次来看，高质量发展是指产业布局的优化和结构的合理，持续地进行产业的转型升级，从而使产业发展的效益得到明显提高。在工业规模持续扩大的同时，现代农业、先进制造业、现代服务业等都得到了进一步的改善和发展，最终构建出一个完整的现代工业体系。产业结构持续优化，会使一二三产业结构更加合理，而且持续融合发展[6]。创新是引领发展的首要力量，要以中高端消费为导向，以创新为导向，以绿色为导向，以低碳为导向，在现代化的供应链等方面，要培养新的增长点，形成新的动能。这意味着，我们需要更加注重创新发展，推广创新的理念和技术，为高质量发展提供新的动力和支持。

综上所述，高质量发展需要在多个层面上进行推进和协调，这包括宏观层面和产业层面。我们需要更加注重经济增长的质量和可持续性，以人民为中心，兼顾生产、生活与生态，推进产业布局优化和创新发展，实现高质量的经济发展。

二、宁蒗县文化产业发展现状分析

（一）宁蒗县文化产业资源分析

宁蒗是一个多民族的山区内陆县，有彝族、汉族、摩梭人、普米族、傈僳族、纳西族、藏族、白族、壮族、傣族、苗族、回族12个世居民族，民俗民风纯粹、独具特色。宁蒗境内居住的12个民族都有自己独特的民族文化，都是宁蒗民族文化中不可分割的组成部分。各民族的节日、服饰、饮食、婚俗以及民族民间歌舞，内容丰富多彩，具有很高的保护开发价值。同时，宁蒗历史悠久，境内有许多文物古迹。古遗址有新石器时代、青铜器时代出土的文物，还有包括永宁境内的日月和、开基桥、白牛银厂址等元明清遗址，有永宁的扎美寺、者波喇嘛寺、蒗蕖喇嘛寺、五省庙等庙宇，以及永宁温泉乡贡布经堂壁画。

宁蒗县具有丰富多彩的民族传统文化资源，彝族毕摩文化、摩梭人母系文化、达巴文化、普米韩规文化、傈僳比扒文化各有特点。有众多的文化人才，已经形成以彝族毕摩、摩梭达巴、普米韩规、傈僳比扒为代表的传统文化传承保护人才，以"小凉山诗人群"为代表的文学艺术创作人才，以各民族歌手为代表的音乐舞蹈人才等三支文化人才队伍。其发展文化产业具有得天独厚的条件。

近年来，宁蒗县规划和建设了小凉山彝家山寨毕摩文化开发项目、小凉山红鹰民族文化开发民族生态文化园、小凉山女儿国民族根雕文化及民族书画展示中心、女儿国小镇、中国云南普米族韩规文化传承基地、宁蒗县县城民族文化展示中心等。宁蒗县在组织管理、人才培养、资金支持等方面提供引导，并提供相应的扶持和激励；在生产运营等方面，逐渐强化机制的构建，在文化产品的研发、制作、经销等方面，对其进行系统的支持，从而推动其发展。

旅游是以"文化"为核心的，而"文化"又是"旅游"的重要组成部分。当文化和旅游业相互融合时，两者才能优势互补，相互促进。宁蒗县不仅是文化资源大县，而且是旅游资源大县，要做好文化与旅游的结合，让文化产业与乡村振兴协同发展，推动文化产业高质量发展，实现跨越式发展。

（二）宁蒗县文化产业发展简介

宁蒗县少数民族众多，文化资源丰富，文化产业发展具有较大优势。宁蒗县依托丰富的民族文化资源和特殊的地域优势，走出了一条独特的文化产业发展之路，在民族文化旅游业、民族手工艺产业、民族节庆业、民族演艺业等领域形成一定特色。宁蒗县大力发展以泸沽湖景区为龙头的文化产业，积极开发丰富的文化资源，进一步打造了以彝族毕摩文化为基础的毕摩谷景区、发展弘扬普米族韩规文化的番人古寨景区；建立了一系列非物质文化遗产传承基地，发展特色民族手工艺产业；开展火把节节庆特色活动，发展摩梭人、彝族、傈僳族等民族的民族特色歌舞演艺，这些拓展了宁蒗县文化产业发展的路径。

宁蒗县有 12 个世居民族，各民族相互团结、吸纳融合又保持着独具特色的文化，在这片土地上和谐共生，创造了灿烂的民族文化，具有厚重的文化沉淀。截至目前，已列入国家级非遗项目 1 项；列入省级项目 7 项，保护区 2 个；列入市级项目 29 项，保护区 2 个，传承人 49 人。涉及民间文学、传统音乐、传统舞蹈、传统体育、游艺与杂技、传统美术、传统技艺、传统医药、民俗等方面[1]。近年来，宁蒗县以"非遗+旅游"融合发展模式促进民族传统特色文化技艺的传承和发展，建立了"母系非遗工坊"、永宁镇藏香制作传承基地、巴克彝族漆器传习馆，同时建成了宁蒗县非遗馆，通过把传统手艺进行再现、再造、再生于生活中，让宁蒗古老的文化和技艺得以发扬光大，造福于民，旨在增强保护传承非物质文化遗产的自觉性，增进文化自觉和文化自信。在全国文化和旅游深度融合的当下，发挥具有鲜明宁蒗特色的非物质文化遗产的作用，切实提升宁蒗非遗的社会效益和经济效益，助力宁蒗文化和旅游深度融合和创新发展，为宁蒗建设贡献非遗智慧，推动宁蒗经济振兴行稳致远。

母系非遗工坊展示了摩梭人的传统手工纺织技艺、民居建筑、原始宗教、达巴文化、传统礼仪习俗、传统音乐舞蹈、民间医药、饮食文化、生活习俗、民俗节庆等非物质文化遗产，展出了具有鲜明的民族特色和地域特征以及多民族交往交流交融特征的重要民族文物，文化内涵丰富、遗产等级高、种类较为齐全。充分展现了传统的摩梭母系大家庭文化、摩梭人的自然观和生态智慧。"非遗+旅游"的模式优化景区吸引力，丰富除旅游以外的文化产品，促进宁蒗县乡村振兴进一步发展，积极推动宁蒗县文化产业高质量发展。

---

[1] 来源于宁蒗彝族自治县文化和旅游局官网。

三、乡村振兴战略与宁蒗县文化产业高质量发展的互动关系

（一）乡村振兴战略带动宁蒗县文化产业的发展

2021年是"十四五"规划实施的开始之年，中央关于乡村振兴战略的新部署，并聚焦一批脱贫攻坚战略的脱贫攻坚行动，以不断提升农村"造血"能力为目标，确保已脱贫的人不会返贫，把巩固拓展脱贫成果与乡村振兴有机结合起来。宁蒗县便是云南省入选国家乡村振兴重点帮扶的县城之一。在国家乡村振兴重点帮扶县工作会议上，国家乡村振兴局党组书记、局长表示，针对重点帮扶县的一系列现实问题，中央财政在"十四五"规划期间将加大倾斜支持力度，倾斜支持建设特色产业集群。在这样的契机下，宁蒗县抓住机遇，充分利用当地丰富的民族特色文化，打造了"番人古寨"和"毕摩谷"两个民族特色文化传承景区。

2021年以来，宁蒗县始终把巩固拓展脱贫攻坚成果同乡村振兴有效衔接作为重中之重的工作，制定出台了一系列文件，健全完善统筹协调工作机制。着力于兴产业、提质增效，坚持立足实际调整结构，突出特色兴产业。文化旅游产业逐步恢复，全年接待游客超158.1万人次，同比增长48.4%；文化旅游收入19.8亿元，同比增长19.2%。

2022年宁蒗县人民政府政府工作报告指出，今后五年政府工作的重点为：开展四美创建，建设美丽宁蒗，打好乡村振兴底色。对标"特色、产业、干净、生态、智慧"五大要素，全面推进彝族特色风貌改造，聚焦短板弱项，高标准建设美丽县城。实施美丽家园建设行动，实施民族文化保护行动，全面提升民族文化的内涵，放大民族文化对旅游产业的推动作用。提出要按照系统化引领、景观化打造、品牌化营销的思路，构建"一点引爆、多点发力、多元支撑、整体提升"的旅游发展格局，发展全域旅游，推动旅游转型升级，推动宁蒗县文化产业高质量发展。把创建泸沽湖5A级景区和国家旅游度假区作为全县文化产业二次创业的切入点，深挖母系文化，进一步打好摩梭牌。打造"两山两谷四坝四镇十村百宿"为布点的文化旅游产业集群，依托丰富的民俗民族文化资源，推出宁蒗文化旅游节产品，将民俗民族文化优势转化为经济优势。

（二）文化产业的高质量发展助力宁蒗县乡村振兴战略的实施

文化振兴是民族地区实现乡村振兴的重要基石。对少数民族传统文化资源进行深度挖掘，促进优秀传统文化实现创造性转化、创新性发展，这是激发民

族地区乡村振兴内在动力的一个重要途径。宁蒗县在大力发展以母系氏族文化为基础的泸沽湖文化旅游的基础上，充分发挥当地多民族特色，打造了以彝族毕摩文化为主题的毕摩谷景区。将小凉山彝族独特的传统风俗和神秘的毕摩文化融为一体，践行传统文化现代表达与民族文化创新表达的新理念，目的在于挖掘、保护和发扬彝族传统优秀文化。毕摩谷景区传承发扬毕摩文化，既符合党和政府关于民族文化传承发展的政策，也顺应宁蒗民族文化产业发展大势，助力宁蒗县乡村振兴战略。

2022年，宁蒗县开展了2022文化旅游节系列活动。2022年7月20日，文化旅游节暨招商活动启动，通过开幕式晚会、"寻美经济"招商、泸沽湖论坛等系列活动，展示了宁蒗县秀美的风光及丰富的民族文化。21日，宁蒗县"寻美经济"招商推介会举行，会上进行了集中签约仪式，宁蒗县政府与华电云南发电有限公司、中国铁建昆仑投资集团有限公司、中铁十六局集团有限公司等多家公司签订了多项合作协议。在本届文化旅游节系列活动中，宁蒗县还安排了"书画颂宁蒗"作品展示、"云美宁蒗"互联网＋旅游景点宣传、"燃情宁蒗"文旅小姐选拔、"知味彝乡"美食节、"丰收宁蒗"农特产品展示等活动，成为宁蒗县展示形象、推介商机的重要平台。

（三）乡村振兴战略、文化产业协同发展促进宁蒗县的高质量发展

当前，我国文化产业正在稳步发展为国民经济的支柱性产业，随着产业力量和影响力的进一步提升，不论是从产业规模还是创新能力的角度，现在的文化产业都可以在实施乡村振兴战略的过程中"增砖添瓦"。

民族文化是民族经过长期发展与多代人的共同经历形成的，具有民族特色底蕴。民族文化的发展能有效带动地区内经济上升，为市场经济带来新的发展活力，营造与当地适应的经济发展环境和氛围[7]。宁蒗县民族众多，在政府等相关部门推动宁蒗县经济发展的过程中，民族文化起着重要的影响作用。在乡村振兴的大背景下，宁蒗县积极践行中央乡村振兴的政策举措，充分发挥文化产业在乡村振兴中的作用，做到乡村振兴战略、文化产业协同发展，依托发展已经成熟的母系氏族文化、泸沽湖风景区开发毕摩谷景区、番人古寨特色文化景区，传承传统风俗文化，打造最美彝乡，为人们提供更加丰富的特色服务和特色产品，进一步的满足了消费者的需求，有效提升了宁蒗县的经济发展。

在文化产业里，旅游业是最为直接带动经济效益的方式，通过旅游吸引大量游客来增加消费市场的消费量，从而带动相关行业发展。伴随着文化旅游业的发展，宁蒗县的餐饮业、服务业得到快速发展，并带来了大量的就业机会，起到了大力发展当地经济的作用。同时，文化旅游节、火把节系列活动等文化活动的举办为宁蒗县吸引了外部资金，将宁蒗县带到更多人的面前。

乡村要振兴，文化要振兴，产业也必须振兴，我们要坚持乡村振兴和文化产业协同发展，牢牢把握乡村振兴战略与宁蒗县文化产业高质量发展之间的互动关系，抓住乡村振兴的契机，推动文化产业高质量发展进一步促进宁蒗县的高质量发展[8]。

四、乡村振兴背景下宁蒗县文化产业高质量发展的困境

（一）文化产业起步晚，发展规模较小

总的来说，宁蒗县的文化产业还处于起步阶段。从现状看，宁蒗县的文化产业发展与其丰厚的文化底蕴、与当前的经济和社会发展以及人民对文化生活的需要都存在着很大的差距[9]。宁蒗境内居住的12个民族都有自己独特的民族文化，都是宁蒗民族文化中不可分割的组成部分。宁蒗彝族的毕摩文化、摩梭的母系文化、普米族韩规文化、傈僳族的多神崇拜文化，内容丰富、各具特色。各民族的节日、服饰、饮食、婚俗以及民族民间音乐，内容丰富多彩，具有很高的保护开发价值，但宁蒗县的文化产业主要集中在以摩梭人母系文化为依托的文化旅游业，对其他可利用的民族特色文化重视不足，文化资源开发程度低。

同时，随着经济社会的不断发展，人民对文化生活的需求越来越广泛，要求越来越高，而宁蒗县文化发展缺乏创新，已有的文化产业已经不能满足人们的需求。例如宁蒗县有一部分文化工艺产品制作产业，但由于缺乏市场调研，自身产品更新不足，经营者满足于现有的产品，缺乏对创意产品的开发等问题，所生产的工艺产品已经难以满足人们对文化工艺产品的要求。

从规模来看，宁蒗县文化企事业单位规模小，集约化程度低。宁蒗县文化产业发展多为个体自主发展，个体经营者带有传统小农经济的固性思维，在市场营销、运营管理等方面经验不足，不能建立起完整的产业价值链，产业结构松散，未能形成规模效应[10]。宁蒗县目前可以谈得上骨干的文化企业几乎为零，泸沽湖文化开发公司和小凉山文化传播公司虽然初具规模，但未能形成具有广泛辐射力、影响力和拉动经济的大项目。同时宁蒗县民族文化资源由于分布不集中、距离远、集约化程度低，资源开发利用难度较大。目前宁蒗县已打造完成泸沽湖景区、毕摩谷景区、番人古寨景区，但由于三个景区距离较远，受地形条件影响，各景区之间道路弯道众多、弯度大，景区与景区之间交通时间长，且除泸沽湖景区外其他两个景区基础设施建设尚不完善，因此，难以集中发展，未能发挥规模效应。

（二）文化产业对GDP的贡献较低

宁蒗县文化产业产值低，主要集中在一些传统的文化产业门类，附加值较低。首先，宁蒗县文化产业门类较单一，现代新兴文化产业发展较慢，科技含量低，竞争能力弱。宁蒗县文化产业发展主要集中在文化旅游业，收益主要来自景区门票收益以及由旅游带动的文化旅游服务业，形式单一。

目前宁蒗县已打造完成的景区仅有泸沽湖景区正常运转，可以承接大量游客，从而发展文化旅游业，带来相关收益，而番人古寨景区、毕摩谷景区虽已初步建成，但由于基本公共设施仍不健全，不能为宁蒗县GDP做出贡献。宁蒗县拥有丰富的民族文化资源，如彝族漆器、摩梭人手工编织物、藏香制作、民族根雕、各民族服饰等民族文化资源均有很大的开发价值，但目前的开发仅局限于传统的手工艺品制作，缺乏创新、科技含量低、附加值低。且产品主要面向当地群众市场，受众少，需求量低。

其次，宁蒗县文化产业市场主体以个体经营者为主，实力较弱，缺少起引领作用的文化产业集群和文化产业集团，未能形成文化知识产权，市场竞争力弱。宁蒗县已有的文化产业经营者94%都为个体经营者，个体经营规模较小、资金投入不高、经营理念保守，很少有人能为文化产品注入文化精神，讲述产品背后的特色文化故事，因此特色文化衍生品开发能力弱，从而未能形成文化知识产权。同时缺少起引领作用的文化产业集群和文化产业集团导致整个宁蒗县文化产业市场缺乏统一的商业标准，"宰客""强硬购物"等乱象时有发生，损害游客利益的同时不利于自身文化知识产权的打造。

宁蒗县文化产业发展形式单一，不能打造知名度高的文化知识产权，不能将自身丰富的文化资源进行整合，打造自己的地域名片，未能将自身的文化资源实现跨界共享，整体实力较弱，不能充分发挥丰富文化资源的经济效益，对GDP贡献不足。

（三）文化产业的行业内部发展不均衡

宁蒗县文化产业在发展起步晚、发展缓慢的同时在文化产业发展中还存在行业内部发展不均衡的现象。从文化产业发展的形式来看，受传统固定思维的限制，宁蒗县人民普遍认为文化产业中只有文化旅游业才能给人们带来收益，因此宁蒗县文化产业以文化旅游模式为主，对节庆演艺、创意产品等其他文化产业模式重视不足，导致宁蒗县文化产业的行业内部发展不均衡。

首先，宁蒗县以泸沽湖景区为主的文化旅游较其他的文化产业发展起步较早，基础设施已较完善，景区知名度高，是宁蒗县文化产业发展的成功例子，由此，宁蒗县文化产业发展以文化旅游业为重点，政策、资金支持多向文化旅游业倾斜，接连打造了彝族毕摩文化传承景区毕摩谷景区，传承普米韩规文化的番人古寨，对其他形式的文化产业发展缺乏重视，使其他形式文化产业发展动力不足。虽然宁蒗县少数民族众多，民族节日、服饰、饮食、歌舞都具有极高的开发价值，但受泸沽湖景区文化旅游业成功发展的影响以及政府政策倾斜的原因，未能依托各民族特色节日、服饰、饮食、歌舞打造以文旅演艺、歌舞表演、节庆仪式为内容的文化产业模式。

其次，宁蒗县文化产业发展主体为个体经营者，主要从事文化旅游相关服务业，少量人群从事特色文化工艺品制作，由于个体经营者经营理念局限、缺乏创新，工艺品多为传统器物，受众少，市场局限，缺乏对创意产品的开发，创意产品模式的文化产业发展困难。

从对各民族文化的开发程度来看，由于摩梭人母系文化的独特性以及早期部分学者对摩梭文化的探寻，宁蒗县摩梭人文化的开发早于其他民族文化的开发，且开发程度较其他民族高。宁蒗县基于摩梭人母系文化已发展建成了"甲搓舞"文化演艺馆、摩梭民俗博物馆，以期将摩梭人特色文化进一步传承、传播。但对于县内其他11个世居民族文化的开发程度较低，虽已对普米族韩规文化、彝族毕摩文化进行一定的开发，但与对摩梭人文化的发展相比差距较大，而对傈僳族、藏族、壮族等民族文化的开发程度则更低。

（四）文化产品和服务质量提升难度大

由于乡村文化娱乐基础设施投入不足、文化娱乐内容和形式单一以及对乡村文化娱乐活动缺乏引导，人们文化娱乐消费意识薄弱，宁蒗县整体乡村文化娱乐消费不足，影响文化产品和服务质量的提升。近年来，尽管国家加大了对乡村文化娱乐基础设施的投入[11]。但是，因为地理位置和执行力度不够等原因，宁蒗县的文化和休闲设施还不够健全，特别是在乡村地区，无法建立起像科技馆、文化馆、公园这样的公共休闲场所，且缺乏从事文化工作的专业人员。无论是物质资源还是人力资源都存在较大缺口，活动场所有限，文化活动组织也不规范。

宁蒗县整体来说休闲娱乐场所较少，虽然宁蒗县已建成万格广场、宁蒗县体育场、宁蒗县文化博物馆，各乡镇也建立了一定的文化馆（站）、小广场，但各个乡镇、社区村庄仍然缺乏基本的休闲娱乐场所，且一些乡镇已经建成的文化馆（站）并不向周边居民开放，居民缺乏基础的休闲娱乐场所。通过调查还发现，宁蒗县范围内接近89%的文化馆并没有专业的文化工作者，文化馆的活动由镇政府其他部门工作人员兼职管理，开展活动困难，难以发挥文化宣传、组织作用。

宁蒗县还存在乡村文化娱乐活动缺乏引导的问题，虽然有永宁镇泥鳅沟村委会每年定期组织村民进行文化演艺活动，并组建传统刺绣以及民族舞蹈宣传小组，但其他乡镇和村落几乎不曾组织类似的文化娱乐活动，大部分居民日常娱乐活动局限在麻将、扑克。在休闲娱乐场所少，缺乏文化娱乐活动影响的情况下，群众文化娱乐消费意识越来越淡薄。

同时，由于宁蒗县在2020年11月才完成脱贫摘帽，整体经济发展水平不高，受文化水平和经济收入的影响，宁蒗县人民在消费上还主要集中在物质生活层面，文化娱乐消费占比较少。人们在生活中不能实际体验自身文化产品和服务，文化产品和服务质量不能得到及时提升和改进。

（五）文化产业创新不足，专业人才相对缺乏

宁蒗县的文化产业只有几个传统的行业，没有什么新的行业，比如文化创意、设计、文化科技。宁蒗县在文化产业的发展上，缺少一种新的思路和机制。在快速变化的时代背景下，我国文化产业的发展必须主动应对，创新发展模式与观念，以适应变化的环境。尽管宁蒗县在近几年也在积极地进行着一些改革，但是，因其内在机制的不够灵活，导致了其内部运行的迟缓；这需要有先进的思想作为指引，需要有前瞻性的整体计划，并能对外界的变化作出及时的响应。只有以创新观念为动力，以创新机制为动力，才能实现文化产业整体前瞻的发展。

其次，目前宁蒗县的文化产业存在着人才短缺、技术升级缓慢等问题。在任何一个产业中，人才与技术都是最重要的要素，也是最有力的推动力量。而文化产业的发展同样离不开这两个要素，即人才与科技是其持续发展的推动力。要想促进文化产业的发展，就必须要有一支高素质的人才队伍。

但是，目前宁蒗县的文化产业却存在着较大的人才缺口，具体体现在以下几个方面：第一，文化产业的经营与管理方面，缺少有能力的专业技术人员。宁蒗县文化产品主要为手工业制品，主要有摩梭人手工披肩，彝族漆器、银饰，藏香等，这些文化产品基本都存在形式、内容单一，缺乏创意创新的问题。同时这些文化产品基本都是线下门店经营，缺少一定的宣传，知名度低，产业运营能力不足。这些文化产品想要得到高质量发展，就需要专业能力强的文化产品开发和文化产业运营人才。

二是高层次的营销管理人员缺乏。发展文化产业，不仅要有对经济了解的高质量的管理者，还要有对产业资本、金融资本和文化资源进行整合的能力，还要有对文化产品和服务进行策划、营销及宣传的能力。在宁蒗县，大部分的文化企业都是当地的人，他们的文化水平较低，经营观念比较陈旧，难以把宁蒗县现存的文化资源和文化产品进行有效的整合；在策划、营销、宣传等方面的技能较弱。

三是在信息时代，文化工业的高端化发展需要大量的人力资源。科学技术快速发展，信息化时代的文化产业发展需要高技术化的人才。宁蒗县现有的文化产业缺乏宣传，科技含量低，营销方式与当前迅速发展的科技不相适应。只有积极促进文化产业创新发展，引进文化产业专业人才，才能推动宁蒗县文化产业高质量发展。

通过实地调查和资料分析发现，宁蒗县文化产业高质量发展目前主要存在文化产业起步晚、发展规模小，对GDP贡献低，行业内部发展不均衡，由于乡村文化娱乐消费不足导致文化产品和服务质量难以提升等困难，以及文化产业创新不足，缺乏专业人才的问题。宁蒗县要抓住乡村振兴的契机，正确认识当前文化产业发展存在的困境和不足，因地制宜，积极探寻促进宁蒗县文化产业高质量发展的特色路径，推动宁蒗县进一步发展。

五、宁蒗县文化产业高质量发展的路径选择

宁蒗县少数民族众多，各民族交错杂居，是我国典型的民族地区。民族地区乡村振兴与全国其他地区并无本质区别，但因独特资源优势——丰富的生物多样性和多彩的文化多样性，在探索文化产业高质量发展路径时，面临与其他地区截然不同的路径。

（一）充分利用少数民族文化资源，发挥文化产业的"民族性"

宁蒗县少数民族众多，拥有丰富独特的文学艺术、习俗宗教、手工技艺等文化资源。充分发挥这一优势，利用其独特的地理、地形资源特征，通过创意挖掘将这一比较优势发展为产业优势、经济优势，进行特色文化产业的开发，打造民族特色浓郁的文化精品，发挥文化产业的"民族性"，形成竞争优势[12]。宁蒗县由于其丰富独特的少数民族文化资源，决定了其文化产业发展必须立足其自身优势，走符合自身特色的"民族性"道路。

宁蒗县可以充分利用现有的民族手工艺技术，发展"民族性"十足的创意文化产品。利用摩梭人独特的手工编制技术、彝族漆器产品制作等资源，对现有产品进行创意升级，增加产品种类，丰富产品文化内涵，提升文化产品质量，打造民族特色浓郁的文化精品。

宁蒗县可以利用各民族的特色节庆、歌舞发展以文旅演艺、民族节庆、民族歌舞为内容的文化演艺产业。在摩梭人转山节，彝族火把节、库史节等特色民族节日开展大型文化演艺活动，建设民族歌舞演艺馆，传承特色民族文化，拓宽当前文化旅游业的范围，进一步增强宁蒗县文化旅游业的民族性。

宁蒗县可以将民族文化与地理优势相结合，建设文化产业园区和基地。例

如，摩梭文化主要集中分布在泸沽湖景区，可以利用泸沽湖优美的自然风光和独特的人文风光，在泸沽湖景区建设影视文化基地，实现文化的跨界发展，整合民族文化和自然资源，实现民族文化和自然风光融合发展。

（二）抓住乡村振兴战略的机遇，明确宁蒗县少数民族资源优势

党的十九大报告指出，要把乡村振兴作为一项重要任务来抓。要以产业兴旺，生态宜居，乡风文明为目标，以发展农业和农村为目标；治理有效，人民生活富裕的总体目标，就是要加速实现农业和农村的现代化。而农村的发展，则需要农村的文化来支持。在我国，要实现农村发展的目标，必须大力发展农村文化产业。在2021年8月举行的第五次中央民族工作会议上，习近平总书记曾指出，民族地区要立足资源禀赋、发展条件、比较优势等实际，找准把握新发展阶段、贯彻新发展理念、融入新发展格局、实现高质量发展、促进共同富裕的切入点和发力点。要加大对民族地区基础设施建设、产业结构调整支持力度，优化经济社会发展和生态文明建设整体布局，不断增强各族群众获得感、幸福感、安全感。要支持民族地区实现巩固脱贫攻坚成果同乡村振兴有效衔接，促进农牧业高质高效、乡村宜居宜业、农牧民富裕富足。少数民族文化资源是宁蒗县的一大优势，少数民族独特的文化、民族传统手工艺、民族节庆、民族文学艺术对于文化产业发展具有积极的促进作用。我们要抓住乡村振兴的机遇，明确宁蒗县少数民族资源优势，落实相关政策法规，充分发挥少数民族资源优势，促进宁蒗县文化产业高质量发展。

宁蒗县民族众多，民间文化丰富，要抓住乡村振兴的机遇，在全县范围内开展民间文化普查活动，明确少数民族文化资源优势，进一步开发民族文化。宁蒗县目前有省级民族民间文化保护区2个、省级文化传承人3名、市级保护区3个、市级文化传承人9名、县级文化传承人15名。宁蒗县要充分利用已有的民族文化资源，加强对各民族文化的宣传，以非遗传承馆为载体，让旅客切身体验民族特色文化，推动文化产业高质量发展。

（三）抓住高新技术发展的机遇，为文化产业赋能

科学技术和文化一直以来都是促进人类社会发展的主要力量。目前，伴随着技术和文化的深度和全方位的融合，整个文化产业的经营方式正呈现出一种新的趋势。科技创新不仅推动了文化产业结构的调整升级，而且还对文化生产方式、文化传播方式、文化流通方式和文化消费方式进行了改变，从而引起了文化市场结构和文化产业结构的连锁反应。

近年来，随着科技的快速发展，我们要把握好时机，赋予它更多的能量，才能使它更好地发展。一是以云计算为代表的技术革新在文化行业中的广泛运

用与推广，促进了文化行业的转型与升级。宁蒗县在发展的过程中，要利用互联网技术、5G 技术和人工智能等科技手段，推动高科技和文化产业的相互结合，从而为高科技的发展注入强劲的内在动力。

第一，由新闻出版、影视等传统的文化形式向网络游戏、数字艺术、短视频等发展。以互联网影视等为代表的新型文化业态，推动了文化产业的发展，推动了文化与其他行业的跨界融合，从而达到了对文化资源的快速流动和有效的匹配。技术的赋能，将冲破文化和其他产业的边界，重塑整个文化产业的发展生态。

第二，通过科学技术的革新，构建了一种全新的文化消费图景，引领着文化产业与文化经营模式的更新。以闪付为代表的其他支付方式，突破了空间、时间和物质的限制，实现了碎片化、即时化和个性化的文化消费。在我国，"以人为本"的文化消费已经形成了新的潮流。通过技术创新，促进了我国文化资源向文化成果的转换，促进了我国文化产业和文化事业的发展。宁蒗县具有较强的民族特色与文化底蕴，具有较强的发展潜力，但要把这种底蕴与实力，转变为市场竞争的实力，还需要借助科学技术的力量与市场的力量。针对宁蒗县文化产业行业内部发展不均衡的情况，我们必须坚持以高新技术为文化赋能的渠道，促进文化产业行业均衡发展。

（四）把社会效益放在首位，坚持文化事业与文化产业的高质量发展

习近平总书记在党的二十大报告中，从国家发展、民族复兴的高度，将"推进文化自信自强，铸就社会主义文化新辉煌"作为一项重要工作，并对"促进文化事业和文化产业"进行了全面的规划，为我们在新时代做好文化工作，指明了前进的道路[13]。我们要继续把党的二十大的各项工作做好，把中国特色的文化事业和文化产业做好，让整个国家都充满文化的创造力和创造力，为我们的事业和文化事业注入新的动力，让我们有更多的时间去思考，让我们能够更好地认识到文化的价值。

党的二十大报告指出，"坚持以人民为中心的创作导向，推出更多增强人民精神力量的优秀作品。"从而培养出一大批具有良好品德的文学艺术家，以及一支数量庞大的文化文艺人才队伍。我们要坚持以人民为中心的立场，坚守为人民服务的初衷，把为人民服务作为文艺工作者的天职，把人民作为艺术表达的主体，创作出更丰富、更有营养、更受人民欢迎的优秀文艺作品。宁蒗县的文化和休闲消费水平相对较低，必须在社会主义核心价值观的引导下，树立"以人为本"的理念，不断地为群众提供更多的休闲服务。

同时，要完整、准确和全面地贯彻新的发展思想，把创新作为主要的驱动力量，把重点放在重要的文化工业工程上，来实现工业的结构和布局的最优

化，促进城市和农村的文化消费，提高工业发展的综合能力和竞争力。适应数字产业化与工业数字化的发展潮流，大力推进5G、大数据与人工智能等新技术在文化生产、流通、消费等各个方面的应用。对演艺、娱乐、工艺美术等传统民族文化的经营方式进行改造和提升，使用线上演播、数字艺术、沉浸式体验等新的经营方式进行发展。突破宁蒗县农村居民文化休闲活动的时空限制，提高农村文化休闲活动的水平，提高农村文化休闲活动的品质。

宁蒗县要深入贯彻落实党中央关于全面深化改革部署要求，聚焦文化领域高质量发展的体制机制障碍、难点堵点问题，全面推进改革、持续深化改革。围绕建设社会主义文化强国等重大任务，明确文化领域全面深化改革的主攻方向、战略重点、任务举措。持续深化"放管服"改革，加强政策调节、市场监管、社会管理、公共服务职能，优化营商环境，坚持文化产业和文化事业高质量发展。

（五）树立品牌意识，增强创新能力，深入开发和打造文化知识产权

文化产业的高质量发展，首先必须树立品牌意识，做好品牌战略规划。其包括三个方面的要素，品牌定位、品牌宣传和品牌维护管理，通过找到自身产品与同类产品的差异点，植入消费者的心中，并给予悉心维护[14]。其次必须注重创新赋能。创新是企业发展的第一动力，实施创新驱动发展战略，是企业应对市场环境变化，提高企业品牌核心竞争力的必然选择。再次，文化产业高质量发展必须充分发掘文化资源优势，深入开发和打造文化知识产权。宁蒗县拥有丰富的民族文化资源，我们要充分发挥这一优势，引进文化产业专业人才，围绕民族文化讲好民族故事、以民族故事为基础打造知识产权形象、基于民族故事和形象，针对市场和后期营销规划好衍生产品开发、制定好行业标准，杜绝"宰客""强硬购物"等行业乱象，以文化知识产权赋能经济发展，促进乡村振兴，推动文化产业高质量发展。

宁蒗县应该引进文化产业专业人才，围绕各民族文化起源让民族故事系列化、系统化，讲好各民族传说故事；以故事为基础打造系列化的知识产权形象，做好形象设计；基于各民族文化故事和形象，针对市场规划好衍生品开发，可以制定民族节庆纪念文创衍生品和生活场景衍生品。同时要制定好商业标准，对各民族文化形象和故事的应用制定具体标准，规范市场。宁蒗县相关部门要对文化产业的发展做出正确引导，打造好的民族文化知识产权，让系列化的故事和形象实现跨界共享，以文化知识产权赋能实现地域名片、资源整合。

总而言之，宁蒗县文化产业要实现高质量发展，就应立足于自身实际，走出具有自身特色的文化发展道路。首先，要充分利用少数民族文化资源，抓住

乡村振兴和高新技术发展的机遇，明确自身现有的文化资源优势。同时要引进文化产业专业人才，增强全县文化产业创新能力，树立品牌意识，深入开发和打造文化知识产权，为文化产业赋能，实现文化产业的"民族性"发展。其次，文化产业的高质量发展不仅要注重经济效益，更要把社会效益放在首位。文化产业的发展是为了满足人民群众日益增长的精神文化需要，文化产业的高质量发展对推进社会主义文化强国建设具有重要的作用。宁蒗县少数民族众多，各民族文化资源丰富，在发展文化产业的过程中更要把社会效益放在首位，促进文化产品和服务的有效供给，不断提升人民群众的获得感和幸福感。

结语

随着乡村振兴战略的不断推进，文化产业发展迎来机遇的同时也迎来了不同的挑战和风险。民族地区要实现乡村振兴，必须以文化振兴为基础。文化是乡村振兴的灵魂。在中华文化中，少数民族文化占了很大一部分。不同民族的文化各不相同，相互交流融合，相互辉映，以其独特的魅力，向世人展现了中华文化的灿烂光辉。对少数民族传统文化资源进行深度挖掘，促进优秀传统文化实现创造性转化、创新性发展，是激发民族地区乡村振兴内在动力的一个重要抓手。

通过上述分析，我们可以看到，尽管宁蒗县拥有着丰富的民族文化资源，但是，其文化产业的发展还存在着一些问题，如：起步较晚，规模较小，各产业之间的发展不平衡，文化产品与服务的质量难以提高以及产业的创新能力不够。宁蒗县的文化产业还任重而道远，需要总结经验，充分发挥宁蒗县丰富的民族文化资源，找到适合宁蒗县文化产业发展的正确特色道路。在乡村振兴的契机下，宁蒗县要坚持贯彻落实乡村振兴战略，牢牢把握住自身优势，抓住高新技术发展机遇，为文化产业赋能。要把社会效益放在首位，坚持文化产业和文化事业高质量发展，树立品牌意识，增强创新能力，深入开发和打造文化知识产权，以文化赋能经济发展，推动宁蒗县文化产业高质量发展。

文化产业高质量发展事关社会主义文化强国建设，本文仅以宁蒗县为研究对象，探究文化产业高质量发展的路径显然是远远不够的。但宁蒗县少数民族众多，民族文化资源丰富，对乡村振兴背景下宁蒗县特色文化产业高质量发展的路径进行探究具有典型性，它在文化产业发展中面临的困境也同样是其他多民族聚居地区所面临的，因而本文中针对宁蒗县文化产业高质量发展进行的分析，以及对宁蒗县今后文化产业高质量发展路径的选择分析，对宁蒗县通过特色文化产业高质量发展推动乡村振兴具有一定的理论意义。希望有更多的专家学者对民族地区文化产业高质量发展进行更深入的研究和探索，充分发挥特色文化产业推动民族地区乡村振兴发展的作用。

参考文献

[1]　高举中国特色社会主义伟大旗帜,为全面建设社会主义现代化国家而团结奋斗:在中国共产党第二十次全国代表大会上的报告[M].北京:人民出版社,2022.

[2]　黄承伟.新时代乡村振兴战略的全面推进[J].人民论坛,2022(24):44-49.

[3]　王林生.深刻理解文化产业高质量发展的内涵[J].中国国情国力,2020(12):4-6.

[4]　张宇婷.深刻理解高质量发展:本质内涵、核心内涵和时代内涵[J].中共南昌市委党校学报,2022,20(2):39-43.

[5]　宗祖盼.深刻理解文化产业高质量发展的内涵与要求[J].学习与探索,2020(10):131-137.

[6]　潘爱玲,王雪,刘昕.新发展格局下中国文化产业高质量发展的战略思路与实现路径[J].山东大学学报(哲学社会科学版),2022(6):11-21.

[7]　李欣宇,韩顺法.文化产业赋能乡村振兴的意义与实施路径[J].中国国情国力,2022(11):40-44.

[8]　刘华芹.民族地区乡村振兴研究现状与展望:基于CSSCI文献的分析[J].湖北民族大学学报(哲学社会科学版),2021,39(3):88-100.

[9]　李晓怡.民族自治地区特色文化产业发展模式研究[D].南京:南京财经大学,2019.

[10]　钱叶青.贫困地区文化产业发展现状及策略探究[J].大众文艺,2021(17):223-224.

[11]　黄宽勇,陆瑶.推动民族地区经济高质量跨越式发展[N].中国社会科学报,2022-04-14(8).

[12]　樊蕾.挖掘地方特色文化,助力乡村振兴:以信阳市为例[J].文化产业,2022(32):139-141.

[13]　叶林.文化产业推动中国民族地区乡村振兴的比较优势和多维机制[J].理论月刊,2021(5):91-97.

[14]　陈丽芳,董蕾.乡村振兴背景下少数民族地区文化产业高质量发展的路径[J].云南民族大学学报(哲学社会科学版),2021,38(4):46-52.

乡村振兴背景下兰坪罗古箐普米
风情小镇建设探究

和逵

1997年，国家旅游局明确提出了政府主导的旅游业发展模式，之后便在全国范围内推广开来。政府集各种社会资源，加快公共基础设施建设，健全旅游支撑体系，促进中国旅游业在短时间内获得有效的发展。此后二十多年间，各省市都在着力打造和开发具有自身特色的旅游文化品牌，来推动经济发展模式的转型和促进当地经济的增长。建设特色小镇，实现乡村振兴，必须以特色产业为支撑。目前来看，在乡村振兴战略背景下以民族文化为特色、旅游服务产业为内容的特色小镇建设成为了热点。特别是在边疆少数民族地区，缺乏产业支撑，故而挖掘当地特色民族文化，建设民族特色小镇，发展民族文化旅游服务产业成为了边疆少数民族地区转型发展的一个重要方式。

一、乡村振兴与民族特色小镇建设

（一）乡村振兴的内涵

乡村振兴战略是习近平于2017年10月18日在党的十九大报告中提出的战略。农业、农村、农民问题是关系国计民生的根本性问题，必须始终把解决好"三农"问题作为全党工作重中之重，实施乡村振兴战略。

乡村振兴战略是基于乡村发展、乡村文明建设、乡村现代化建设三个方面而言的。首先，乡村振兴战略不仅要达到农业振兴、农村兴旺、农民富裕的目标，还要实现协调配合，更要朝着富强民主文明和谐美丽的社会主义现代化强国迈进。让乡村发展生产力和调整完善生产关系同步进行，加快乡村经济发展和社会事业齐头并进，达到全面兼顾。其次，乡村振兴战略不单单满足于建设物质文明和政治文明，而是要上升至建设精神文明、社会文明、生态文明的高度。"产业兴旺"和"生活富裕"就等于建设物质文明，"乡风文明"就等于建设精神文明和社会文明，"生态宜居"就和建设生态文明等同，"治理有效"就是建设政治文明。总的来说，乡村振兴就是要实现"五位一体"总体布局、总目标。最后，乡村振兴战略是实现经济现代化、社会现代化以及人的素质现代化。也就是说"产业兴旺"就是农村各类产业经济蓬勃发展，农民的"钱袋子"越来越鼓；"生活富裕"就是农村产业发展后备资金充裕，农民用于消费享受的物质资源充足；"乡风文明"就是乡村风俗习惯和农民信仰均符合社会主流精神文化要求，思想观念转变、素质普遍提高，农村一片祥和安宁的景象；"生态宜居"就是农民物质生活水平和生活质量提高，居住环境优美舒适，公共设施齐全完善，生态环境绿色和谐；"治理有效"就是乡村各方面均得到有效治理，农村社会秩序井然，农民安居乐业。

（二）民族特色小镇的界定

民族特色小镇是新型城镇化建设的重要组成部分，民族优秀文化被认为是民族地区特色小镇发展的基础资源和重要力量，凸显民族文化特色有助于特色小镇软实力提升。民族特色小镇是以保护和修整民族文化村落或建筑遗存，保护或开发少数民族文化遗产，促进当地经济转型升级，推动新型城镇化和新农村建设为目标，在贯彻创新、协调、绿色、开放、共享的新发展理念基础上，着力培育特色鲜明、产业发展、绿色生态、美丽宜居的民族特色小镇。

民族特色小镇，要有一个特色鲜明、能够引领带动产业转型升级的主导产业，并在全国形成具有核心竞争力的特色产业和品牌。按照"多样性、独特性、差异性"的要求，加强风貌形象设计，打造特色小镇的独特魅力。运用地方优秀传统建筑元素，营造具有地域差异的建筑风貌特色；深入挖掘历史文化资源，凸显文化特色；充分发挥民族风情多样的独特优势，将民族特色打造成为特色小镇的亮丽名片。

（三）民族特色小镇建设是实现乡村振兴的创新举措

乡村振兴战略中，特色小镇是城乡融合发展的关键，以特色小镇为载体，可加快乡村振兴进程。二者相辅相成，乡村振兴与民族特色小镇建设之间的关系就在于，民族特色小镇建设是实现乡村振兴的创新举措，即实现乡村振兴，必须以特色产业为支撑。而对于边疆少数民族地区而言，要实现转型，特色产业就是以民族文化为亮点、发展旅游服务为内容的产业。乡村振兴战略为民族特色小镇的建设提供了理论依据，而民族特色小镇的建设则是边疆民族地区实现乡村振兴的重要方式。"民族地区特色小镇建设要对接乡村振兴战略：以特色化推动产业兴旺，以田园化推动生态宜居，以乡土化推动乡风文明，以村镇化推动治理有效，以共享化推动生活富裕，真正实现城乡融合的乡村振兴目标。"[1] 基于当地发展现状，要实现转型发展，就要加快兰坪罗古箐普米风情小镇的建设。在乡村振兴战略的背景下，发展特色产业，促进实现乡村振兴的总目标。

二、兰坪罗古箐普米风情小镇的发展规划

（一）兰坪罗古箐风情小镇的基本概况

兰坪罗古箐普米风情小镇围绕怒江州兰坪县通甸镇集中开展建设，依托通甸丰富的普米族传统文化旅游资源，以及罗古箐—大羊场景区三江并流世界自然遗产资源，借助"三江之门"及云南首批通用机场建设的区位交通优势，以旅游开发为手段，以城镇功能改造提升和带动相关产业转型发展为目标，着力打造民族特色旅游品牌。2019年12月18日，通甸镇入选首批云南省少数民族特色小镇，并入选云南省拟推荐2020年国家级农业产业强镇建设名单。

通甸镇隶属怒江州兰坪县，全称为兰坪白族普米族自治县，是中国唯一一个以白族普米族命名的自治县，也被称为"中国绿色的锌都"。下辖4乡4镇，总人口21万人。截至2018年底，全县生产总值达69.1亿元，地方公共财政收入4.6亿元。通甸镇地处滇西北纵谷区，地形南高北低，形成宽谷盆地，是进入"三江并流风景区"的门户。镇政府驻地通甸街（通甸村），面积广阔、地势平坦，是怒江州境内面积最大、地势最平的"山间坝子"，素有"怒江第一坝"之称。下辖13个行政村和1个社区，常住人口约37270人。境内世居少数民族主要以白族、普米族为主。兰坪县境内普米族人口约为24104人，集中分布在通甸、河西两个乡镇，尤其是通甸镇，普米族人口较多，人口居住集中，普米文化氛围浓厚。普米族多居住于半山区，典型的普米村落有德胜村、罗古箐、河边村等。

（二）"一心一带两轴六区"的发展思路

1. "一心"

一心，即"旅游集散中心"。拟设在通甸镇街道片区，交通便利且基础设施相对完善。其作用：一是吸收大滇西北旅游环线的游客，整合散客旅游资源；二是方便游客到当地旅游，由兰坪县旅游局负责具体指导，相关旅行社具体运作，满足游客个性化和多元化的旅游需求，并促进自助游消费市场的培育。通过规范的运作和管理，培养一批职业素质高、服务水平好的管理人员和

服务人员，为游客提供信息咨询、集散换乘、客房和票务预定等专业旅游服务。

2. "一带"

一带，即"通甸河景观游憩带"。建在新修环城路旁，对通甸河两岸集中整治，保护河流生态。通过建设生态走廊，进行植树绿化，周边修建凉亭、步行栈道及带有民族特色元素的路灯、休闲健身器材等基础设施，并将线路延伸至"三江公园"，为当地居民提供饭后散步休闲的场所。

3. "两轴"

两轴，即"文旅产业发展轴"和"集镇产业发展轴"。文旅产业发展轴就是将自然生物景观、普米族风情文化、通甸古镇历史文化相结合，发展旅游服务产业。集镇产业发展轴就是在现有产业的基础上，依托旅游服务产业的发展，发展药材、花卉、特色农产品等种植产业和医药、化妆品等精深加工产业，以及特色养殖产业和相关工业、手工业，实现产业的转型发展。

4. "六区"

六区，即"三江之门综合服务区""普米风情体验区""普米原乡聚居区""古镇历史文化游览区""绿色生物产业园区"和"高原特色农业种植示范区"。三江之门综合服务区涵盖通甸街道片区和罗古箐—大羊场片区，以通甸街道片区为主，罗古箐—大羊场片区为辅，通过完备的基础设施、便捷的交通、专业的服务水平为游客提供优质的旅游服务。普米风情体验区、普米原乡聚居区拟建在罗古箐—大羊场片区，包括德胜村、河边村、罗古箐村及情人坝。古镇历史文化游览区包括：通甸村、黄松村、玉水坪古人类遗址、怒江州爱国主义教育基地（通兰武装暴动纪念碑、陈列馆）以及一批明清以来遗存的古建筑。绿色生物产业园区建在通甸麻栗坪片区和八十一工业园区，发展绿色生物医药科技产业，初步建成的有兰坪罗古箐普米风情小镇民族生物医药科技产业园、云中药业"一心堂"中药材种植加工园。高原特色农业种植示范区，由通甸坝区的西甸坝和东甸坝、丰华坝区、下甸坝区组成。初步建成的有海升蓝莓现代农业产业园、海兰蔬菜种植基地、兰坪萱萱玫瑰产业园、瑞源车厘子种植园、滇药天麻种植基地等。此外还有部分养殖产业，包括龙潭村乌骨羊养殖基地、下甸村绒毛土鸡养殖基地、水俸村黑山羊养殖基地等。

三、兰坪罗古箐普米风情小镇建设的可行性分析

（一）兰坪罗古箐普米风情小镇建设的现实意义

1. 转变发展方式，促进相关产业可持续发展

通甸镇隶属兰坪白族普米族自治县，兰坪县是国家级贫困县。2019年底，通甸镇实现农村经济总收入2.4亿元，第一产业产值14799万元，第二产业产值2836万元，第三产业产值5649万元。总体而言，产业总产值较低，第二三产业在产业产值中占比不高。相比之下，经济发展较为落后。经济发展主要依靠采矿，无其他经济增长点。当地民众主要从事种植业、畜牧业，经济收入来源单一。土地贫瘠气候寒凉，以玉米、马铃薯等农作物及少数药材种植为主。兰坪罗古箐普米风情小镇的建设将带动当地产业的转型发展，由第一产业逐渐转向第二三产业，第二产业的发展方向主要是绿色加工产业和生物科技产业，第三产业主要以少数民族文化为亮点的旅游服务产业，并以此促进集镇产业发展和文旅产业发展，形成一个良性的发展模式。

2. 进一步消除贫困的代际传递，为乡村振兴奠定基础

截至2018年底，通甸镇共有建档立卡户2097户8342人，其中，建档立卡户脱贫出列752户3001人，剔除8户21人，新识别71户288人，返贫33户135人，尚有未脱贫1268户4918人，贫困发生率为22.38%。在各级政府部门的领导下，通甸镇政府全力投入精准扶贫，着力完善脱贫攻坚规划方案，深入基层开展工作。2019年底，脱贫出列943户3691人。通甸镇脱贫攻坚取得了阶段性的重大进展，但在消除贫困的代际传递这一方面仍需更进一步地努力。尤其是在普米族聚居村，贫困的代际传递现象较为严重。普米族世居山区，从事畜牧业、种植业，经济发展缓慢，当地居民受教育水平有限。完成九年义务教育后，继续升学的人数较少，大多在家务农生产或外出务工。因而，经济转型发展势在必行，通过普米风情小镇的建设，将普米族村落打造成"普米风情体验区"，带动经济发展，增加当地居民的收入，巩固脱贫攻坚的成果，为乡村振兴打下坚实的基础。以经济发展为主，辅以"教育扶贫"的路径，加大投入与宣传，引导转变思想认识，进一步消除贫困的代际传递现象。

3. 增加就业机会，吸引外出务工人员回流

基于经济发展落后、相关产业产值较低，镇域内可提供的就业岗位较少，

就业前景不理想，工资收入水平较低。各村委会鼓励村民将土地承包给外来企业用作种植蔬菜、药材等，鼓励青壮年到沿海一线工厂务工，也有少部分到旅游城市从事旅游服务行业。仅2019年，通甸镇外出务工约3万多人次。由此而来的"空巢老人""留守儿童"等社会问题加剧。普米风情小镇的建设，将极大地促进集镇产业和文旅产业的发展，提供更为广阔就业空间，缓解日益突出的社会问题。

4. 进一步发掘和保护普米文化，弘扬民族团结主旋律

普米族是我国具有悠久历史和古老文化的民族之一，是56个民族大家庭的成员之一，在长期的生产实践中，形成了独具特色的民族文化。历经千年、生生不息，以其古朴的面貌传承至今。但现实问题在于，普米族文化断层流失现象严重、普米族知名度较低，大多数人对其认知层面较浅。通过普米风情小镇的建设，打造民族特色旅游品牌，有力地宣扬普米族本土文化。不让任何一个兄弟民族掉队，在新时代的背景下，将普米文化与其他民族文化更加深入的融合起来，促进乡风文明建设，共筑多姿多彩的中华民族文化。

5. 提升人居环境，推进美丽乡村建设

近几年来，通甸镇政府结合怒江花谷建设、人居环境提升、"两违"整治、美丽乡村建设等行动，着力整治通甸街道及各村（社区）的"脏""乱""差"现象。在整体上取得了一定进展，但由于经济发展水平不高、居民意识不强、缺乏系统全面的规划，人居环境的整治效果未能达到预期。普米风情小镇的建设，是一个系统而全面的工程，结合绿色、可持续的发展模式，着力改造镇村电网线路、排污渠道、垃圾处理、道路卫生、河流污染等问题。在转变发展模式的前提下，最大化地减少矿山采矿、采石采砂、取土制砖带来的环境问题。全面整治镇域内的生态环境问题，保护绿水青山，提升人居环境，打造生态宜居的民族风情小镇。

（二）兰坪罗古箐普米风情小镇建设的优势

1. 区位交通优势较强

通甸镇地处中国西南边陲的怒江、澜沧江、金沙江"三江并流"世界自然遗产核心区，在地理和交通上呈星型向"三江并流"国家级风景名胜区的周边各县辐射，是滇西四地十县旅游环线的中心节点和主要入口，成为"三江并流"区旅游通道的中心驿站。通甸镇位于怒江傈僳族自治州最东部，是丽江、大理、迪庆、怒江四州市的"三岔路口"，是怒江对外发展的东大门。通甸镇

位于"三江并流"世界自然遗产东南端，若依托通航机场开展低空旅游服务，通甸将会成为全国唯一可以从空中俯瞰"三江并流"世界奇观的旅游地。

在交通上，已形成一定规模的道路交通系统，较怒江州境内其余乡镇而言较为便利。通甸镇坝区面积广阔、地势平坦，横跨1个社区、7个行政村。平坦的地势为交通发展提供了优厚的条件。位于镇域内丰华村的"兰坪丰华机场"正式通航，该机场是目前云南省第一个建成的A1级一类高原通用机场，也是怒江州建成的第一座机场，对提升当地综合交通运输能力，加快优势资源开发，发展旅游业、绿色微生态产业，加快融入大滇西旅游环线，助推脱贫攻坚具有重要的促进作用。道路基础设施较为健全，综合交通运输能力稳步提升。景区41公里的旅游专用公路以及在大羊场、大坪子两地的主要机动车观光游览道路、马道和步行游览线也已建成投入使用。截至2019年底，完成了丽兰公路（丽江至兰坪）通甸段、维兰公路（迪庆维西县至兰坪）通甸段的拓宽工作，并将其拓宽成标准的双向四车道。新修隧道1个、环城路1条。镇域内的两条环城路起到了良好的车辆分流的作用，并有效限制大型运输汽车进入主街道。在环城路及主街道两侧均设有人行道，减少了交通隐患。

2. 境内旅游资源丰富

通甸具有丰富的自然旅游资源和人文旅游资源。自然旅游资源主要有：罗古箐省级风景名胜区、大羊场风景名胜区、云岭省级自然保护区，以及与之紧密相连的兰坪箐花甸国家湿地公园、兰坪新生桥国家森林公园、碧罗雪山冰川冰湖群、富和山等。其中，罗古箐风景名胜区和大羊场风景名胜区集中体现了普米族山岳生态文化。

人文旅游资源主要有："玉水坪古人类遗址"，"革命老区"，怒江州爱国主义教育基地——通兰武装暴动陈列馆和纪念碑，"省级文明村"——黄松村，以及明清以来古建筑黄松魁星阁、下甸本主庙、分江本主庙、金光塔等。镇域内的"玉水坪古人类遗址"在2013年被列为国务院核定公布的第七批全国重点文物保护单位。经与保山塘子沟旧石器遗址出土的文物对比，"玉水坪古人类遗址"的年代可追溯到13000年前。通甸镇是怒江州唯一的革命老区，现建有怒江州爱国主义教育基地。1949年5月，在中共滇西工委的领导下，通兰特委在通甸镇通甸街财神庙组织开展武装暴动，打响了解放兰坪的第一枪，拉开了解放怒江的序幕。通甸镇黄松村是远近闻名的"省级文明村"，在二十四孝图中"割肝救父"的故事就真实发生在黄松村。大孝子李焕斗的塑像至今被供奉在魁星阁中，其后代至今也在黄松村生活。

3. 普米文化浓厚

通甸镇境内居住着的白族、普米族、傈僳族、彝族等少数民族，保留着种类繁多、原始古朴的文学、舞蹈、音乐等文化艺术与淳朴的民俗民风。其中以普米族文化最为古朴，最具代表性。普米族，史称"西番"，是中国具有悠久历史和古老文化的民族之一。普米族总人口约40043人，集中分布于怒江州兰坪县、迪庆州维西县、丽江市宁蒗县和玉龙县。兰坪县境内普米族人口约为24104人，集中分布在通甸、河西两个乡镇，尤其是通甸镇，普米族聚居人口较多，聚居村落较大。

特色文化有火塘（三角）文化、祭祀文化（祭山神、祭灶神、祭房头、祭中柱、接祖、送祖等）。特色节日有吾昔节（普米族新年）、端阳东方情人节、转山节、雪门槛游山节等。文化艺术方面主要有：普米族史诗《母亲河》、搓蹉舞（羊皮舞）、普米四弦（羊头琴）、民族服饰、民族工艺制品等。特色建筑有普米木楞房、烤火房等。千百年来，普米族人在这片土地上繁衍生息，与其他少数民族在长期的交流融合中，深刻影响了当地的风俗习惯，由此使得通甸镇整体氛围充满了普米文化气息。诸如，家家户户都会修建一个普米族式的"烤火房"、嫁娶习俗大同小异（以婚事期间男女双方家庭及亲朋好友围"篝火"跳"普米锅庄"最具代表性）、祭祀文化趋于一致（祭祀时间有差异）等。每年农历的五月初五，即"普米情人节"。而后演变为各少数民族在罗古箐情人坝集会，开展骑马射箭、万人歌舞、青年联姻、祈求平安等活动的节日。2003年，兰坪县委、县政府正式将其更名为"端阳东方情人节"。现已发展为集文化表演、观光旅游、祭祀祈福为一体的传统节日，颇受中外游客的青睐。

4. 政策支持力度大

在《云南省人民政府关于加快特色小镇发展的意见》中，鼓励在原有基础上进行提升改造，积极发展民族特色小镇，并给予优惠政策倾斜、资金扶持。对于纳入创建名单的特色小镇，省财政给予1000万元启动资金。2018年底考核合格，创建全国一流、全省一流特色小镇的，省财政分别给予1亿元、5000万元奖励资金。2019年验收合格，创建全国一流、全省一流特色小镇的，则分别给予1亿元、5000万元奖励资金。自2016年以来，各级政府及相关部门对于兰坪罗古箐普米风情小镇给予了高度关注和支持，州、县、镇三级地方政府在近几年的政府工作报告中均明确指出要加快推进兰坪罗古箐普米风情小镇的建设。并通过一系列的政策扶持，推动其建设。2019年6月27日至28日，云南省委副书记、省长在通甸镇调研时指出："兰坪罗古箐普米风情小镇的建设，希望州、县抓住公路网日趋完善、兰坪通用机场即将建成运营重大机遇，推动旅游产业迎头赶上，助推经济社会持续快速健康发展。"[2] 兰坪罗古箐普米风情小镇于2017年6月15日列入云南省创建全省一流特色小镇名单。2017年8月4日，兰坪罗古箐普米风情小镇修建性详细规划通过县级审查，并将审查请示上报怒江州发改委。同年11月16日获得省住建厅评审通过后正式开工建设。

5. 集镇产业已形成一定规模

一个项目就是一个新的增长点，一批项目就是一个新的增长极。2017年以来，州、县两级政府帮助通甸镇积极引进了一批重大项目。包括：兰坪罗古箐普米风情小镇民族生物医药科技产业园、云中药业"一心堂"中药材种植加工园、海升蓝莓现代农业产业园、泊尔恒万头生猪养殖基地、海兰蔬菜种植基地、怒江仁和酒业建设项目等。同时，通甸镇党委政府因地制宜规划发展不同模式的集体经济，推动各村成立专业合作社，形成"合作社＋村委会＋农户＋基地＋市场"的长效利益联结机制，打造特色产品。主要有：兰坪萱萱玫瑰产业园（黄松村）、河边村瑞源车厘子种植园、龙潭村乌骨羊养殖基地、下甸村绒毛土鸡养殖基地、水俸村黑山羊养殖基地、弩弓村滇药天麻种植基地等。

截至2019年底，海升蓝莓现代农业产业园目前已投入资金1亿元（计划投资4.5亿元），完成种植1270亩。云中药业"一心堂"中药材种植加工园目前投入资金5000余万元（计划投资2亿元），完成种植380亩，场地平整和厂房一层6000平方米基本完工。海兰蔬菜种植基地目前投入1600余万元，完成了一期工程。泊尔恒万头生猪养殖基地现已投资1100万元（预计投资2.5亿元），项目建设正有序推进。兰坪萱萱玫瑰产业园现已投资860余万元，完成650亩可食用玫瑰种植，目前正在实施1000亩改扩建工程。其余项目也在稳步推进中。而弩弓滇药天麻种植基地和瑞源车厘子种植园年利润均在200万元以上。普米风情小镇的建设将依托现有产业基础，进一步推动产业结构调整，让通甸镇的零散、落后的产业发展转向规模化、高效集约化发展。这不仅会使通甸经济的发展后劲十足，也更加符合集镇产业的发展需要，最终助推普米风情小镇的建设及实现乡村振兴背景下乡村产业兴旺的要求。

四、兰坪罗古箐普米风情小镇建设的现实困境

（一）配套基础设施不健全

1. 普米原乡聚居区道路交通条件较差

普米原乡聚居区即普米族聚居的村落，多位于山区，"路窄弯多"，存在一定的交通安全隐患，且难以适应旅游市场对舒适、安全、快捷的交通条件的需求。聚居区道路虽已完成硬化，但由于资金和地形条件等客观环境限制，道路的拓宽与整改成为一大难题。

2. 客运交通系统不完善

客运交通系统不完善，主要指从通甸街前往各功能区（普米原乡聚居区、普米风情体验区）和各景点的客运交通未能形成一定规模，且尚未开通专线大巴（公交），前往相关景点多依靠零散的农村客运车。此外，还存在功能区和景区间交通道路安全隔离设施不全、相关安全交通标识不完善、停车场较少等问题。

3. 配套娱乐休闲设施较少

目前，镇域内以宾馆、招待所为主，缺乏具有民族特色的精品民宿和酒店，接待水平不高。星级酒店多位于城区，大部分游客需要当天往返。虽然距离相隔不远，但难以真正满足大部分游客进山旅游观光、体验民族风情文化的需求。且当地接待服务业主要以提供游客基本需求为主，未能形成产业化的旅游服务。功能区及景点尚未建立较为完善的娱乐设施，目前仅能满足游客基本的旅游观光和体验民族风情的需求，而不能满足多元化的旅游需要。在"休闲购物"方面，以中小型超市居多，缺少规模化、集聚化的"商业购物中心"，不能提供较好的购物体验。

（二）建设资金短缺

1. 自有建设资金不足

兰坪属国家级贫困县，地处滇西北，经济基础薄弱，发展滞后。2019年底，通甸镇农村经济总收入仅为2.4亿元。长期以来主要以开采矿产资源为主，且生产加工水平不高，属于较为原始的粗放式开采。其他新兴产业大多是

近几年政府引进的项目，收益暂不明显。对于一个经济基础薄弱的边疆民族地区而言，要实现产业升级和转型，阻碍因素诸多。尤其是引进和建设一些较大的工程项目，其自有资金捉襟见肘，需要国家大力扶持。兰坪罗古箐普米风情小镇的建设是一个全方位的系统性大工程，前期投入大，回报周期较长。初步投资估算高达12.71亿元，其中，仅"罗古箐—大羊场"旅游片区的项目建设，投资资金就高达2573万元。

2. 融资渠道较少

除政策扶持外，资金筹措方式主要以银行贷款为主，且招商引资方式单一，多依托于"精准扶贫"这一帮扶脱贫路径。在"罗古箐—大羊场"旅游片区的项目建设中，上级政府财政支出约482.44万元，占比为18.75%（包括建设专项资金和上级拨款）。建设自有资金约900.55万元，占比为35%。通过招商引资和银行贷款的方式，获得资金共计约为1190.01万元，占比为46.25%。其中，以银行贷款为主，招商引资多依托于政策帮扶脱贫路径，因而依靠自身发展来吸收外部资金流入较为困难。

（三）政府对旅游资源开发不足

1. 开发主体的整合性和协调性不足

作为开发主体的政府在开发中，未能形成有效的沟通机制，缺乏专门的领导班子进行理顺体制，未达到专门化管理、上下联动的要求。主管部门县旅游局组建时间晚，旅游业起步晚，缺乏发展旅游业的经验，旅游行业管理职能不能充分发挥，各方面的关系没有完全理顺，旅游管理还没有形成系统的干预措施、激励措施及管理机制，来适应当地的市场经济的发展。同时，基于客观条件的限制，相关主管部门招商引资能力也有待加强。在对外宣传上，各部门之间也未能及时有效沟通，宣传力度虽然逐渐在加强，但在一定程度上缺乏对民族风情、乡土特色、人文历史等方面的挖掘与宣传。另外，对传统民族村落、古建筑、历史遗迹和遗址的保护宣传力度不够。

2. 旅游资源开发层次较低

在开发中，未能在综合利用开发的基础上，把旅游资源整合成一个有机整体。对旅游资源的开发仅停留在浅层，仍旧以"点"为主，没能完全形成"线"和"面"，境内景区间缺乏合理的连接。加上道路交通系统、相关配套基础设施不健全，形成完整、系统的旅游服务产业更是难上加难。镇域内旅游资源类型多、数量大、分布集中。按照国家旅游局制定的我国旅游资源分类系统来看，在我国旅游资源共划分为8个主类中，兰坪境内就有5个主类，涵盖了地文景观、水域风光、生物景观、遗迹遗址、人文活动。但基于长期以来政府主要发展投入相对较低、回报较高且回报周期较短的矿产资源，一方面在短期内加快了经济的发展，但另一方面也导致当地旅游产业发展缓慢。

3. 对普米族文化宣传和保护力度不足

一方面，受自身经济发展水平限制，政府在发展社会经济的同时，难以兼顾文化发展。兰坪属国家级贫困县，经济发展缓慢。这就导致了在一定时期内，政府重视程度不高，投入资金不足，对普米原乡聚居区的原始风貌、传统民居保护力度不够等问题。另一方面，对普米文化宣传不足，对传承和发扬普米民族文化意识方面的工作做得不多。现如今，普米族大部分的传统文化已流于形式而缺少了一丝神韵，其传承也面临困境。民众对民族传统节日热情度不高，对民族传统文化认识不足，缺乏一定的民族文化认同感和对民族传统文化的归属感。基于社会经济的快速发展，网络时代的兴起拓宽了人们获取信息的渠道，这对普米族民众，尤其是对于普米族青年的影响更大。虽然境内的普米文化氛围浓厚，但发展至今，在普米族村落中，除少数老人还会使用"纯正普米语"外，大多数人使用的都是"简化版普米语"（夹杂汉语或白族语），年龄稍小的几乎已经不会使用。传统祭祀文化流于表面或被逐渐淡忘，传统民族服装、羊头琴的手工制作技艺和民族建筑工匠技艺趋于失传。

（四）同质化旅游资源的竞争

普米风情小镇虽然还在建设中，但其必然要面对的问题就是，同质化旅游资源的竞争。近些年来，我国各地旅游古镇发展很快，但大多"开发模式单一""旅游产品类型单一""商业化气息浓厚"。

1. 民族特色小镇建设竞争激烈

发展民族文化旅游服务产业是边疆少数民族地区转型发展的一个重要方式，在开发上以丰富的自然旅游资源和人文旅游资源为主，发展旅游服务产业，并由此带动当地相关产业的发展。基于这样的发展思路，各地政府纷纷鼓励支持民族特色小镇的建设，并给予政策、资金支持，很多地方兴起了民族特色小镇的建设热潮。仅就云南省而言，自2017年起，云南省政府发布了《云南省政府关于加快特色小镇发展的意见》，"鼓励州、市、县、区结合本地实际积极培育发展特色小镇。力争到2019年全省将建成20个左右全国一流的特色小镇，80个左右全省一流的特色小镇，25个世居少数民族各建成1个以上特色小镇。"[3] 这便加剧了各地民族特色小镇建设的竞争。普米风情小镇的建设也是同样的开发思路，在发展中若是单纯的"为规划而规划"，则会对普米风情小镇的建设与后续发展造成巨大阻碍。

2. 普米风情小镇建设的比较优势不足

一方面，兰坪罗古箐风情小镇现有的旅游产品与大滇西旅游环线中发展的较好的景区的旅游产品相似度较高，同质化程度较高。诸如雪山草甸、丹霞花海、歌舞盛会、民族风情文化等。另一方面，易受到周边知名旅游景区的遮蔽。兰坪罗古箐普米风情小镇地处云南最著名的滇西北旅游区，在该区域有大理古城、丽江古城、玉龙雪山、香格里拉等具有较高知名度和市场影响力的旅游地。作为一个新兴景区，其知名度本就不高，加之旅游产品的同质化，就更容易受到周边知名旅游景区的遮蔽。

五、乡村振兴背景下兰坪罗古箐普米风情小镇建设的路径探究

（一）紧扣乡村振兴战略，深化发展思路

1. 找准契机，借助乡村振兴的东风

坚持以《中共中央　国务院关于实施乡村振兴战略的意见》为指导，以实现当地产业兴旺、生态宜居、乡风文明、治理有效、生活富裕为总目标。紧紧依托乡村振兴战略，积极利用上级政府对民族特色小镇建设提供的优惠政策和资金。以此，加快兰坪罗古箐普米风情小镇的建设，充分发挥政府的公共职能，通过政策扶持、资金投入带动相关产业发展，改善当地经济发展状况，提高民众收入。在产业发展中，不能单纯地为了引进项目而不顾生态保护，要成立工作小组进行专项专管，仔细甄别审核，健全监管体制，不盲目招商开发。保护生态，提升人居环境，打造生态宜居的民族特色小镇。在此基础上推动乡风文明建设，实现乡村的治理有效。紧紧围绕"一心一带两轴六区"的发展思路，扎实推进兰坪罗古箐普米风情小镇的建设，转变发展方式，走一条可持续的发展之路。

2. 文旅产业发展与集镇产业发展并重

兰坪罗古箐普米风情小镇的建设其初衷并不只是单纯地发展旅游服务产业，而是要在乡村振兴的背景下，通过旅游服务产业带动相关产业发展，促进转型升级，以达到可持续发展的目标，最终成为中国众多美丽乡村中的一员。在发展旅游产业的同时，加大力度发展集镇产业。借助目前已有的部分产业基

础，积极地对外招商引资，先易后难、片区式进行开发。文旅产业与集镇产业是普米风情小镇的两大发展方向。在发展思路上二者并重，但在现阶段的发展中，基于现实需要和集镇产业基础较为薄弱、发展缓慢的实际情况，二者的发展要有偏重，要有先后之分。现阶段要以文旅产业发展为主，集镇产业发展为辅。

3. 明确市场定位，循序渐进拓展客源市场

当地地处滇西北旅游区，属于大香格里拉生态旅游区的重要组成部分。第一，要抓住大香格里拉旅游圈合作的机遇，将"三江之门"的概念转化为实际的区位优势，共享滇西北旅游区丰富的客源。第二，从客源层次、消费层次、旅游方式等方面入手，明确普米风情小镇在市场定位和宣传的主题。第三，明确类型客源市场、区域客源市场、目标客源市场，从内到外拓展市场。从本地居民客源、商务会议客源到从周边著名景区分流而来的滇西北过境客源和自驾车客源，再到由自身旅游吸引力而来的客源。从滇西北、滇中地区客源市场到云南省周边及珠三角、长三角、京津冀周边客源市场。从省内到省外，再逐步拓展至港澳台、东南亚以及其他海外市场。

4. 鼓励民众参与，共享发展红利

在乡村振兴战略的背景下，兰坪罗古箐普米风情小镇的建设要实现当地经济发展、人民生活富裕的目标。人民生活富裕并非只是带动一批人的发展，而是要结合民族特色小镇的建设，实现大多数人的共同发展。鼓励民众积极参与建设发展，通过民房改建精品民宿、民族艺术工艺传习表演、特色产业扶持、功能区服务设施外包、合作社等方式，实现共同发展。对于少部分困难家庭，要仔细甄别，采取"一户一策"的方式。

（二）健全配套基础设施，提升服务能力

1. 道路交通网络整改与修缮

目前，普米风情小镇的道路系统虽然已经形成了一定的规模，但普米原乡聚居区及其他处在山区的景点的道路仍旧难以满足现实的需要，基于这些地区道路窄、弯道急、车流量大、牲畜闯入道路带来交通隐患等问题，应当在保护生态环境的基础上，合理规划道路及交通线路，加以整改和拓宽或修建隧道（下甸至罗古箐和大羊场段），并建设一定的隔离设施和相关交通安全设施。进一步规范交通运营市场，开通旅游专线大巴，取缔"黑车"。在综合服务区（通甸街片区），利用好两条环城路，起到良好的"分流"的作用，在街区几处

入口处"限高"，减少货车涌入。在两条环城路交会处、环城路与主街道的交会处、学校片区、主街道十字路口、街心花园等适当位置建设交通信号灯、规范行车，减少安全隐患。从而形成一个较为完善的道路交通系统，以满足旅游市场对于安全、快捷、舒适的交通条件的需要。

2. 加强旅游配套设施建设

基于以往旅游服务产业不发达、客源少、客源类型单一等因素，当地的旅游接待能力不强，接待水平不高。新建酒店和精品民宿，加大力度开发河边温泉。整改通甸街道商铺，在中心功能区建设大中型购物广场，满足游客休闲购物和吃饭的需要。加强娱乐休闲设施建设，在景区适当增设游乐园。通过"行、住、购、食"等方面的基础设施的建设。以满足旅游市场多元化的需要，提高服务水平。整改电路网，把街区密集的电线网络转至地下。此外，在各功能区和景区要完善相配套的供水、供电、通信、网络、绿化、厕所、垃圾回收处理设施。

（三）有效整合资源，加大宣传开发力度

1. 强化开发主体的整合性和协调性，有效配置资源

政府要找准自身定位，扮演好决策者的角色，简政放权，减少干预，将政府统管转化为政府主导。在此基础上，成立专门的领导小组，理顺上下级政府之间、政府部门和直属事业单位之间的关系，确保机制顺畅，充分发挥好各职能部门的职能作用。即加强县、镇两级政府间的沟通，并成立领导指挥小组，加强旅游部门、住建部门、环保部门、宣传部门、消防部门、水电部门以及其他相关部门之间的沟通，并从中合理调配人员。另外，通过资源整合，要建立后期管护体制，明确主管部门职责，规范旅游市场运作。

2. 健全融资渠道，吸引外部资金流入

在整合当地部门机关资源的基础上，加强与省、州两级政府的沟通，积极争取在政策和资金上的支持。结合现有产业基础，积极对外招商引资。拓宽融资渠道，通过网络、商洽会、展会等方式，积极宣传当地特色产业和产品。适当给予企业一定的政策倾斜，在规范行政审批的基础上，可以适当放宽行政审批权限和简化审批流程，吸引企业入驻，吸收外部资金。

3. 完善形象定位，加大宣传力度

旅游小镇的发展需要一个明确形象，其建设及后续发展都将紧紧围绕"形

象"来开展。例如：大理的"风""花""雪""月"分开来讲都不是全国仅有，而一旦将这四个形象结合并具体化后，"下关风""上关花""苍山雪""洱海月"便形成了密不可分的共同体。这一形象定位后，大理就被赋予了一种诗情画意的浪漫情调。从此，大理的旅游运作就往这一主题靠拢。基于兰坪罗古箐普米风情小镇的实际及其未来的发展方向，在形象定位上，应将普米风情文化和得天独厚的地理位置这两种元素融合在一起。甚至于在"千年传普米，一日跨三江"的基础上进行简化概括，即"三江之门，普米家园"。"三江之门"体现了优越的地理位置，而"普米家园"不仅体现了"普米族"这一元素，更是将浓浓的乡土情怀也融入其中，饱含着普米族人对这片土地的热爱和生生不息的民族精神。另外，还要加强普米文化的宣传和对普米族民众的教育引导，增强民族文化的认同感和归属感，对于普米族学生，可从小为其开设民族语言、民族歌舞和民族工艺方面的课程。

4. 整合分散的旅游资源，向全域型旅游转型

在完善道路交通系统，健全配套基础设施的基础上，把零散的旅游片区有机地结合起来，将"点"连成"线"和"面"，形成规模化的旅游服务产业。即将镇域内的古镇历史文化游览区（含通甸古镇、玉水坪古人类遗址及黄松魁星阁、分江本主庙、金光塔等一批明清以来的古建筑）、罗古箐—大羊场旅游片区、工业园区、种植园区有机地连接在一起。进而以兰坪罗古箐普米风情小镇为主体，将县域内的其他知名景区与其串联，形成一条完整的旅游线路。以此对外吸引更多的客源，扩大旅游市场。最终实现从景点旅游向全域旅游的转型，让兰坪罗古箐普米风情小镇真正融入大滇西北黄金旅游环线。让以普米风情文化为亮点、发展旅游服务产业为内容的兰坪罗古箐普米风情小镇成为边疆民族地区旅游的一张名片。

（四）创新发展思路，打造高原特色民族文化旅游品牌

兰坪罗古箐普米风情小镇作为一个新兴景区，要在规划和发展上要重点挖掘本土特色，将民族特色、人文风情与地文景观有机结合，积极引进新兴项目。因地制宜，开发特色旅游项目。避免发展模式和旅游产品的单一化，从而落入同质化旅游资源的恶性竞争中。

1. 提升文化旅游商业开发层次

一方面，开发和保护传承并重，保持乡土本色。改造通甸古镇，在保护古镇面貌的基础上，合理规划两条主街道，建设以普米文化为主，集传习、展示、体验、休闲购物和特色餐饮为一体的"普米风情街"。另一方面，挖掘文

化内涵，避免过度商业化。以普米风情街为载体，建设普米主题乐器坊、民族服装坊、民族餐饮坊、民族歌舞坊、手工制作坊等，在展示普米风情文化的同时，培养普米文化技艺的传承人。挖掘古镇文化，丰富文化旅游方式。建设民族历史文化展示馆和加大对玉水坪古人类遗址的保护力度，修缮革命老区的通甸武装暴动纪念碑、陈列馆、战役遗址等，开发"重走革命之路"的旅游路线。

2. 开辟"三江并流"徒步旅游线和自驾车旅游线

在结合镇域内已有的罗古箐—大羊场片区的旅游徒步线路、吉利吉峡谷探险线路和古镇历史文化游览线路的基础上，合理规划，将线路延伸至与之较近的啦井盐马古道、箐花甸国家湿地公园、新生桥国家森林公园、营盘镇澜沧江流域、怒江流域的美丽公路、梅里雪山、石鼓镇金沙江虎跳峡。总体线路以兰坪罗古箐普米风情小镇为中心由北向南呈环状分布，并在徒步线沿线设立4~6个集住宿、餐饮、短途运输、汽车维修等功能为一体的配套服务区。让户外运动者体验三江腹地神奇壮丽的景色，体验民族风情，增强旅游吸引力。

3. 建设"三江并流"低空旅游目的地

结合"三江并流"核心区域的区位优势和云南首批通用机场的交通优势，开发低空旅游。以兰坪罗古箐普米风情小镇为中心，开辟三条低空旅游路线，即兰坪罗古箐普米风情小镇至大理、丽江、香格里拉。沿线途径地主要包括大理州境内的大理镇、剑川县和云龙县，丽江市境内的古城区、玉龙县和宁蒗县，迪庆州境内的香格里拉和维西县以及怒江州境内的泸水市和贡山县。沿线途经金沙江第一湾、怒江第一湾、澜沧江流域、怒江大峡谷、石月亮（丙中洛）、玉龙雪山、哈巴雪山、梅里雪山、老君山黎明景区、普达措国家森林公园、箐花甸国家森林公园、泸沽湖、洱海等众多知名景点。让游客在空中领略三江并流区域的壮美景色，实现"一日跨三江"。一方面这是基于得天独厚的地理位置，另一方面依赖于云南首批通用机场——兰坪丰华通用机场——的建设。这不仅为发展低空旅游提供了巨大的机遇，也可以极大地增强其市场吸引力。

4. 配套开发特色旅游项目

配套开发特色旅游项目，即在发展低空旅游项目的基础上，开发跳伞运动、户外拓展基地、户外宿营基地等项目。跳伞滑翔基地和户外拓展基地可建在罗古箐—大羊场片区的吉利吉峡谷一带，并在综合服务区开设票务、接送服务。可借助高山悬崖、热气球、直升机等方式实现跳伞、滑翔，户外拓展活动可通过骑马射箭、山地越野、真人CS等方式开展。户外宿营基地可建在"情人谷"（情人坝附近），可分为自驾车宿营和普通户外宿营，结合优美的自然风光和浓厚的普米风情，打造具有民族特色的帐篷酒店。打造"三江并流"VR体验馆等新兴项目。

结语

兰坪普米风情小镇的建设面临诸多困境，包括基础配套设施不健全、建设资金短缺、同质化旅游资源竞争激烈、政府开发力度不足等现实因素。但特色小镇建设势在必行，通过文旅产业的发展带动集镇产业发展，由此转变当地长期以来的发展方式，促进经济增长，巩固脱贫攻坚成果。并通过创新发展思路、资源的有效整合、提升开发层次，打造高原民族文化品牌，打破同质化旅游资源竞争和自身发展的瓶颈，助推乡村振兴建设。

参考文献

[1] 王万平.乡村振兴背景下民族地区特色小镇建设的路径：以大理市为例[J].大理大学学报,2019,4(9):24-31.

[2] 云南人民政府网《阮成发在大理丽江怒江调研时强调：统筹推进大滇西旅游环线建设》[EB/OL].（2019-10-25）.http://www.yn.gov.cn/szf/lddt/201910/t20191025_183592.html.

[3] 《云南省人民政府关于加快特色小镇发展的意见》[EB/OL].（2017-03-30）.http://www.whyn.gov.cn/list/view/3/5468.

[4] 费永全.特色小镇建设助力乡村振兴[J].新理财(政府理财),2020(4):65.

[5] 周文婷.乡村振兴背景下边疆民族地区特色小镇镇旅融合发展模式探究：以那拉提镇为例[C]//中国建筑文化研究会.2019第九届艾景国际园林景观规划设计大会优秀论文集.北京：国景苑建筑景观设计研究院,2019:95-99.

[6] 卢雯君,李枫.乡村旅游产业与文化创业产业融合关系的理论分析：以特色小镇建设为背景[J].现代营销(下旬刊),2020(4):125-127.

[7] 景建丽.少数民族特色小镇建设的困境与对策：以喀尔喀小镇为例[J].戏剧之家,2020(11):196-197.

[8] 李婉轩.乡村振兴背景下的瓦房店许屯特色小镇建设问题及对策研究[D].大连：辽宁师范大学,2019.

[9] 朱宝莉,刘晓鹰.全域旅游视域下民族特色小镇发展策略研究[J].农业经

济,2019(3):15-17.

[10]　杨忱.乡村振兴战略背景下广西特色小镇建设中政府职能研究[D].南宁:广西大学,2018.

[11]　夏晶.基于全流程视角下的特色小镇规划建设方法研究:以陕北地区栏杆堡田园文旅小镇实践为例[J].小城镇建设,2018(5):38-44.

[12]　周晓琴,刘宏芳.云南少数民族优秀文化与特色小镇的软实力提升研究[J].四川民族学院学报,2018,27(1):31-36.

[13]　赵海华.袁家村特色小镇的成长与可持续性发展研究[D].西安:西安建筑科技大学,2017.

乡村振兴背景下龙陵县龙江乡
农业转型发展实践研究

杨晓筒

　　乡村振兴战略是习近平总书记在党的十九大报告中提出的一项重大战略，这一战略关系到了全面建成社会主义国家的全局性、历史性的任务。国家高度重视农村农业农民问题，把民生问题作为国家的根本问题，解决好民生问题，才能实现国家的繁荣富强。在我国实现民族复兴和国家富强的道路上，最艰巨、最繁重的任务在农村，最广泛、最深厚的基础在农村，最大的潜力和后劲也在农村。农村是经济发展的薄弱环节，同时更是实现现代化国家的关键环节。

　　实施乡村振兴战略是历史之必然，是顺应时代发展的潮流和符合历史进程的伟大创举。为贯彻乡村振兴战略，实现农村的转型以及实现农村群众共同富裕的宏伟目标，必须要实现农村的优先发展。农村地区实现发展的突破口在农民，农民要想实现农村的繁荣发展，关键在农业的兴旺上。传统的农业发展模式已经不能适应当今时代的发展要求，现代化的农业发展方式才符合农村的经济发展。当今时代背景下，只有农村得到繁荣发展，中国才能走向繁荣富强的道路。

一、乡村振兴战略与农业转型

（一）乡村振兴战略的内涵

　　在党的十九大报告中，习近平总书记提出了实施乡村振兴战略是我国当前的重大任务，且是一项艰巨、漫长的任务。2017年中央农村工作会议和2018年中央一号文件为我们勾画了实施乡村振兴战略的宏伟蓝图，并专门进行了重大决策部署。2018年1月30日，习近平总书记在主持中央政治局第三次集体学习时，把乡村振兴比作一盘棋，走好乡村振兴这盘棋是实现国家发展和强大的重点内容。2018年9月中共中央、国务院出台《乡村振兴战略规划（2018—2022）》。乡村兴则国家兴，乡村衰则国家衰。乡村振兴的内涵就是通过实现农村经济的大力发展，改变乡村落后的面貌，并逐步兴旺和繁荣发展起来。乡村振兴战略的内容非常全面，它不是一方面或者是几方面的振兴，它是全方位的振兴，包括经济、文化、社会治理、生态等。理解乡村振兴必须从以下几方面入手：

第一，乡村振兴战略的总要求是"产业兴旺、生态宜居、乡风文明、治理有效、生活富裕"二十字方针。产业兴旺是乡村振兴的根基，作为以农业生产为主的广大农村地区而言，就是要通过大力发展农村的农业经济，使农村的经济水平得以提高。发展乡村休闲农业，充分利用乡村的自然资源发展旅游业，都是支持农业发展，实现产业兴旺的措施；生态宜居是乡村振兴的重要要求，建设生态宜居的乡村，就是要在不破坏自然资源的前提下，构建出适宜人类生存和发展的人居环境，主要是农村人居环境的整治问题；乡风文明是乡村振兴的保障，实施好乡村振兴战略除了物质上的发展外，还要进行乡风文明的建设，它作为农村的灵魂，是建设美丽乡村不可忽略的一环；治理有效是乡村振兴的保证，坚持德治、法治、自治三者相结合，才能有效的为农村的振兴发挥关键的作用；生活富裕是乡村振兴的核心目标，实施乡村振兴，最终的目标是为了提高农村的经济发展和实现农民的生活富裕。

第二，乡村振兴战略的总目标是实现农业农村现代化。农业农村农民问题是关系国计民生的根本性问题，随着经济的发展和科技进步，机械化的生产工具进入人们的生活，传统的农业发展模式已经不能适应当今的社会，不能满足人们的生活需求，现代农业的发展模式才是时代所需要的。

第三，乡村振兴战略的总方针是坚持农业农村优先发展。自古以来，农村由于受各种因素的制约，经济一直得不到良好的发展。实现农村的繁荣发展必须从农业方面入手，坚持农业农村的优先发展就是要转变农业发展模式，改善农村落后的基础设施，提高农村的生活水平和质量。

第四，乡村振兴战略的制度保障是建立健全城乡融合发展体制机制和政策体系。乡村相较于城市而言存在着巨大的差异，城乡发展不平衡使我国繁荣富强的道路受阻。推进乡村振兴战略的实施，就是需要解决城乡发展不平衡问题，进行大胆的改革和创新，以城市发展带动农村的经济发展，实现城乡的共同发展。

（二）农业转型的内涵

"农业转型"一词是由美国学者托达罗首次明确提出的。农业转型是指由传统农业向现代农业转变的过程，也就是实现和发展农业现代化的过程。我国的农业发展已经处在了转型时期，现阶段，农业转型是所有农村都尤为突出的问题。实施好农业转型发展，我国的农业才能向现代化的阶段迈进。

第一，转变生产观念是实施农业转型的先导。我国作为农业大国，农业作为基础性产业，从事农业的人口占绝大多数，而长期以来人们存在着深厚的小农思想，农业种植绝大多数是为了满足自身的需要，让他们从传统农业的观念中转变出来是一件不容易的事情。实现好农业转型必须从转变农民的思想观念开始，打破传统思想的枷锁，让农民认识到传统农业的发展模式已经不能适应时代的发展了，现代农业的发展模式才是适合当今社会的发展潮流，走现代农业发展之路才能更好地促进农业的转型发展。

第二，转变生产工具是实施农业转型的关键。农业转型是由传统农业向现代农业的转型方式，随着经济和科学技术的发展，越来越多机械化的农业工具走向市场，这些工具的出现大大提高了人们的生产生活方式。许多较落后的农村地区在农业生产上仍然沿用传统的牛耕方式，铁镰刀和铁锄头依然在农业生产中占据主要地位，机械化的生产工具并没有在农村普遍出现。农业的现代化转型，关键就是转变传统的生产工具，让广大农村地区普遍拥有机械化、专业化的生产工具。精细的新生产工具，在很大程度上减轻了农民的负担，节约了生产过程中所需要的人力、物力和精力。改变了农民们在农业种植过程中存在的高付出、低收入的局面，简化农民的农业生产以及增加农业生产的收益。

（三）农业转型是乡村振兴的必由之路

乡村振兴就是实现农业农村农民的优先发展。农村中绝大多数的人口是从事农业种植的农民，农业生产是农民主要的收入来源，要解决好农村的振兴问题，就要认识到农民的主体地位。农业问题是关系到我国繁荣富强的重大问题，是制约农村发展的决定性因素。乡村振兴关键在于提高农民生活水平，农民作为长期从事农业生产劳动的主体，经济收入绝大部分是来源于农产品的销售，只有把农民生产生活的问题解决好，乡村才能朝着更好的方向发展，才能更好地实现乡村振兴发展。

在乡村振兴战略的"二十字方针"中，提到了产业兴旺是乡村振兴的根基，要实现农业的转型就是要使乡村的农业兴旺起来。传统农业的发展模式已经逐渐在时代中黯然失色，农民们必须从传统农业的桎梏中走出来，寻求更符合现代化的发展模式。实现农村的产业兴旺，需要转变传统的农业发展模式。农业作为我国支柱性产业，关系着十几亿人口的温饱问题。发展现代化的农业，是能够提高农业的产量和增加农民的收入，更是能够实现乡村振兴的关键所在。

二、龙陵县龙江乡的农业转型发展实践

（一）龙江乡基本情况

龙江乡位于龙陵县县城北部，与腾冲市团田乡隔江相望，是"南方丝绸之路"的必经之地，具有得天独厚的自然条件和重要的优势位置，素有"鱼米之乡"之美誉，是雨屏龙陵的重要粮仓。龙江乡的面积约为200平方公里，有耕地面积约2.99万亩，其中稻田约2.03万亩，有林地面积约18万亩。全乡一共有15个村民委员会，184个村民小组，居住着汉族和傣族两个民族。目前全乡总人口约4万人，其中农业人口近3万人，农业人口占据总人口的绝大多数。龙江乡是属于典型的从事农业生产的乡村，产业以农业为主，经济收入几乎来源于农业。龙江乡的农业产品很多，经济作物主要是水稻、玉米、草果、茶叶、烟叶等。尽管地理位置相对不错，但数百年来人们习惯于传统的农耕生活，早出晚归地忙碌在田间地头。一直以来人们的主要经济收入来源于农产品种植，但传统的农耕方式并不能带来可观的收入，带动不了当地的经济发展。

（二）龙江乡特色农业发展模式探索

1. 稻谷＋养鱼结合的多赢格局

为贯彻习近平总书记在党的十九大报告中提出的乡村振兴战略，龙江乡结合自身实际情况，借鉴各个地方的成功经验，探索属于龙江乡的特色农业发展模式。传统的农业种植已经不适合现有农业发展需求，乡村振兴必须要改变长久以来人们习惯的传统农耕方式，让农民的辛勤劳动获得最大的收获。

"稻鱼共生"模式是最近几年来我国推出的一项经济适用的新型种植模式，既不耽误水稻种植，又能额外增加经济效益，即一田能够有更多的收益，在种植优质水稻的同时，最大限度地利用好土地资源，将稻田的作用发挥到最大。"稻＋鱼"的模式是等到水稻成活后，放养上适量的鱼种，水稻有了鱼类排泄物等天然的养料，鱼类也有了稻花等充足的食物，两者相辅相成、各取所需。这样不仅稻谷能够增产，放养的鱼也会鲜美可口，这种纯天然的美味才能让人更加放心去吃。稻田里放上鱼苗的发展模式可以为水稻和鱼类提供更加适合的生长环境，最大限度地降低稻谷的病虫害风险，能够保证水稻在绝佳的环境中生长，减少了农药的使用，又能够降低水体的污染程度，给鱼类提供了良好的生活环境。单一的种植水稻模式需要大量使用农药来保证稻谷的产量，不仅增加了种植成本，还会产生农药残留，降低土壤的肥力，甚至会在一定程度

上加大环境的污染。而稻鱼共生系统能够很好地解决这些问题。改变稻田的传统种植方式，可以改进稻田的生态模式，获得更加优质的产品。另一方面还能增加鱼类的产量，可以给农户增加一定的经济收入，对于广大种植户而言，是一个很好的农业转型模式。在经济高速发展的时期，人们越来越重视吃的问题，人们希望能够吃到无污染、纯绿色、纯天然的农产品，稻鱼共生系统的推进，无疑能够实现这一目标。稻鱼共生系统是完全原生态的种养方式，这一系统在未来的发展上前途一片光明，在乡村农业转型中，稻鱼共生系统的推广和发展是大势所趋。

稻鱼共生系统使"红细软"成为了龙江特色产业的"第一品牌"，"稻花鱼"成为龙江特色产业的"第二品牌"。2019年，龙江乡水稻种植1.89万亩，产量8800吨，产值2464万元。养殖稻花鱼6500户，放养面积1万余亩，年产稻花鱼310吨，当年实现产值达到1800万元，每户均增收2000多元。根据龙江乡政府的最新数据统计，第四届稻花鱼节期间，龙江乡共接待了来自全国各地的游客18万余人次，稻花鱼销售量达到了15万斤，当年国庆期间实现了旅游收入1600多万元。龙江乡成为了市内外乡村旅游热点，大大提高了对外知名度。从数据中不难看出，新模式的推行取得了一定的成功，农业转型迈出了完美的第一步，这无疑是助力乡村振兴的有力举措。

2. 农业＋旅游业发展的新模式

在新时代背景下，乡村振兴战略被越来越广泛地提起。乡村振兴并非喊口号，要想真正地实现乡村的振兴，必须要结合乡村自身的实际情况，充分利用乡村独有的自然资源和土地资源，打造属于乡村的特色农业发展模式，因此人们提出了"农旅融合"发展的新模式，探索出一条特色农业和乡村旅游融合发展的道路，这无疑是当前最有利于乡村快速发展的模式。这一模式的推行，很大程度上盘活了毫无生机的传统农业，为广大农村的农业转型指明了方向。

发展农村现代休闲观光旅游，把农村建设成为具有自身特色的休闲旅游乡村，不仅能够实现传统农业与现代旅游特色产业的融合，挖掘出丰富的农业资源和农村潜在的价值，还可以通过现代生态旅游产业广泛的带动作用来积极发挥各类产业的联动效应。龙江乡由于丰富的土地资源和源远流长的农业文明，使得独特的乡村风光蕴含着无限的发展潜力，上万亩大自然创造的天然梯田，一年四季都展现着无与伦比的美丽。在插秧的季节，万亩梯田被天使不小心洒落了绿色的颜料，入眼皆是绿色，那是农民们亲手创造的田园风光。在丰收的季节，稻田里一片忙碌的景象，不时能听到农民们丰收的喜悦，金黄的稻谷像一幅大师的画作。龙江乡紧紧围绕着保护自然资源，创新转型模式的发展途径，打造属于龙江乡自己的优势产业。丰富的自然资源就是天然的景区，每一个村庄都是一个有特色的景点、田野里的庄稼就是一幅幅优美的景色。龙江乡向着生态旅游乡村的道路前进，致力于把龙江乡打造成为一个集现代化农业种植、自然资源的观光、休闲乡村旅游等为一体的乡村。在发展农业的基础上，依靠自身天然的自然资源，独特的乡村农业风光，走乡村旅游的发展道路，实施农业＋旅游业的发展新模式。这一模式不仅充分尊重了农业产业的功能，还合理地开发了农业旅游资源和丰富的自然资源。

（三）龙江乡可供发掘的潜在农业资源

除了以上的"稻鱼共生"和"农旅融合"之外，龙江乡还具备无限的发展潜力。凭借着优异的气候条件和丰富的土地资源，龙江乡依托高原特色现代农业发展基础，重点规划建设龙川江沿江特色农产品优势区。龙川江流经龙江乡，给龙江乡带来了丰富的水资源，江水灌溉着龙江大大小小的土地。正是由于丰富的水利资源让龙江乡发展经济作物有了无限的可能。

打造万亩丰产茶园是龙江乡具有发展潜力的产业。茶叶是龙江乡的一项传统骨干产业，在农村经济发展中占据不可取代的作用。有数据显示：2019年，全乡种植茶叶1.78万亩，鲜叶产量1230吨。茶叶种植面积和产量都相对较多，但茶叶收益远远达不到期望。归其原因是没有打出品牌效益，茶叶合作社和私人茶厂制作出来的茶叶只能以较低的价格卖给茶商，各种各样的干茶叶经过茶商销往各地。如果能够在龙江乡成立一个专门的"磨锅茶"精加工的企业，顺势打出品牌效益，让龙江的磨锅茶走向世界。茶农们选取优质的茶种种植，采摘出高质量的茶叶，确保制作出来的干茶叶具备高品质、优口感。一旦龙江乡的茶叶能够走出去，作为传统骨干产业的茶叶就将是龙江乡的一大优势产业。

种植黑木耳也是龙江乡具有发展潜力的产业。近年来新寨村试种植黑木耳取得了不错的成绩，28户种植出19.6万袋黑木耳，全部销售出去后的收入是120万元，除去成本后利润达到了59万元。龙江乡适宜的气候条件无疑是黑木耳种植的优势所在。龙江乡首次黑木耳种植试验的成功，彰显着龙江乡又一大农产品的发展潜力。黑木耳种植的技术要求不高，种植成本也不大，收入却相当可观。近年来，一些省份的黑木耳种植产量日益增大，但远远不能满足市场的需求。黑木耳种植需要适宜的气候条件，不是任何地方都适合种植的。龙江乡具备了先天的种植条件，这本身就是一大优势。黑木耳的营养价值超高，加之市场需求较大，因此，种植黑木耳是具有巨大商机的，一旦龙江乡能够扩大黑木耳种植面积，提高技术上指导，相信不久后就能够成为出产黑木耳之乡。

酿造米酒也是龙江乡具有发展潜力的产业。龙江乡的米酒自古以来都是用大米来酿造。在选材上，经过重重的把关，严格选用优质的有机大米。酿酒选用的是龙江乡农民自己种植的纯天然大米，没有过多喷洒农药，稻谷从种下到成熟收割，完全依托优越的自然环境和充足的水资源，无论是口感还是质量，都是最优的。这也保证了酿造出来的酒保持着最天然、最纯正的味道。随着时代的发展，酒的种类越来越多，各种工业制酒层出不穷，纯正的米酒已经越来越少，而龙江乡酿造的米酒依然保持着最纯正的味道。只要打出口碑，赢得广大顾客的支持，米酒在市场上一定能够有立足之地。

三、龙江乡农业转型发展的制约因素

（一）政府作用发挥不明显

1. 政府对农业转型支持不够

要想实现在乡村振兴战略下的农业转型，关键在于政府作用的发挥。实施好农业转型在坚持农民主体地位的同时，更要发挥政府的主导作用。农业转型不是一个人的事，也不是单单依靠农民自身就可以完成的，没有政府的大力支持，想要完成农业转型只是空想。为响应中央的号召，龙江乡政府进行了大胆的农业转型，但政府缺少相应的制度和政策保障，使得转型没有能够落实下去，人们在实践的过程中总是面临着诸多问题。

地方政府在农业转型上要起到主导的作用，龙江乡本身就具备了很好的发展条件，也是拥有丰富旅游资源的乡村，在这种情况下，如果可以获得政府的政策和财政支持，那么就会为促进农业转型发展提供便利，为打造美丽自然乡村奠定坚实的基础。比如，在实施稻田养鱼上，龙江乡在鱼苗价格和鱼苗品种方面，应该要有相应的政策支持。一方面，规定鱼苗的具体价格或者限制每斤鱼苗的最高价格；规定渔农育种或者贩卖的鱼苗优质且增产，确保稻田养鱼的农民能够在最低的价格下购买到最优质的鱼苗。另一方面，政府也可以给稻田养鱼的农户每亩田适当补贴，减少农户稻田养鱼的成本。同时尽快制定对农户的激励措施，激发农户农业转型的热情，从而提高农户实施稻鱼共生模式的积极性。

除了国家的政策支持外，当地政府有必要构建符合农业发展阶段转型要求的农业支持政策体系。传统农业阶段的政策已经不能满足现代化的农业转型了，要根据形势的变化适当调整完善政策。中央的政策目标主要是战略性的，而地方的农业转型各具特色，在制定政策的时候，要根据自身转型特色来做出相应的改变。针对龙江乡而言，农业转型发展主要是"稻鱼共生"模式的双赢利，以及"农旅融合"的特色乡村发展模式。在制定政策上，要充分考虑农民的需求，把政策落实到农民中去，为现代化农业经营主体"撑腰"。

2. 农业扶持资金配置效果不佳

农村作为中国经济发展最薄弱的区域，经济收入来源较为单一，长期以来，我国农业始终是一个弱势产业，农民的收入较低，农村的发展远远落后于城市地区。当前，我国致力于推动农村的农业朝着现代化的方向发展，资金配置问题是阻碍农业实现良好的现代化转型的重要环节。乡村振兴战略下，国家对农业转型发展投入使用的资金日益增长，龙江乡在保山市政府、龙陵县政府的支持下，如火如荼地展开了农业转型的新篇章，获得了很大的资金投入，但是资金安排上仍存在一些问题。

资金的配置过于分散。投入的资金直接用于农民农业生产的部分较少，大部分是投入到了基础设施建设以及文化建设上。例如，从2016年起开展的十月国庆"稻花鱼节"，每年都要有3～5天的"稻花鱼"晚会，露天舞台设置、邀请各地小有名气的人等，都投入了大量资金。用于农业补贴的钱几乎没有增长，无法给农民的生产实践提供直接帮助。

据悉，龙江乡每年大概投入20万元扶持资金，派出20多名干部和技术人员指导农户科学种养，但取得的效果并不是十分显著。

3. 官方宣传力度不足

龙江乡开展的"稻花鱼"节，除了政府在每年国庆节前期的少之又少的网络宣传外，就很少有其他的宣传了。当地政府并没有加大推广和宣传力度，致使龙江乡的知名度不高，游客人数和农户的收入得不到保障，随之而来的就是农户养殖稻花鱼的积极性下降。农户大多数不会利用互联网、各种短视频软件、微信等方式宣传自己的产品，当地政府也未给广大农户开展网络推广的培训，没有引导农户进行网络宣传，加大龙江乡的网络知名度，寻求最广泛的潜在顾客。只有极少数的农户会在微信、短视频上分享自己家的稻花鱼，招揽到一部分游客。网络是能够达到最广泛宣传、最有效提高知名度的方法，只有利用好互联网，充分进行有益的宣传，展现出龙江乡的特色，吸引更多的游客体验乡村旅游的乐趣，才能更好地打开市场，促进龙江乡的经济稳定发展。调查显示，由于缺乏资金宣传，龙江乡稻花鱼节在报刊、电视上及其他途径的投入都十分有限，龙江乡开展"稻花鱼"节四年的时间，吸引到的游客大都是云南省各个地区的，沿海城市的游客几乎没有，且游客的数量一年比一年少，能否维持旅游的热度还是一个未知数。

（二）龙江乡自身发展存在短板

1. 基础设施不能有效满足需求

通过对龙江乡的实地调查发现，尽管龙江乡有高速公路直通，但从市区直达龙江乡的客车一天只有两班，节假日增加到三班，班次较少，难于满足除部分自驾游之外的游客的需求，并且龙江乡开展的农家乐虽有一百多家，但是大多是家庭农家乐。一般时候，龙江乡几乎没有游客，宾馆开设房间较少且质量相对较低，不能满足游客的住宿要求，大多数游客会选择开车四十多分钟到县城去寻找住宿，一来一回也是需要花费大量的时间和精力，从而大大降低了游客的观光体验，游客们始终希望能够在观光旅游期间获得高质量的住宿条件和基本保障。还有"稻花鱼"节期间，车辆过多导致道路拥挤，有时候能够堵半个多小时或更长，且停车位较少，严重影响了游客的旅游热情，也造成外地游客的流失。

2. 缺乏品牌知名度

品牌是农产品品格与灵魂，现代农业的必经之路是进行产品的品牌化建设。农产品的品牌化，是提升品牌竞争力的一把利器。龙江乡开展的农业转型，推出了各种优质的农产品，例如，红细软、稻花鱼、磨锅茶、"老品种"酒等，龙江乡推出的农产品都具有很高的食用价值，且都是纯天然的产品，质量能够保证，但是由于缺乏品牌宣传和舆论引导，且龙江乡并未重视农产品的品牌，因此，其在市场上并没有打响品牌知名度，特色农产品的优势没有发挥出来。全国各地的农产品都有自己的品牌优势，能够得到人们的支持。例如，普洱市的普洱茶就是具备了品牌知名度，才能够让普洱茶走向世界各地，带动了普洱市的经济发展。同样是茶叶，由于品牌知名度不同，龙江乡的磨锅茶却比普洱茶的价格低了很多。因此，打造农产品品牌的知名度是一件很重要的事情。

3. 存在季节性真空

"农旅融合"的休闲农业，存在一个问题就是会出现旅游淡季。龙江乡着重开展"稻花鱼"节乡村旅游，旅游时间就只能维持十多天，主要是以万亩梯田稻谷观光、捉鱼为主。旅游资源开发不足造成了严重的旅游空档期，农户们只有在这几天能够获得额外的经济收入，其余时间都处于淡季，游客数量十分有限，经济收益急剧下降。龙江乡尽管还开发了温泉度假、民族风情村寨、龙江特大桥和水库旅游群等多个旅游点，想要打造出以温泉度假为热点，推出有地方特色的民族生态乡村游、"稻花鱼"节等，连接与龙江乡相邻的腾冲旅游环线，丰富全域旅游内涵，推进旅游产业跨越式发展。但由于开发不足等原因，无法一年四季都吸引游客前来参观体验，个别开发区的开发力度不够，没有体现出自身特色，因为旅游景区虽多，但真正能够吸引游客的却少之又少。

（三）发展模式缺乏市场竞争力

1. 转型发展同质化

近年来，越来越多的地方开展乡村旅游，从喧嚣的城市走向恬静的乡村成为人们的向往。农业＋旅游业的发展模式更是在各个地方的农村兴起，旅游业规模逐年提高，农业转型成为农村经济发展的一个大趋势，龙江乡在开展乡村旅游上是借鉴其他乡村的成功经验，在发展模式上存在同质化问题，和其他发展较成熟且积累了一定知名度的地区相比缺乏竞争力。

首先，龙江乡在乡村农业转型发展上凭借着丰富的土地资源，致力于打造独特的万亩田园风光。但是这一发展模式在前几年就已经有很多地方开始实践了，例如，贵州兴义的万亩梯田稻花鸭、云南元阳的万亩梯田以及安徽省旌德县兴隆乡三山村万亩梯田等，都取得了很好的知名度。龙江乡开展万亩梯田乡村游，其形式和这些地方都大同小异，就很难再吸引更多的游客前来。其次，龙江乡会在每年的国庆节举行"稻花鱼"节，所谓的稻花鱼就是在稻田里放养鱼苗，实现一田多收。这一模式在很多农村地区都有实施，就连和龙江乡相邻的腾冲也在开展稻花鱼乡村游。同样的模式下，龙江乡相较其他地区而言就缺乏一定的竞争力。最后，近年来的农村都在实施农业＋旅游业的乡村旅游模式，借助自然资源的优势，以纯天然的乡村农业来充分展现乡村旅游的魅力，实现农业模式的转型和农村经济的发展。到乡村去旅游一度成为人们热衷的选择，农业＋旅游业的发展模式一度成为乡村农业转型的必然趋势，很多地方都争相实施相同的转型方式，因此农村旅游热就会出现转型发展模式的同质化问题。

2. 模式建设单一化

龙江乡在进行农业转型上，主要是实施"稻鱼共生"和"农旅融合"的发展模式，仅仅依靠田园风光和稻、鱼美食来吸引游客是远远不够的。近几年来，龙江乡在进行农业转型的模式中，把重点放在每年国庆节期间的"稻花鱼"节上，致力于发展农旅融合的乡村特色休闲农业，试图以单一的旅游资源把龙江乡打造成为特色旅游区，但是，仅仅依靠这一模式是远远不足的。

首先，龙江乡自然资源和农产品丰富，除了单一的转型模式外，还可以实施山林田地等方面的转型发展。龙江乡农产品种植历史悠久且种类繁多，同样可以把农产品的发展作为另一大发展模式。丰富的土地资源是龙江乡能够进行农产品种植与销售的发展模式的一大优势。其次，除了正在实施的"稻花鱼"节，龙江乡还可以进行稻花鱼和优质稻米的销售，通过进行加工处理，再销售到市场去，打造出自身的品牌优势。最后，除了打造田园风光外，还可以开发出更多的观光区域，为游客提供更多样的选择模式。

在激烈的竞争中，挖掘出更多的优势产业能够使龙江乡在农业转型上具备更好的优势。但是，由于龙江乡没有进行多方面的探索与创新，未能充分发挥出自身的优势，因此，在单一的发展模式下，龙江乡的农业转型发展缺乏自身的核心竞争力。

四、促进龙江乡农业转型发展的措施

（一）依托政府的支持，拓展特色农业发展模式

目前全国各地城市近郊都在大力开发乡村旅游，致使乡村旅游的竞争力非常激烈。农业转型发展离不开当地政府的引导，没有政府的鼓励和支持是不可能进行下去的。政府在农业转型发展中应起到以下几方面的作用。

首先，政府应为农业转型提供政策保障。乡村振兴战略下的农业转型除了有中央的政策支持外，当地政府同样需要提供适合农业转型发展的、符合当地特色的政策支持。为了更好地进行农业转型，政府必须制定相关的政策，确保农村的农业转型有更好的制度保障。龙江乡政府应该找准自己的位置，给农户发展特色产业提供政策保障。例如，为实行"稻鱼共生"模式的农户提供保障，以推行政策的形式确保优质谷种、鱼苗的价格，确保价格稳定，让农户能够尽量减少种养成本。

其次，政府应为农业转型提供财政支持。农业转型需要投入大量的资金，来确保基础设施的建设。政府还要适当给予财政上的补贴，支持农户大力发展特色农业，鼓励农户大胆进行农业转型的创新，增强农户投身于绿色农业的热情。

最后，政府应为农业转型提供技术保证。农业转型发展需要大量的技术人才以及专业的技术指导，政府需要引进和培养大量的技术人才，对农业转型发展进行专业的技术指导。人才和技术的匮乏，成为龙江乡农业转型的一大制约因素。发展特色农业，科学种养，需要专业的技术指导，农民的文化素质较低，只会简单地进行农业种养，在遇到专业问题上往往不知道如何处理，致使农业种养不能获得高产量、高品质。专业人才通常具有专业的知识，能够解决

农业转型过程中遇到的一些问题，帮助农户解决好问题，不让农户有后顾之忧。

（二）提升政府公关力度，打造地区品牌

实施好乡村农业的转型除了自身需要具备有利的地理优势和有特色的自然资源外，更重要的是政府在农业转型方面发挥的作用，提升政府的公关力度，充分发挥政府的影响力，通过政府的公关手段把极具龙江乡特色的地区品牌打造出去。龙江乡政府应结合自身情况实施以下措施。

首先，政府应该将稻花鱼、红细软、茶叶等龙江乡的特色农产品注册成商标，获得商标的专用权，使得龙江乡推出的农产品能够树立品牌的法律保障体系。商标是用来向消费者展示所提供的商品和服务的标准，市场上各种农产品鱼龙混杂，龙江乡的农产品要从其他农产品中脱颖而出，需要注册商标，打造出品牌效益。在注册了商标的农产品有了法律的保障后，政府再进行良好的公关活动，引进有实力的企业来实现产业的开发和推广，让具有地区品牌的农产品走出龙江乡，走出云南省，走向全世界。

其次，政府应该进行广告宣传，承包各公路沿线的广告牌以及与公交公司和电视台商谈，在公交车和各个频道上插入龙江旅游区广告，从而打造龙江特色旅游区的社会知名度。然后请各大电视台的记者来龙江进行旅游体验和撰写系列旅游报道；并请各界人士来代言、宣传龙江特色旅游区。凭借以上种种方法打开龙江的旅游市场，从而实现龙江的农业转型和经济腾飞。

最后，政府可以借助互联网以及近年来比较火的短视频平台进行直播带货。政府可以在各种短视频平台上注册自己的官方账号，在平台上推出龙江乡的农产品，凭借着龙江乡绿色、无污染、纯天然的有机产品优势，在网络上打出口碑，赢得网络上潜在的消费群体。一方面，能够提高龙江乡农产品的知名度，打开更广泛的市场；另一方面，直播卖货赚来的钱可以补贴给种植农产品的农户，提高农民的生活水平和经济收入。

（三）促进产业集群，突破碎片化的发展瓶颈

论农业产业的持续发展，以个体为单位的经济形式是无法满足日益增长的农业转型及发展的需求的。以特色农产品为例，群众的市场素质参差不齐，同等的产品以次充好、恶性竞争，这都给农业转型造成了不小的阻力。要想形成强有力的发展动力，就必须打造统一的市场，制定统一的市场规范以及足量的商品准备，由此，构建出龙江农业转型的一大市场要素。

农业转型需要依靠所有农户来进行，但绝不能以一家一户为单位，需要组建基层农业合作社，采用公司制的形式，建设集生产、收购、销售于一体的基

层组织。实现以农致富，以农致强，以农共富的目标。从科学的角度而言，结成群体的力量形成规模效应，走规模化和产业化的道路。建立规范的市场秩序，减少各农户在竞争中为了增加竞争力，实现自身利益的最大化，所出现的乱价和以次充好的现象，实现乡村旅游可持续发展。

（四）打破时空限制，打造以旅游业为主导的特色农业区

龙江乡有丰富的自然资源，天然的田园风光，在不破坏环境的基础上适当地、尽可能多地开发旅游资源，开发出一年四季都能够吸引游客的具有当地特色的旅游景点，打造出具备当地特色优势的农业旅游业，把龙江乡建设成以乡村旅游为主导的特色农业区，一定程度上可以解决龙江乡因开发不足而引起的季节性真空问题。

龙江乡由于经济比较落后，又处于偏远的小乡村，易受交通的影响。关于交通致贫以及妨碍旅游区发展问题上，所能采取的措施就是以引源为主。龙江乡的地理优势中，其中一项便是与腾冲仅一江相隔，可以和腾冲进行合作建立跨区域的旅游景区，利用腾冲已有的知名度和影响力，在游客到腾冲旅游时，能够同时到龙江感受自然田园风光，以便吸引到更多的客流量，实现两区域的互利共赢。

云南省官方推出了"游云南"App，介绍了云南省出名的旅游景区，给游客制定全方位的旅游攻略。龙江乡可以借助"游云南"App这个平台，推出龙江乡的特色旅游攻略，通过官方的平台提高龙江乡的知名度。还可以带动农户制作能够宣传龙江乡的短视频和进行网络直播。近年来，李子柒通过各大平台宣传乡村田园生活的短视频受到了广泛的关注。龙江乡同样可以通过这种方式，举全乡之力进行网络宣传，在网上打响龙江乡特色农村旅游的知名度。利用好网络平台，向人们展示出龙江乡独特的山水田园美景，吸引更多的游客，也可以解决因地理位置优势不足而导致的游客少等问题。

（五）拓展思路，有效挖掘潜在农业资源

龙江乡作为以农业为主要经济产业的乡镇，并没有充分发掘自身的潜力以及地理环境上所具有的特殊优势，一些具有当地特色的农业资源和地区资源并没有得到合理的开发和运用。如果能够最大限度地发掘出潜在的农业资源，合理地进行开发，就能够为乡村农业旅游的发展提供更多的可能。

首先，龙江乡茶园广布，除了传统的通过卖茶来获取经济效益外，茶园并没有进行过多的利用。龙江乡应该借着乡村振兴的东风，开展茶园旅游观光和打造"茶文化"。可以让游客们在春天的时候走进飘满茶香的茶园里，感受春天的气息，有兴趣的游客可以自己采摘茶叶带走，只需要支付茶叶钱和入园费

就可以了。让游客在欣赏茶园的同时，还能感受自己动手的乐趣。通过自己动手采摘的茶叶能够带给游客满满的幸福感和安全感。我国作为茶叶大国，具有深厚的历史和悠久的文化底蕴，龙江乡应在茶业上加大资金投入，打造出"茶文化"乡，实现茶业的可持续发展。

其次，龙江乡拥有纯天然的酿酒原料，可以发展米酒酿造业。政府通过引商引资来成立专门的米酒制造工厂，建立属于自己的品牌。酿造出来的酒可以通过线上、线下两种方式，在全国各地寻找代理商加盟。龙江乡的农户具有优先免费代理资格，可以通过直播卖货的方式在网上进行售卖，打开龙江乡酒业市场的同时，还能够增加农户的经济收入。

最后，龙江乡的特色农产品红细软、稻花鱼、磨锅茶以及新兴农产品黑木耳、核桃等都是初级农产品，尽管品质优良，但得不到加工处理，在市场上不具备竞争力。龙江乡每年都有大量的初级农产品投入市场，但由于没有经过加工、包装，往往出售价格较低，因此，应该成立农产品加工厂，把龙江乡出售的农产品注册商标、成立品牌。通过精细加工后，再进行包装，提高农产品的档次，增加经济收入。

结语

在乡村振兴背景下的农村农业转型是任重而道远的，是一项长期而又艰巨的工程，这条道路还有很多任务要完成。乡村振兴背景下的农业转型不仅能使龙江乡现代化农业获得可持续性发展，并且对乡村的振兴具有较大的推动作用。

笔者只是初步对乡村振兴背景下的农业转型做自我思考，了解的层面较浅，还需要不断完善和补充，未来还要更进一步地进行强化研究，深入进行了解和探索，以便为政府提供更好的智力支持，也希望能够为我国的乡村振兴发展提供切实可行的路径探索，加快乡村振兴战略的步伐。

参考文献

［1］ 郭俊华,卢京宇.乡村振兴：一个文献述评[J].西北大学学报(哲学社会科学版),2020,50(2):130-138.

［2］ 贺雪峰.关于实施乡村振兴战略的几个问题[J].南京农业大学学报(社会科学版),2018,18(3):19-26.

［3］ 徐美银.乡村振兴战略的科学内涵、动力机制与实现路径研究[J].农业经济,2019(12):3-5.

［4］ 姜长云.科学理解推进乡村振兴的重大战略导向［J］.管理世界,2018,34
(4):17-24.

［5］ 张伟荣.习近平乡村振兴战略的理论渊源与实践基础［J］.学理论,2018
(12):11-12,28.

［6］ 杨建彩.乡村振兴战略总要求的理论分析［J］.中国集体经济,2020(7):5-6.

［7］ 张天佐.坚持农业农村优先发展［J］.青海农技推广,2019(4):52,54,84.

［8］ 孙昌乾.建立健全城乡融合发展的体制机制和政策体系［J］.经济研究导
刊,2019(24):144-145.

［9］ 彭新宇.我国农业转型的战略选择及其制度分析［D］.长沙:湖南师范大
学,2004.

［10］ 陈志华.面向有机农业的稻田养鱼发展之思考［J］.江西水产科技,2019
(6):49-50.

［11］ 欧阳莉,李东.农村农旅融合发展路径探究［J］.江苏农业科学,2018,46
(14):324-329.

［12］ 赵莹雪.基于乡村振兴战略的休闲农业与乡村旅游融合发展研究:以清远
市黎埠镇为例［J］.旅游纵览(下半月),2019(3):164-166.

［13］ 魏薇.乡村振兴战略下推动农业产业融合发展对策建议［J］.农业经济,
2020(4):6-8.

［14］ 涂圣伟.农业支持政策的转型方向［N］.学习时报,2018-08-03(2).

［15］ 胡颜霞.蓝田县休闲农业转型发展存在的问题及对策［J］.现代农业科技,
2020(4):240,245.

［16］ 刘凤全.农业经济现代化转型问题分析［J］.科技经济导刊,2019,27(4):
230.

［17］ 付颖.农业转型升级之路怎么走［J］.人民论坛,2018(26):90-91.

［18］ 张红英.品牌化建设是农业转型升级的发动机［J］.中国乡村发现,2017
(2):42-46.

［19］ 白露.山西省清徐县休闲农业发展现状与对策研究［D］.长沙:中南林业
科技大学,2019.

［20］ 李天丽,沈万根.吉林省生态农业发展面临的问题与解决对策［J］.吉林农
业科技学院学报,2018,27(3):18-20,116.

乡村振兴背景下文山市三七产业发展研究

蔡国亚

在乡村振兴的战略中，产业振兴无疑是推动乡村全面振兴的基石。党的十九大报告明确提出实施乡村振兴战略，并将产业振兴作为其中的重要内容。而在党的二十大报告中，对于乡村振兴和产业振兴的论述更是进一步强调了其重要性和紧迫性。此外，党的二十大报告还指出，"高质量发展是全面建设社会主义现代化国家的首要任务"，强调要"建设现代化产业体系"。2023年中央一号文件提出，"培育壮大县域富民产业。完善县乡村产业空间布局，提升县城产业承载和配套服务功能""实施'一县一业'强县富民工程"。县域经济是推进乡村振兴、城乡融合、区域发展的重要基础，而产业是县域经济高质量发展的重要支撑[1]。2022年9月30日，文山州人民政府发布了《文山州农业现代化三年行动实施方案》。方案要求全面推进"一县一业"建设，依据地方情况有针对性地发展各县主导的特色产业，加快推动文山州从特色农业大州向现代农业强州迈进。在这样的背景下，文山市三七产业的发展研究显得尤为重要。文山市，作为三七的原产地和主产区，拥有得天独厚的自然条件和悠久的种植历史。三七是一种具有极高药用价值的中药材，被誉为"中药中的阿司匹林"。文山栽培已有四百多年历史，是云南省乃至全国为数不多的能够全面实施规模化、标准化人工种植的地方之一[2]。这不仅为文山市带来了丰厚的经济效益，更是助推了乡村振兴。因此，深入研究文山市三七产业的发展，对推动乡村产业振兴、实现乡村振兴战略目标具有重要意义。

本研究将通过对文山市三七产业的现状分析，探讨其发展的建设路径及成效，对文山市三七产业发展过程中政府、企业、学校以及农户之间的联动进行论述，为乡村振兴战略的实施提供有益的借鉴和参考，从而推动文山市三七产业的可持续发展，实现乡村振兴和农民富裕的目标，同时也为其他地区的乡村产业振兴提供借鉴和参考。

一、核心概念界定

（一）乡村振兴

乡村振兴战略是党的十九大报告中提出的重要战略部署，其提出以"产业兴旺、生态宜居、乡风文明、治理有效、生活富裕"的总要求，"坚持农业农村优先发展"的实施原则，"加快推进农业农村现代化"的宗旨，"建立健全城乡融合发展体制机制和政策体系"的路径，推动乡村全面发展[3]。在党的二十大报告中，乡村振兴被进一步明确提出要全面推进，加快建设农业强国。而乡村振兴的关键在于产业振兴，通过明确定位和实施政策，推动产业发展、优化产业结构、提升产品品质，实现产业的转型升级。简言之，乡村振兴要靠产业，产业发展要有特色。发展乡村优势特色产业是实现产业兴旺的重要抓手和有效实践，是提高农业经济效益、促进农民增收、带动农村发展的主要途径，是促进乡村产业振兴、建设美丽乡村的重要推手，是实现乡村振兴的基础和根本保障。另外，产业振兴不仅仅是发展产业、增加收入，更是要构建现代产业体系、促进一二三产业融合发展、培育新业态与新模式、增强乡村经济的内生发展动力[4]。

（二）三七产业

三七产业是一个以三七中药材为主要资源的综合性产业。它涵盖了三七的种植、研发、加工、销售以及相关产业链的各个环节[5]。三七，作为一种珍贵的中草药材，以其独特的药用价值和广泛的应用前景，成为推动乡村振兴和地方经济发展的重要力量。三七产业以三七种植为基础，通过科技创新和现代化管理，提升三七的产量和品质。同时，该产业还涉及三七的深加工和产品开发，如三七提取物、三七药品、三七保健品等，以满足不同消费者的需求[6]。三七产业不仅具有显著的经济效益，还有助于提升农业产业的附加值和竞争力。它的发展带动了相关产业链的完善，促进了农村经济的多元化和可持续发展且三七产业作为一个集种植、研发、加工、销售于一体的综合性产业，对推动地方经济发展和乡村振兴具有重要意义。

二、文山市三七产业现状

（一）自然地理概况

1. 文山市的地理位置和气候条件

文山市位于中国云南省的东南部，隶属云南省文山壮族苗族自治州，它是云南省的边陲城市，有着独特的地理环境和气候条件。文山市地处于滇南丘陵地带，地形起伏较大，北部是滇池地区山地的延伸，平均海拔 1200 米以上。市区以丘陵、河谷为主，山地面积广阔，占全市面积的 67.5%。

文山市的气候以温暖湿润为主，干湿季差异明显，且整体上呈现出冬无严寒、夏无酷暑的特点。降雨集中在夏季和秋季，雨量丰富，年均降水量在 1000～1200 毫米之间，年均相对湿度约为 80% [7]。其地理位置和气候条件为发展农业、旅游业以及矿产资源开发提供了有利条件。

文山市以其独特的地理环境和温润的气候条件及丰富的水系资源，为三七创造了优良的自然环境。独特的地理环境为三七提供了得天独厚的生长条件，四季温润的气候条件为三七提供了稳定的生长环境，丰富的降水量为三七提供了充足的水分，使得三七品质优良，知名度高。在这样的条件下，文山市三七产业得以蓬勃发展，成为当地的特色产业。

2. 三七的生长环境及特性

三七是一种多年生宿根性草本植物，主产于我国云南、广西、贵州等地，其对生长环境有特殊要求，适宜栽种在海拔 800～3000 米的山地森林或林缘地带。

三七喜斜射、散射、漫射光照，忌强光，其种子发芽的最佳温度为 20℃，土壤以酸性到中性为宜，疏松肥沃的土壤为最佳。而且，三七苗通常采收，从现蕾果期的第二年开始，8 至 9 月开花，10 月挂果。果实分批成熟至 11 月 [8]。三七具有多种药用价值，主要含有三七皂苷、三七三醇、黄酮类、三七内酯、黄酮苷等多种活性成分。它被广泛用于中医药领域，具有活血祛瘀、化瘀止血、降血压等功效。同时，三七也是一种珍贵的中药材，被广泛用于制作药酒、片剂、胶囊等药品。由于其药用价值，三七也被广泛种植和研究。

（二）文山市三七产业概况

1. 文山市三七的种植面积和产量

根据公开数据显示，文山市三七产业在近年来取得了显著的进步。自2010年起，三七的种植面积由1.8万亩稳步增长至2015年的17.2万亩，这一显著的增长为三七产业的发展奠定了坚实的基础，随着种植面积的扩大，文山市三七的产量也呈现出逐年攀升的趋势。文山市三七产业涵盖种植业、加工业及流通业等多个领域，其收入可观。（见表2-1）

表2-1 文山市三七产业产值情况 　　　　　　　　　　　　　　　亿元

	2018年	2019年	2020年	2021年	2022年
种植	26.83	24.20	13.75	12.08	9.33
加工	20.18	16.61	23.30	26.11	21.33
流通	70.60	63.69	74.24	87.40	94.36
总收入	117.61	104.50	111.29	125.59	125.02

数据来源：文山州人民政府工作人员提供由作者编制

此外，文山市三七产业发展过程中，涌现出了一批表现优异的企业，它们在推动产业升级、技术创新、品牌建设和市场拓展等方面发挥了关键作用，不仅提升了文山三七的知名度，也带动了当地经济的快速增长和农民增收。比如云南白药集团，作为文山三七产业的领军企业，推出了多款以三七为主要原材料的产品。其中，豹七三七是云南白药集团在"新白药、大健康"战略指导下推出的高端三七品牌，它专注于高品质三七产品的研发与生产，产品涵盖了三七胶囊、超细三七粉等多款产品，以细腻粉质和高效吸收为特色，市场反馈热烈。自推出面世以来，凭借卓越的品质管控，在各大电商平台销量突出，不仅确立了在三七行业内的领导角色，还在2021年加冕云南省"绿色食品牌"荣誉，有力证明了其对健康、绿色发展理念的执着追求与实践。同时，云南白药集团还推出了气血康口服液、血塞通胶囊等主打产品，这些产品在心脑血管疾病、抗衰老等领域具有显著疗效。七丹药业，是文山三七产业的重要品牌之一，其主打产品为三七粉与三七片。这些产品以优质三七为原料，经过科学加工而成，具有活血化瘀、通脉活络等功效。七丹药业还注重产品创新，推出了多种以三七为主要原料的保健品和日化产品，例如三七红籽水润亮肤面膜、三七植物牙膏、三七红景天枸杞子酒等。苗乡三七，该品牌拥有超过70年的历史，起始于1946年，这表明了其在三七产业中的深厚积淀和丰富的经验。作为一家集三七科研、种植、加工、原料供应、终端产品开发、国内外市场销售及服务为一体的综合性企业，它涵盖了三七产业链的每一个环节，确保了从源头到终端产品的全程质量控制，体现了对"高品质三七"承诺的全方位实践。其主要产品包括：有机三七粉、熟三七粉、三七花等。特安呐（云南三七科技），是文山三七产业的另一家知名企业，其主打产品为三七胶囊和三七口服液。这些产品以高科技手段提取三七有效成分，具有高效、便捷的特点。同时也致力于研发新型三七产品，以满足不同消费者的需求。

由此可见，文山市三七资源获得了较好的利用与发展，三七产业已经成为可辐射带动经济振兴、推动地方可持续发展的重要产业之一。

2. 文山市三七产业链的结构和现状

经深入了解，文山三七经过多年的发展，已形成种植、加工、营销、流通、科研为一体的三七产业链[9]，是最具市场竞争力的特色产业，其产量、产品质量、产值均居全国第一、世界前列，使文山市成为发展潜力最大、规模优势最大的城市，最具竞争力的市场。文山市三七产业链从种植、加工到销售的完整流程。（见图2-1）

①种植环节：种植是产业链的基础，涉及苗期、花蕾期、开花期和成熟期等多个阶段。每个阶段都有相应的管理措施，确保三七的质量和产量。②加工环节：加工部分包括清洗、提取和干燥等主要步骤。这些步骤需严格遵循质量控制标准，确保产品的纯度和有效性。除了主要步骤，还包括包装和储存等辅助流程，确保产品能够安全地运输到市场。③产品种类：产业链中涉及的产品种类繁多，包括三七粉、三七冻干、三七总皂苷等。这些产品被广泛应用于中医医疗服务、康养旅游服务等领域。④销售渠道：销售环节包括药店、医院、超市和其他零售场所等多种渠道。这些渠道满足不同客户群体的需求，并促进产品的流通。⑤产业协同：文山三七产业链不仅涵盖了从种植到销售的全流程，还涉及科研机构、企业和合作社等多方参与。如文山学院、文山三七研究院、文山州农业科学院生物技术研究所等科研机构，以及云南白药集团文山七花有限责任公司、七丹药业等企业，都在产业链中发挥重要作用。

上述所言，知晓文山三七产业链是一个完整、协同的产业体系，涵盖了从种植、加工到销售的各个环节，并涉及多方参与和多种产品。随着市场的不断发展和需求的不断增长，该产业链将迎来更加广阔的发展前景。

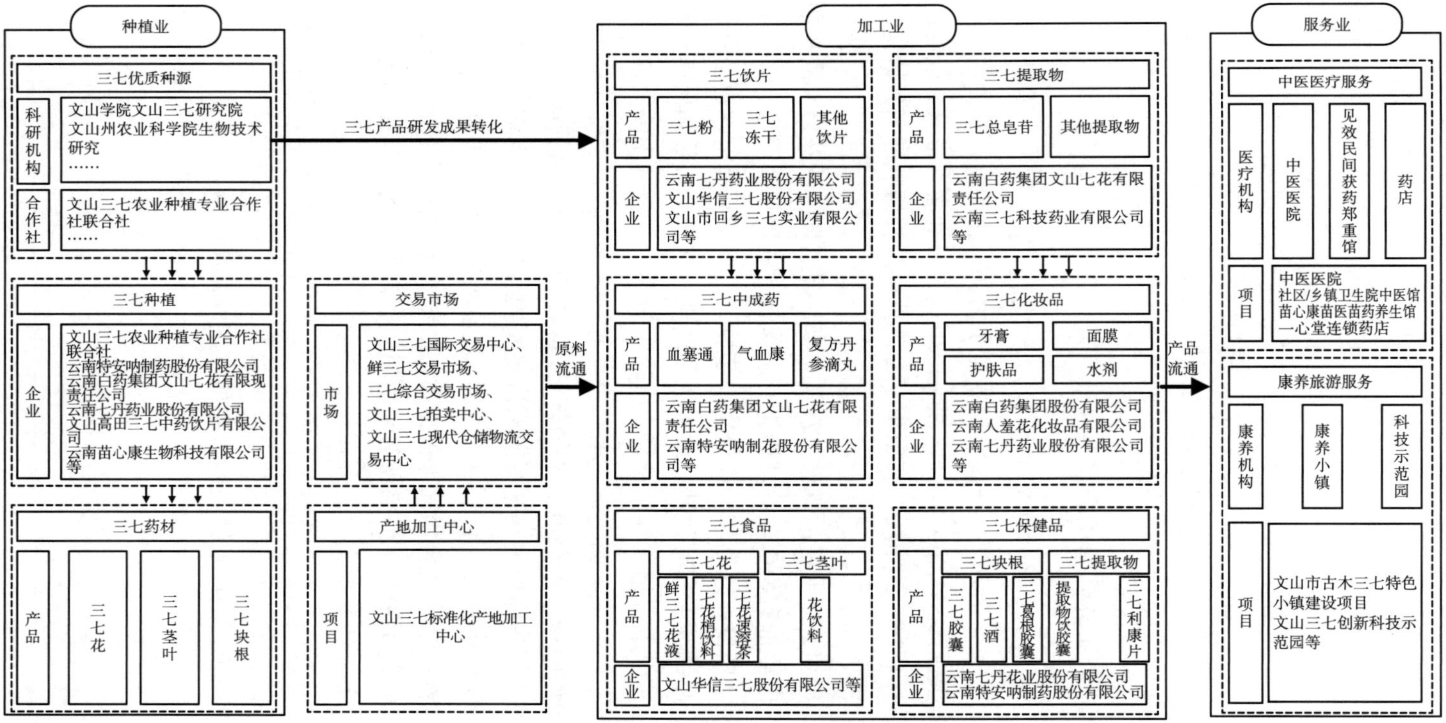

图2-1 文山市三七产业链示意图

资料来源：文山市人民政府网发布的通知

112

三、文山市三七产业发展建设路径及成效

（一）政策规划引领

文山市三七产业的蓬勃发展得益于政府持续且强有力的扶持战略。近年来，文山市政府精心规划和实施了一系列政策，旨在推动三七产业向更高水平、更广领域发展。

金融方面，政府特别设立了三七产业发展专项资金，并将其纳入年度财政预算，资金规模逐年递增。2012 年以来，文山市每年从市财政预算中安排 100 万元作为三七发展专项资金，主要用于三七关键技术研究、科技培训与推广、基地及基础设施建设、三七文化、产业振兴等产业开发与培育；州级财政从 2019 年开始每年预算财政资金 1000 万元设立三七产业发展专项资金[10]，专项支持三七产业发展，重点支持中药产业发展，为产业发展提供资金保障。这些资金主要用于文山三七科学研究、科技培训、扶持文山三七企业和新型农业经营主体、统计研究、品牌建设、园区建设、产品检验检测、广告宣传等。同时，政府还通过税收优惠政策，切实减轻了三七企业的税收负担，进一步增强了企业的盈利能力。特别是对于那些在研发领域投入较大的企业，政府提供了研发加计扣除等优惠政策，极大地激发了企业的创新热情与活力[11]。

土地资源方面，在土地资源利用上，文山市政府充分考虑到三七产业的发展需求，通过优化土地资源配置，确保了产业的用地需求得到满足。另外，政府还积极引导企业利用荒山、荒坡等闲置土地资源，既推动了三七产业的发展，又提高了土地资源的综合利用效率。

三七产业发展规划方面，政府出台《文山州打造世界三七之都实施方案（2021—2025 年）》：该方案中明确到 2025 年，要力争全州以三七为重点的中医药产业综合产值超过 1000 亿元，其中文山市达到 650 亿元的发展目标。《文山市全力打造世界三七之都实施方案》，这一方案中政府围绕千亿级三七产业目标，持续深入推进"一县一业"示范创建，明确了到 2025 年全市实现三七产业增加值超过 150 亿元的发展目标。《文山州"十四五"以三七为重点的中医药产业发展规划（2021—2025 年）》，在该规划中，政府对三七进行布局，树立了"质量就是三七产业的生命"的理念，并以三七产业的全产业链发展为基础，构建集三七优质种源、药材、饮片、中成药、提取物、食品、保健品、化妆品、中医医疗服务和康养旅游服务于一体的一二三产业交叉融合发展体系。更明确了到 2025 年末，实现农业综合收入 22 亿元，加工业综合收入 220 亿元，流通大健康服务业综合收入 408 亿元的发展目标。《文山州以三七为主

的生物医药产业高质量发展三年行动方案（2023—2025年）》：该方案明确了将文山建设成为全国最大的绿色三七优质原料供应基地、三七产地加工基地、三七产地交易市场及仓储物流基地和全国知名的三七康养旅游健康目的地的总体目标。充分发挥文山三七的产区优势，实现生物医药产业的高质量发展[12]。把以三七为主的生物医药产业培育成为群众致富的特色产业，成为立足南、面向全国、辐射南亚东南亚的三七中药材集散地，打造名副其实的世界"三七之都"。

标准化建设方面，政府制定《云南省文山壮族苗族自治州文山三七发展条例》（2020年修订本条例）。在该条例中，自治州、县（市）政府农业农村部门主管文山三七产业发展，相关机构负责具体工作。同时，多部门如发改、公安、财政、生态、商务、卫健、市场监管等也按职责参与文山三七产业发展工作。此外，制定《中药材—三七种苗》《国标：三七林下生态种植技术规程》《云南省林下种植林地利用规范（修订）》《林下中药材 三七生产技术规程》《文山州三七种植技术规程》《文山州三七原产地初加工操作规程》《文山州三七原产地初加工操作规程》等标准和规范，来完善三七种植技术和质量标准，推动种植规模化、标准化、集约化、产业化、基础化。

这类政策和规划文件的制定和实施，为文山三七产业的发展提供了有力的保障和支持，推动了三七产业的持续健康发展

（二）技术研发升级

在文山三七的现代种植阶段，科技扮演了重要的角色。文山三七的优势首要表现为种植资源优势，然而，传统的种植产量低、品质差，不能有效发挥文山三七的种植资源优势，因此，文山选择以科技为突破口，通过科技攻关来解决影响文山三七产量、品质一系列问题，使文山三七的产量不断提高，品质持续提升[13]。

文山市政府在发展三七产业过程中，采用的"学术科研机构＋高校＋合作社"的合作方式，这是一种典型的产学研结合模式，通过整合学术研究、技术创新、人才培养与农业生产实践的资源，促进三七产业的技术研发和产业升级。例如，文山学院文山三七研究院与昆明理工大学、文山三七农业种植专业合作社联合社等机构合作，通过签署共建"文山三七创新科技示范园建设项目"合作协议，整合多方优势资源，共同推动三七产业的技术创新和产业升级。通过跨领域合作，将昆明理工大学的科研优势与文山学院的教育实践、合作社的行业经验紧密结合，共同促进三七产业的科研成果转化与应用，加速三七新品种的研发和推广，提升三七产品的品质与附加值，促进产学研深度融合，最终助力实现云南省"三七产业千亿"的发展目标，实现国家关于中医药

现代化和乡村振兴的战略部署[14]。此外，文山学院文山三七研究院还与云南农业大学、中国医学科学院中医研究所等建立了战略合作关系，并常年与国内外30余家科研机构合作，拥有学术人员300余人。此次合作涵盖三七品种的选育、连采障碍、农药和重金属残留、栽培新技术等关键科技研究领域。同时，建立了14个学术或专家工作站，全面推广了三七科技公共服务，建立了文山三七公共服务平台，创建了文山三七产业数据库，开发了文山三七数字博物馆；依托云南白药旗下的云白药七花、苗乡三七、七丹药业等企业，分别构建了三七产业数字孪生平台、三七地智慧平台、三七通等数字化平台[15]。

政府建立以企业为核心的文山三七科技示范园。例如，文山苗乡三七科技示范园，该示范园通过模拟三七最适的生长环境，采用科学的种植技术和管理模式，展示了三七种植的现代化和标准化。园区内不仅有先进的温室设施，还应用了智能温控、自动灌溉、精准施肥等现代农业技术，大大提高了三七的种植效率和品质。这种技术集成与示范，为当地农户提供了可复制、可推广的种植模板，加速了科技成果的转化应用。同时，在示范园内广泛应用物联网、大数据、云计算等技术，实现三七种植的智能化管理。通过部署各类传感器监测土壤湿度、光照强度、空气温湿度等环境参数，结合数据分析，为三七提供最佳的生长环境，同时减少了资源浪费，提高了生产效率。此外，示范园定期举办技术培训班和学术交流活动，邀请国内外专家进行授课，分享三七种植、加工、产品研发的最新研究成果和技术经验，为行业人员提供了一个学习和交流的平台，促进了技术人员技能的提升和行业整体技术水平的进步。

政府推动文山三七产业园设立国家高新技术产业开发区。在2014年文山三七产业园区被认定为云南省高新技术产业开发区，并且在后续的2015年进一步被认定为云南省高新技术特色产业基地。作为高新技术产业开发区，文山三七产业园区不仅专注于三七药品、保健品、食品、化妆品等传统三七产业领域，还致力于生物资源的深度开发，推动园区向循环经济、智能制造、数字化管理等方向转型。此外，园区还注重基础设施建设和环境优化，比如推进循环化改造示范试点、建设三七国际交易中心等，以提升园区的整体竞争力和吸引力。这些举措体现了政府对文山三七产业园区的高度重视与支持，旨在通过政策优惠、资金扶持及技术创新等措施，推动园区内企业的技术研发与产业升级，促进三七产业及相关生物医药健康产业的高质量发展。

（三）品牌建设拓展

积极引导企业加强品牌建设。政府通过实施"三标"联用策略，即文山三七地理标志保护产品专用标志、地理标志证明商标以及国家中药材流通追溯体系标识的统一使用，来加强对文山三七这一地理标志产品的保护，提高品牌的公信力和识别度，为消费者提供品质保证[16]。目前，地理标志证明商标在全球99个国家和地区成功注册，是文山三七国际化战略的重要里程碑，不仅保护了文山三七的品牌权益，也为其打开了广阔的国际市场，增强了全球消费者的认知和信赖。另外，授权"三标"联用的企业达到19家，意味着有更多的企业被纳入到这一高标准的质量管理体系中，共同维护和提升文山三七的品牌形象，推动产业向规范化、标准化方向发展。

举办活动拓宽市场渠道。政府通过举办文山三七节、"文山三七健康中国行"、"三七论坛"、各种推介会、展览会等活动，来拓宽三七产业的市场渠道。比如三七节，至今文山已经连续举办了九届文山三七节。在历届文山三七节中，政府通过三七产品展、学术论坛、招商推介等多种形式拓宽渠道。其中，在第七届文山三七节上采用线上形式，通过十余项线上活动促进了三七产业的高质量发展，利用数字化手段拓宽市场接触面。另外，在2023年第九届三七节期间，实现互联网流量7000余万人次，商贸展进驻企业127家，带动销售1.22亿元；开展"文山三七健康中国行"宣传营销活动，通过全国巡回宣传体验、搭建宣传销售融合"新体系"、聚焦县域市场推动"广"覆盖、贴近目标客户做到"深"服务的形式来拓宽市场渠道。目前已经在贵州、广西、海南、福建、浙江5个省（区）发展了加盟商95家，开设了实体店50个[17]。此外，用在央视等平台推出三七主题作品的方式，拓宽市场渠道，推动文山三七"金字招牌"走出文山、走向全国。

（四）产业协同发展

产业融合是近年来经济发展中的一个重要现象，它指的是不同产业之间通过技术创新、管理创新、市场创新等方式，实现相互渗透、相互交叉，最终融为一体，形成新的产业形态或产业链的动态发展过程[18]。而且，产业融合有助于推动产业结构转型升级、整合资源而避免重复建设，也有助于提升区域产业竞争力[19]。

一方面，文山市以三七产业为基础，推动一二三产业全面发展，发展以三七为主题的旅游、文化产业等新兴产业，形成多元化产业结构。比如文山三七产业园区。文山三七产业园区是一个典型的一二三产融合发展的案例，它按照"一园三区一中心"的布局，集种植、加工、销售、科研、文化展示于一体。园区内不仅有三七标准化种植基地，还有三七加工企业、研发中心和三七国际交易中心，形成了完整的产业链条。此外，园区内还包含了三七文化园，通过展览、体验活动等形式推广三七文化，促进康养旅游的发展；林下三七种植与生态旅游结合，文山州推动林下三七种植模式，既保护了生态环境，又提高了三七的品质。部分地区将这种种植模式与生态旅游相结合，让游客亲身体验三七的生长环境，了解其种植过程，同时享受森林浴、健康养生等旅游服务，实现了农业与旅游业的融合；三七科技示范园与教育旅游，文山苗乡三七科技示范园，该园区不仅展示了三七种植的最新科技和研究成果，还通过科普教育、互动体验等活动，成为中小学生科普教育和研学旅行的热门选择，促进了农业与教育、旅游的交叉融合，实现了传统产业向多元化产业结构的转型。

另一方面，云南白药数字三七产业园、云南七丹药业三七产业文化园推进三七产业与文化旅游融合发展。云南白药数字三七产业园凭借其在三七种植、智能制造、数字化展示及仓储物流等方面的综合优势，于2020年被认定为AAA级旅游景区。这里不仅展示了三七产业的现代化与高科技应用，还为游客提供了了解三七从种植到成品全过程的机会，提升了民众对传统中医药文化的认知。而云南七丹药业三七产业文化园，则在2023年同样获得AAA级旅游景区的认定，这标志着该园区在弘扬三七文化和推动产业旅游方面迈出了重要一步。该文化园通过展示三七的历史文化、种植技术、加工工艺等内容，结合壮族文化、历史文化和稻作农耕文化的特色，为游客提供了丰富的文化体验和休闲活动，促进了三产的深度融合。

此外，政府充分利用文山独特的地理、气候特点，依托丰富的旅游和生物资源，结合文山正保医院骨伤科、黄帝九针、苗心坎等民族医药，大力发展特色医药、特色饮食、健康食品等，推动"三七＋文化旅游＋养生保健"综合发展，开发出31个综合健康产品，并且研究调查确定18家为"文山三七地方特色食品餐饮店"。

（五）绿色种植推广

在产业发展进程中，文山市政府坚定不移贯彻生态发展理念，致力于实现三七产业的可持续发展。通过积极推广绿色种植技术，降低能耗和排放，确保产业繁荣的同时，注重生态环境的保护，实现三七产业的绿色发展与乡村振兴目标。

推行林下三七种植，建立林下三七基地。近年来，随着林业资源综合利用的深入探索，林下经济逐渐崭露头角，成为推进绿色发展的新动力。林下三七种植作为文山一大特色产业，政府秉持积极态度为其谋发展。比如：①政策扶持，制定出台相关政策文件《文山州林下三七基地认定办法（试行）》和《文山州林下三七种植林地利用管理办法（试行）》，明确了林下三七种植应遵循"生态优先、严格管控、科学规范、标准引领"的原则，通过政策引导和规范化管理，确保林下种植既能保护生态环境，又能提高三七品质；②智选基地，基于对文山地区自然环境的深入研究，选择适宜林下种植的区域，如具备适当光照、湿度和土壤条件的原生林或人工林下，科学规划基地布局，确保三七生长的最优环境；③绿色平衡，在建设过程中，强调保护原有生态系统，避免破坏森林资源，采用生态友好的种植方式，如控制种植密度，减少化学肥料和农药的使用，实现林下经济与生态保护的双赢；④引创结合，引进先进的林下种植技术和设备，同时开展本土化技术创新，如研发适应林下环境的三七品种，改善灌溉和病虫害防治方法，提升三七种植的科技含量和效率；⑤标质管控，制定林下三七种植的标准化操作流程，对种植、养护、采收等各个环节实行严格的质量监控，确保产出的三七品质优良、安全可靠，符合国内外市场对高品质中药材的需求；⑥专家指导，文山市政府邀请中国工程院院士及其专家团队，指导建立了林下三七种植试验示范基地，推动了科技与管理体系的完善。政府与专家的合作，展现了文山州在推进乡村振兴和生物医药产业发展方面的积极策略，以及对可持续发展模式的追求。这一途径有效解决了三七连作障碍的问题，加速了三七产业的高质量发展，推动三七产业的技术进步和产业的转型升级，实现生态保护与经济的双赢。同时，也增加了农户的经济收益，助力脱贫攻坚和乡村振兴。

四、文山三七产业发展经验总结

（一）顶层设计引领：构建科学规划与国际合作的新路径

1. "党建 +"模式：强化政治引领与产业融合

在文山市三七产业的发展过程中，文山市政府充分认识到了党建引领的重要性。因此，政府在文山三七产业的发展中采取了"党建 +"模式，即将党的建设与产业发展相结合。这种模式的核心是将党的领导作为推动产业发展的重要力量，通过党组织的引领和带动，形成强大合力助推乡村振兴[20]。

政治引领方面，文山市政府充分发挥党组织的领导作用，将党的路线、方针和政策贯彻到产业发展的各个环节中，以确保党的政策方针在产业中得到有效传导，加强产业内部的组织建设，增强产业发展的方向性和规范性。文山市政府通过制定相关政策和措施，为文山三七产业的发展提供了有力的政策支持。同时利用党员的先锋模范作用，带动技术推广、市场开拓和品质监管，为三七产业的健康稳定发展提供了强大的政治保障。

产业融合方面，政府积极推动党建与产业发展的有机结合。政府通过建立"党建引领，政企共建"的联合机制，加强了企业与职能部门之间的沟通交流，提升职能部门服务企业的能力，以党建引领，助力企业发展[21]，进一步增强党建工作与企业发展的衔接力度，实现政治引领和产业发展的有机统一。

2. 合理规划布局：科学决策与国际视野

在三七产业的发展过程中，文山市政府为进一步推动其繁荣与发展，作出如下规则布局：①文山市政府明确了相关部门的职责。通过明确相关行政部门职责的方式来科学分配三七产业发展方面的相关工作，让政府内部有序进行工作，提升工作效率，为产业的发展奠定基础[22]。②文山市政府采用了协商决策机制，确保了政府、企业、科研机构、农户等多方利益相关者的广泛参与。通过定期召开产业发展会议、专家论证会等形式，集思广益，科学规划三七种植区域、加工园区、物流中心等。同时，能够基于科学的数据和专业的分析，做出明智的决策，从而避免了产业的无序发展和资源浪费，确保了资源利用的高效和可持续利用。这种机制的实施，旨在建立一个多元化、民主化的决策过程，使得各方都能发声，都能为三七产业的发展贡献智慧。③政府在文山三七产业的发展中注重科学研究和技术创新，通过引进和培养高层次的科研人才，提高了产业的技术水平和创新能力。同时，政府通过建立科学的规划体系，制定了明确的发展目标和路线图，为产业的发展提供了有力的支撑。④文山市政府借助RCEP等国际区域合作协议，前瞻性地将三七产业布局与国际市场需求相衔接，不仅打开了国际市场的大门，也为三七产业的国际化战略提供了有力支撑。通过这样的布局，文山市的三七产业有望在全球范围内实现更大的影响力和更高的竞争力，从而带动当地的经济发展和产业升级。

（二）开拓发展模式：构建多方共赢的产业生态链

在文山三七产业的发展历程中，政府的作用不容忽视。政府不仅为产业提供了宏观指导和政策支持，还通过构建"党支部＋基地＋科研机构＋学校＋企业＋合作社＋农户"的多方共赢产业生态链，推动了产业的协同创新与发展。这种产业生态链充分发挥了各自优势，实现了从理论到实践、从研发到市场的无缝对接。由政府主导，党支部引领方向，确保产业发展方向与国家战略保持一致；基地提供实践场所，验证科研成果；科研机构和学校不断输出新技术、新知识，提升产业技术水平和人才素质；农户提供稳定的原料来源，合作社实现统一销售；企业则依据市场需求调整产品结构，开拓市场，形成了一条完整的产学研用链条。

此外，文山市政府构建的这种产业生态链，通过多主体协同、多要素联动，不光推动了三七产业的高质量发展，也为其他地区农业产业升级提供了可复制、可推广的典范。它展示了在新时代背景下，政府如何通过创新治理模式，激发产业潜力，促进乡村经济的繁荣和乡村振兴战略的深入实施。

（三）强化制度保障：筑基三七产业可持续健康发展

在产业可持续健康发展的过程中，政府的作用不容忽视。文山市政府深知制度保障的重要性，并为此投入巨大努力。制度，作为产业发展的基石，贯穿于制定、执行、监督和反馈四大环节，为三七产业的稳健前行提供了坚实的支撑。①制度制定，构建完善的法规体系。文山市政府在三七产业发展之初，就注重从制度层面进行规划和引导。通过制定一系列针对三七产业的法规和政策，明确产业发展方向、规范市场秩序、保护知识产权，为三七产业的可持续健康发展奠定了法律基础。这些法规不仅涵盖了三七的种植、加工、销售等各个环节，还包括了对产业创新、环境保护等方面的规定。同时，政府还积极与行业协会、企业代表等利益相关方进行沟通，确保制度内容既能符合产业发展实际，又能满足市场需求。这种"政府引导、市场主导"的制度制定模式，有效地促进了三七产业的规范化、标准化发展。②制度执行，确保政策落地生根。制度的生命力在于执行。为了确保各项制度得到有效落实，文山市政府采取了多项措施。首先，加强对执法人员的培训和教育，提高他们的业务水平和法律意识，确保在执法过程中能够准确理解和运用相关法律法规[23]。其次，建立健全执法监督机制，通过定期检查和不定期抽查相结合的方式，对制度执行情况进行跟踪和评估。最后，加大对违法行为的处罚力度，形成有效的威慑力，确保制度执行的严肃性和权威性。③制度监督，构建多元监督体系。在制度监督方面，文山市政府注重构建多元化的监督体系。一方面，强化行政监督，通过政府部门的定期检查、专项整治等行动，对三七产业进行全方位的监管。另一方面，引入社会监督力量，鼓励消费者、媒体等社会各界对三七产业进行监督，及时发现和曝光违法违规行为。同时，政府还积极推动行业自律机制的建设，引导企业自觉遵守行业规范和市场规则。④制度反馈，持续优化政策环境。制度反馈是制度保障的重要环节。文山市政府通过建立畅通的反馈渠道，及时收集和处理企业、消费者等各方面的意见和建议。针对反馈中反映的问题和不足，政府及时调整和完善相关政策措施，确保制度始终与产业发展需求相适应。同时，政府还注重发挥行业协会、专家咨询机构等智囊团的作用，为政策制定提供科学依据和智力支持。

综上所述，文山市政府在文山三七产业发展的过程中，通过强化制度保障的方式，为产业可持续健康发展提供了有力支撑[24]。从制度制定到执行、监督和反馈各个环节都充分体现了政府的智慧和担当。未来随着三七产业的不断发展壮大，文山市政府还需继续加强制度创新和完善工作，以适应新形势下产业发展的新需求和新挑战，为推动文山三七产业迈向更高水平做出更大的贡献。

结语

随着乡村振兴战略全面快速地施行，产业振兴作为战略基础和关键的一环，其重要性越发凸显。文山市三七产业在此背景下的蓬勃发展，不仅为当地经济注入了新的活力，也展示了文山市政府在产业振兴中的积极作用。同时也为乡村振兴战略的深入实施提供了宝贵的经验。一是政府精准施策、科学规划，为产业提供坚实的政策保障和市场支持，让其产业成为当地乡村振兴的亮点；二是政府制定有针对性的政策措施，为产业的发展提供了良好的环境。同时，政府还引进外部资源，加强与企业、科研机构的合作，推动技术创新和产业升级；三是政府追求经济效益的同时也注重生态环境保护，通过科学种植、绿色加工等方式，实现产业发展与生态保护的良性循环；四是政府搭建平台，促进产学研合作，推动技术创新和产业升级，让其产业能可持续发展。目前，文山市三七产业发展还存在着一些困境。其一，三七产业园区建设管理体制和机制不顺，建设资金缺口大，基础设施建设推进缓慢，园区集中发展、要素保障、辐射带动作用未得到充分发挥；其二，三七市场仍然还存在一些乱象，尽管已经采取了一系列措施进行整治，如印发了《文山州三七市场专项整治行动工作方案》并成立了专项工作组，但线上平台销售三七的乱象和监管难问题仍然突出；其三，三七数字化产业平台发展水平不高，数据资源未有效整合，未实现真正的数据共享，数字化转型深度不够；其四，打假治劣整治工作仍需加强，尽管已经组织力量开展打假治劣整治工作，提升了"文山三七"的品牌形象，但打假长效机制未建立健全，导致假冒伪劣产品屡禁不止；其五，宣传平台建设工作滞后，需要依托政府网站等平台加强三七产业的宣传，提高市场认知度和品牌影响力；其六，缺乏统一的行业组织开展工作，目前行业组织尚未到换届期间，尚不具备整合条件，需要整合建设产业联盟，形成一个统一的行业组织开展工作。展望未来，文山市政府积极解决目前的困境，在当前稳定发展的局面中找寻突破。其一，进一步优化政策环境，以确保政策制定更具科学性和前瞻性，能更好地适应产业发展的新需求；其二，对市场的监管和调控力度进一步加强，以防止市场恶性竞争，维护产业健康发展；其三，与其他地区合作交流，学习借鉴其先进经验，共同推动乡村振兴战略的深入实施。

参考文献

［1］ 吉林日报.《以产业赋能县域经济高质量发展［EB/OL］.（2023-05-08）.https：//www.workercn.cn/c/2023-05-08/7829172.shtml.

［2］ 谢春辉,熊蔚维,李国妹,等.基于区块链技术的中药材质量安全溯源系统设计［J］.云南民族大学学报(自然科学版),2020,29(1):84-90.

［3］ 姜长云.建党百年优化城乡关系治理的历程、经验与启示［J］.人文杂志,2021(11):1-12.

［4］ 刘美彤,曹洁芳,王婷婷.乡村振兴背景下毛竹产业发展模式研究:以桂林市兴安县为例［J］.智慧农业导刊,2024,4(11):125-128.

［5］ 凌云.以产城融合深度发展为主线 推动屯昌经济高质量发展［J］.今日海南,2021(11):44-46.

［6］ 杨应辉."1248"布局 让世界"三七之都"早放异彩［J］.云南农业,2023(4):37-40.

［7］ 中国小康网.云南文山壮族苗族自治州文山市地理环境［EB/OL］.(2019-12-01).https://xianyu. chinaxiaokang. com/wenshanzhuangzuzizhizhoudiji/wenshanshi/yilan/2019/1201/805901. html.

［8］ 凌祚勇.三七种植技术与栽培管理［J］.农业知识,2021(14):28-30.

［9］ 张秀兰.发展以三七为主的生物医药大健康产业［J］.社会主义论坛,2017(10):32-33.

［10］ 人民网-云南频道.云南文山:三七产业发展取得显著成效［EB/OL］.(2021-11-08).http://yn.people.com.cn/n2/2021/1108/c372455-34994318.html.

［11］ 李瑞宏.税收优惠政策对中小企业投资决策的影响［J］.市场周刊,2024,37(14):126-129.

［12］ 文山融媒:《世界三七看文山,这场盛会明天开幕!》［EB/OL］.(2022-11-06).https://www.ynwss. gov. cn/info/1306/104374. htm.

［13］ 崔秀明,黄璐琦.依靠科技进步 促进三七产业创新发展［J］.中国现代中药,2018,20(3):247-252.

［14］ 钟春果,郑常鳜.地方高校创新创业教育助力乡村振兴的思考与对策［J］.宁德师范学院学报(哲学社会科学版),2022,(1):117-122.

［15］ 文山新闻网.图解·文山这十年|三七产业发展规模和格局均得到极大提升［EB/OL］.(2022-08-26).https://www.ynws. gov. cn/info/6404/298484. htm.

［16］ 全伟,严娟,郑红梅.云南文山三七产业发展模式及路径分析:以文山三七产业科技园为例［J］.云南农业科技,2022(3):54-57.

［17］ 文山发布网.云岭之窗.杂志刊发中共文山州委署名文章:擦亮"金字招牌"打造千亿三七产业［EB/OL］.(2024-03-28).https://www.ynws. qov. cn/info/1121/317535. htm.

［18］ 林彩容,刘容飞,周梦珍,等.乡村振兴背景下梅州市柚茶产业融合发展研究[J].广东茶业,2024(3):32-35.

［19］ 郑全东.产业融合促进旅游产业转型升级研究[J].广西质量监督导报,2020(2):139-121.

［20］ 王宝玉.党建引领发展特色产业 助推乡村振兴[J].党史博采(下),2023(4):71.

［21］ 三七产业园区管委会.党建引领谱新篇 政企共建促发展[EB/OL].(2021-12-03).https://www.ynwss.gov.cn/info/1308/94498.htm.

［22］ 陈汉忠.基层政府依法行政过程中的主要问题及对策[J].办公室业务,2020(22):47-48.

［23］ 施乐.基层政府在依法行政中的问题与应对策略探析[J].法制与社会,2018(6):131-132.

［24］ 陆成宽.强化制度保障 使好政策落地、落实、落细[N].科技日报,2022-05-20(5).

龙新乡农文旅融合驱动乡村振兴的实践研究

徐全兰

党的二十大报告指出，全面推进乡村振兴，坚持农业农村优先发展，巩固拓展脱贫攻坚成果，加快建设农业强国，扎实推动乡村产业对有效推动乡村全面振兴的意义重大。《全国乡村产业发展规划（2020—2025年）》总体要求中提出要以一二三产业融合发展为路径，把拓展乡村特色产业、优化乡村休闲旅游业作为重点任务[1]。因此，文化旅游与乡村产业跨界融合发展，将成为提振农村经济的重要方向，农文旅产业的强大活力，将为全面推进乡村振兴提供强劲动能，加深农文旅全方位、全维度、全要素融合。然而，农文旅融合在发展过程中也面临着一些挑战。文化挖掘以及旅游推广等多个环节均需投入巨额资金，运营成本居高不下，这无疑给农民与投资者带来了沉重的经济负担。其次，产业间的协同配合亦是农文旅融合发展过程中亟待解决的问题。农业、文化和旅游产业在融合进程中需要实现紧密协作、相互依存，但在实际操作中，利益分配不均、资源整合不充分等问题阻碍着融合发展的步伐，进而影响了整体效果。此外，缺乏统一管理和标准化建设也是农文旅融合面临的一大挑战。由于不同地区在农文旅融合项目的规划、建设和管理上存在差异，导致服务质量参差不齐，这无疑影响了游客的体验感和满意度，也制约了农文旅融合的可持续发展。尽管农文旅融合驱动的发展成果显著，但仍面临着诸多挑战。为了推动农文旅融合的持续健康发展，政府、企业以及农民等各方需要共同努力，加大政策扶持力度、增加资金投入、加强人才培养，从而促进农业、文化和旅游产业的深度融合与协调发展，以实现农文旅融合的长远发展。

一、基本概念界定

（一）乡村振兴

乡村振兴是党的十九大重大决策部署，是决胜全面建成小康社会、全面建设社会主义现代化国家的重大历史任务，是新时代"三农"工作总抓手[2]。乡村振兴包括产业振兴、人才振兴、文化振兴、组织振兴和生态振兴。乡村振兴战略的总要求是"产业兴旺、生态宜居、乡风文明、治理有效、生活富裕"[3]。乡村振兴是指通过制度创新、政策支持和工程技术等手段，改变现有制度、环境、技术条件下乡村发展滞后甚至衰退的态势，促进乡村转型和城乡融合发展，推动农业农村的现代化，实现农业强、农村美、农民富，是一个自然经济社会综合的过程，包括资源开发利用、经济社会发展和自然人文耦合过程[4]。表现了其目标的针对性、内容的综合性以及建设的落地性。乡村振兴战略要求整合经济、政治、生态、文化、社会五个方面的综合问题，提出"产业兴旺、生态宜居、乡风文明、治理有效、生活富裕"的总要求。这是对新农村建设、美丽乡村建设等农村战略内容的进一步明确和清晰，更是深层次的丰富和完善，强调推动农村一二三产业的有机融合，在实施过程中，确保以"产业兴旺"为动力，以"生态宜居"为基础，以"乡风文明"为灵魂，以"治理有效"为保障，以"生活富裕"为目标，最终达成村美民富的美好愿景[5]。乡村振兴战略总路径要求，即坚持走中国特色振兴之路，在总体上把握乡村振兴"20字总要求"的前提下，坚持顶层设计和实践探索相结合，找准切入点和突破口，选择适宜模式，实施适宜机制，走有本地特色的乡村振兴之路[6][7]。

（二）农文旅融合

"农文旅融合是以产业融合理论为基础，将农业、文化产业和旅游业三大产业融合发展形成一种新产业新业态。具体来说，以农业为基础，在农业中植入乡土文化的精髓并通过旅游的形式将乡村打造为多功能的休闲度假村。农文旅一体化使农业、文化产业、旅游业三者之间的边界不断融合发展、相互渗透，打破单一产业的价值链，出现多个环节发生改变进而出现新产业、新业态，使得三大产业的融合呈现 1 + 1 + 1>3 的效果。它不仅可以满足游客对自然美学以及文化消费的需求，使其更能直观体验产品所带来的服务；还可以提高农村居民的生活水平，推动农村产业的转型升级，对进一步巩固脱贫攻坚及实现乡村振兴具有重要意义"。[8]农业作为农文旅融合的基石产业，发挥着不可替代的支撑作用；文化则是农文旅融合的核心精髓，为产业融合注入灵魂与活力；而旅游则是农文旅融合的有效平台，促进了资源的共享与整合。在经济利益的驱动下，农业、文化产业与旅游业逐渐突破原有的产业界限，通过深度融合，共同塑造出崭新的产业形态。农文旅融合不仅是经济层面的深度合作，更承载了文化传承与交流的重要使命，成为农村文化繁荣发展的关键组成部分。在乡村振兴战略中，农文旅融合的发展已成为一项至关重要的举措。我们深入挖掘和利用乡村的农业资源、文化资源和旅游资源，推动农业、文化产业和旅游业三大产业的协同发展，实现产业间的优势互补与资源共享，从而有效提升乡村的综合竞争力，促进乡村的可持续发展。

二、农文旅融合发展对乡村振兴的意义

（一）助力产业发展，促进农民增收致富

产业赋能，拓宽群众增收致富路。在乡村振兴的战略背景下，农文旅融合进展对于推动产业革新与增强农民财富积累的具体效应值得探讨。农文旅融合模式通过深化农业与文化、旅游业的跨界融合，不仅为产业发展赋能，注入了新的活力，而且在促进农民收入增长及实现富裕目标上表现突出。它促使传统农业领域向复合型、高价值的业态如生态农业与观光农业转化，系统性地提升了农业产业链的整体效能与外界市场的竞争优势[9]。

农文旅的综合发展策略为农民开辟了更为宽广的就业与创收路径。随着这一模式的深入推进，众多农户积极参与到旅游接待服务、特色农产品贸易及乡土文化演绎活动中，实现了收入来源的多元化。这一进程还间接带动了与之配套的服务行业，诸如住宿业、餐饮服务及交通物流等，为农村居民创造了许多就业机会，加速了农民收入水平的提升，从而在实践层面上有力支撑了乡村振兴战略中的经济繁荣与农民富裕目标。

（二）保护和传承乡村文化，提升文化价值

农文旅融合将乡村文化与旅游活动相结合，使得乡村文化得以在现代社会中传承和活化。通过旅游项目的开发，乡村传统文化、民俗风情、历史遗迹等得以展示给更广泛的受众，从而有助于保护和传承乡村文化的独特性和多样性。在融合发展中，乡村文化与现代文化、外来文化进行交流和碰撞，激发新的文化元素和创意，有助于丰富乡村文化的内涵，提升其影响力和竞争力，同时也有助于推动乡村文化产业的创新发展。

农文旅融合为不同地域、不同文化背景的人们提供了文化交流和融合的平台。游客在体验乡村文化的同时，也将自己的文化观念和生活方式带入乡村，

促进城乡之间的文化交流和融合，有助于推动城乡文化的共同发展。农文旅融合使得乡村文化的价值得到更广泛的认可和重视。通过旅游开发，乡村文化的经济价值、社会价值和文化价值得到进一步提升，有助于其增强文化自信和自豪感，提升乡村的整体形象和知名度。

（三）吸引人才回流，服务乡村发展

农文旅融合发展不仅能够激活乡村经济，还能有效吸引和留住人才，促进乡村振兴的可持续发展。创造就业机会与创业平台，通过开发农业体验、乡村旅游、文化创意等项目，为青年人才提供多样化的就业和创业机会。建设智慧农场、精品民宿、研学基地、文创展示馆等，成为吸引年轻人回乡的磁石。强化政策支持与激励措施，地方政府出台税收减免、创业资金支持、土地使用权优惠等降低创业门槛一系列优惠政策，激励青年人才参与农文旅项目。提升乡村基础设施与生活环境，改善农村的交通、网络、教育、医疗等基础设施，营造宜居宜业的环境，让回流人才能够享受到与城市相近的生活品质。加强人才培养与引进，通过培训、学术交流、技能提升课程等形式，增强当地农民和返乡人才的专业技能。同时，积极引进外部专业人才，特别是文旅、农业技术、创意设计等方面的专家。挖掘与弘扬地方文化，利用乡村独特的文化资源和红色教育资源，发展特色文化旅游，增强乡村的文化吸引力，让人才在参与农文旅项目中找到文化认同感和归属感。打造品牌与宣传推广，通过媒体宣传、网络营销、举办文化节庆活动等方式，提升农文旅项目的知名度和影响力，吸引更多关注和投资，同时也让外界看到乡村发展的潜力和成果，吸引更多人才关注并考虑回流。构建社区参与合作机制，鼓励村民、企业、政府和社会组织共同参与农文旅融合发展项目，形成良好的社区氛围和合作机制，让人才感受到团队的力量和项目的社会价值。

（四）改善乡村风貌，提升村民生活品质

一方面，在重塑乡村景观方面，农文旅的有机结合不仅促成了乡村外观的显著变化，还深化了乡村文化内核的丰富性与层次。通过发掘并协同利用乡村的自然资源、文化底蕴与旅游潜力，引导乡村环境的整体美化运动。自然景致如田野、果园、河流等得到维护与合理利用，与此同时，传统民居、古建遗存与民俗文化也得到了有效的保护与展示，赋予乡村风貌一种既古朴又充满现代气息的新貌，使之成为备受青睐的旅游目的地。另一方面，农文旅融合在提高村民生活质量方面展现了其深远影响。随着农文旅融合模式的深入实践，乡村产业结构经历了优化与升级，农业、文化和旅游业之间的界线趋于模糊，共同构成了一个多元且互补的产业生态系统。这一变革不仅为村民开辟了更广泛的

就业渠道与创业空间，还为乡村经济的蓬勃发展注入了强劲动力。此外，农文旅融合还加速了乡村基础设施和公共服务设施的现代化进程，显著改善了村民的生活条件。高质量的教育、医疗、文化服务等资源的可获得性增强，直接提升了乡村居民的生活品质，实现了生活质量的跃升。

三、龙新乡农文旅融合驱动乡村振兴的发展现状

（一）龙新乡的基本概况

龙新乡位于云南省保山市龙陵县腹心地带，地理跨度广阔，东西延伸近25公里，南北跨度约为23公里，总面积覆盖326平方公里。龙新乡北界接壤龙江乡与镇安镇，东接碧寨乡，南邻象达乡和平达乡，西北与龙山镇接壤，西面与德宏州芒市相邻。乡政府距县城26公里，区域内部交通便利，由杭瑞高速公路、320国道及中缅油气管道等重要线路贯穿。气候方面，龙新乡温和湿润，年均气温稳定维持在13.3℃，低温极限可至零下5℃，年降水量丰富，达2200毫米，平均海拔高度为1835米，森林覆盖比率高达78.63%。境内水系繁密，包含20余条河流，年径流量总计7.16亿立方米。自然资源种类多样，硅矿、铁矿、铌钽矿资源丰富，尤其以小黑山的黄龙玉闻名。龙新乡下设11个行政村，是一个多元民族共居的区域，包括汉族、傈僳族、傣族、阿昌族等民族，户籍人口计33775人，总户数9953户，其中农村人口占58.69%，城镇人口占41.31%。性别比例上，男性占54.58%，女性占45.42%，少数民族占总人口的5.7%。人口自然增长率0.444‰，人口密度约为每平方公里103.6人。这11个村各有特色，如黄草坝、勐冒、绕廊等，共同织就了龙新乡多彩的人文景观和自然风貌。[10]

（二）龙新乡农文旅融合的有利条件

龙新乡农业基础扎实。充分利用其自然优势与资源禀赋，着重发展特色农业。年均降水充足（2200毫米）、平均气温适宜（13.3℃）以及高森林覆盖率（69.8%）为林下经济和中草药种植如重楼、石斛、续断、龙胆草等提供了有利条件，同时也适合黄山羊、胡蜂等特色养殖。土壤肥沃、四季分明，如勐冒社区的"三熟制"种植模式，为大规模农产品基地的建立提供了基础。大硝河、菜子地等村重点发展中草药产业，为全县中草药基地的建设打下基石。此外，龙新乡还种植水稻、玉米、小麦等传统粮食作物，保障粮食安全和农民增收。同时，探索并引入羊肚菌、大球盖菇等特色食用菌种植，因其高营养价值和市场需求，为农民带来了显著经济效益。乡政府加大对农业现代化的投入，

通过土地整治提升耕地质量和产出，推广智能灌溉、测土配方施肥等现代农业技术，并积极培养农民合作社、家庭农场等新型农业经营主体。[10]

龙新乡文化底蕴深厚。拥有悠久的人文发展历史，以"赖土舍疆程碑"为例，体现了其深厚的历史底蕴。作为保山市首个傈僳刀杆艺术之乡，龙新乡同时承载着丰富的抗战文化记忆，如宋希濂将军指挥部旧址、抗日女英雄赵押风故里，以及蚌渺远征军战地医院遗址等，均是宝贵的历史见证。此外，龙新乡也是龙陵县重要的侨乡，拥有1.4万侨胞家属，其侨乡文化、抗战文化与红色文化资源，如龙陵县首个党小组成立遗址与勐冒廖家寨，共同丰富了龙新乡的文化内涵。

龙新乡旅游资源丰富。凭借其独特的地理位置、多元的民族文化、丰富的历史遗迹及自然景观，如大雪山、小黑山自然保护区、蚌渺湖、雪山瀑布等，为农文旅融合发展提供了坚实的基础。近年来，龙新乡依托党建引领，积极发展乡村旅游，成功打造特色旅游品牌，有效促进了农民增收，展现了乡村旅游的强劲发展潜力。

龙新乡农文旅融合发展以农业为基础，以文化为内涵，以旅游为载体，立足区位优势和资源优势，坚持以农兴文，以文塑旅，以旅彰文，并以创新思维、技术和方式带动龙新乡农文旅产业、文化、生态，人才等各方面的全面振兴，有效激活乡村经济活力，促进农文旅融合产业转型升级，进而推动乡村高质量可持续发展。

（三）龙新乡农文旅融合的举措及成效

1. 凝聚力量，创新农业发展模式

龙新乡始终秉持政府引导原则，深挖基层党组织的战略支撑潜能，采用"以党建为先导、党员作表率、能人带动、村企协同合作"的策略，不断推动农业效率提升、农民收入增加及农村整体进步，为乡村振兴的高质量推进奠定了坚实的基石。以党建为引领力量，激活乡村振兴的创新驱动力。采用"党总支引领＋合作社组织＋农户参与"的运作模式，聚焦村集体经济项目的壮大，积极探索乡村旅游农家乐与休闲农业园的发展路径，同时，成功推广"乡土品牌"系列，如大硝河手撕牛肉干、雪山古法碾米等，以及季节性农产品，包括勐冒大叶蔬菜、大硝河高山土豆、蚌渺糯玉米等，实现了党建与乡村旅游的良性互动，显著增强了产业带动效果。党员引领下，开拓增收创富的"枫景"新篇。针对冷凉山区的脱贫路径探索，荆竹坪村位于龙新乡，凭借其亚热带季风气候的优势，紧扣"一村一品"战略，充分发挥基层党组织的凝聚力与党员的示范引领功能，采纳并实践了"党总支引导＋合作社运营＋基地培育＋农户参

与"的现代农业发展新机制，有效促进了铁皮石斛的集约化、规模化培植及枫斗深加工，实现了党组织嵌入产业链条、党员聚力产业链、农户受益产业链的共赢格局。通过实施党员承诺履行与岗位责任制，激励下级4个党支部共计84名党员在产业升级中担当先锋角色，树立榜样。此外，构建了完善的党支部帮扶农户机制，实行支部、支委成员及普通党员分片、分组、分户精准帮扶，为石斛种植户提供一对一的志愿协助与专业技术指导。利用"主题党日"活动平台，定期举办石斛栽种技术交流会，分享实战经验，促进知识互补。至今，全村石斛种植面积已逾1100亩，年产量达到360吨，年产值逼近2000万元，设有枫斗加工销售网点3处，年加工量约为30吨，直接助力全村约65%的人口、计190户1144人实现了增收致富的目标。[11]

人才策略驱动下，探索乡村振兴的"新路径"。在乡村振兴进程中，乡贤与能人不仅是宝贵资源，更是显著优势，他们通过"能人引领效应"激发产业活力，有力推动经济增长。以龙新乡勐冒社区徐七组为例，该组组长依托其领导力，促成农民专业合作社的建立，采用"党总支部引领＋合作社运营＋民众参与"的发展模式，激励农户投身于特色农产品种植，并通过引入本地化精细加工流程，有效提升农产品附加值，直接促进了农户收益的增长。2021年度，合作社成功举办了"青菜王"农产品评选大赛及特产展览会，搭建了一个展示全乡农产品风采的平台，推广了一批蕴含龙新地域特色的优质农产品。赛事设计促进了农户间在勤劳度、技术水平及收获成果上的良性竞争，显著提升了产品的市场辨识度。为进一步挖掘潜力，合作社依据成员特长，规划了肉牛饲养、烹饪技能升级及茶叶精制等多元化培训课程，旨在通过这一系列能力培养活动，实现"培养多位行家里手，带动周边群众，激活区域经济"的目标。

企业与村庄的协同合作，为乡村发展输入了"新动力"。龙新乡龙新社区的响鼓自然村，作为一个少数民族占绝大多数（尤其是傈僳族占比高达96%）的地区，每年进入12月，村中农田便呈现出一片生机勃勃的劳作景象：搭棚、整地、播种、施肥……这正是龙陵维业生物科技有限公司设立的羊肚菌与姬松茸种植基地，现场村民辛勤劳作的背影预示着未来的丰收。在当地社区党总支部的指导下，有效整合未充分利用的土地资源，将流转的大约300亩土地，用于支持该公司发展羊肚菌和姬松茸这两个特色农业项目。通过"党总支部＋企业＋生产基地＋农户"的利益联结机制，确保了村民不仅能够从土地出租中直接获益，还为农村剩余劳动力提供了在家门口就业的机会，实现了土地租金与本地工作收入的双重经济来源。据数据分析，每亩羊肚菌的经济效益可达到9000元。自2018年公司成立以来，每年为龙新乡创造的额外收入高达160万元，并且无偿为周围有兴趣种植的居民提供技术培训，使其已逐步成为龙新乡的一大特色产业支柱。[11]

2. 挖掘资源，构建多元文化系统

政府主导下，文化力量成为推动发展的新引擎。龙新乡拥有深厚的历史积淀与丰富的文化遗产，其境内文化资源涵盖多方面：以雪山秋场、勐冒西边坪子为标志的农耕文化；以勐冒中国远征军宋希濂将军指挥所、蚌渺远征军野战医院为代表的抗日战争文化；以龙陵县首支党小组成立旧址（原蚌渺保公所）为中心的红色文化；以及以勐冒社区廖家寨为典范的华侨文化等。乡政府深入开掘这些文化资源的潜力，致力于构建一个多元化的文化体验系统，从而丰富文化旅游的内涵。为此，龙新乡投入维护与修复了18座水碾水磨设施，创建农耕文化主题广场，建立乡土历史博物馆，巧妙地将农耕元素融入旅游景区，其中，雪山水碾水磨群体以其数量众多、特色鲜明，成为了滇西地区保存最为完好且独一无二的文化遗产。同时，龙新乡还致力于抗战遗迹与红色遗产的保护与挖掘，通过文献研究、口述史采集等方法整理相关史料，并运用展览板、故事讲述等形式，弘扬爱国主义与红色革命精神。此外，龙新乡实施了"乡贤参与"计划，建立了"归侨服务中心"和乡贤联络平台，动员海外华人及廖家寨乡亲共谋家乡发展，这一做法得到了高度认可。廖家寨曾荣获国务院授予的"先进集体"荣誉称号，展现了政府引导与民间力量携手促进文化传承与乡村振兴的生动实践。

龙新乡在乡村振兴战略实施中，着重依托创新理论深化精神建设，利用农耕文明元素塑造实体景观，并借由乡土文化的活力提升社会风气，实行项目驱动的工作模式，深入发掘农耕文化蕴含的意义，持续推动诸如文明家庭评选、乡村道德模范表彰等大众精神文明建设活动，旨在营造一种感恩回馈、崇尚美德、诚实向善的淳朴乡村风气，从而塑造出兼具时代感与感染力的新式乡村文明景象。其下辖茄子山村则秉承"自治强化根基、法治巩固基础、德治弘扬正气"的治理原则，对"爱心超市"积分制度进行了优化，并建立了妇女纠纷调解机制，有效汇聚智力资源服务民生，集体协作解决民众难题，这一系列举措使得该村在2022年被中华人民共和国民政部选定为全国497个村级议事协商创新实验的示范单位之一。雪山村秋场组则在保护自身特色的基础上勇于创新，促进了文化的活态传承。通过多方面合作，有效激活了文化遗产，完成了6座市级文物保护单位——水碾水磨的修复工程；黄草坝社区小米地组则紧密围绕傈僳族的民族特色，深入探索民族文化遗产、民间故事以及传统手工艺的传承路径，充分发挥其自然风光旖旎、水资源丰富的优势，构建了一处文化旅游融合发展的民族特色村落。[12]

3. 精心规划，构建特色旅游链条

政府引导下，推动乡镇旅游业的高品质发展。为了探寻乡村旅游可持续发展的实践路径，乡级党委会多次专项研讨，确立了"以旅游发展为核心强化党的建设，借力党建推动乡村振兴"的发展策略。通过时间与空间的精心规划，推出了"四季更迭、景致各异"的旅游线路图，旨在打造"春观杜鹃尝樱桃，夏访蚌渺湖垂钓品鱼；秋食雪山水碾饭，冬享温泉赏梅林"的四季旅游品牌。同时，利用节假日庆典、民俗活动及特色赛事作为旅游热点，构建了一系列集农耕实践、农业教育与休闲观光于一体的热门"旅游目的地"，并通过新媒体渠道广泛传播，不断提升品牌知名度与好评率，致力于实现乡镇旅游产业的精细化、精品化与优化升级，进而开创乡村旅游发展的"新面貌"。

龙新乡坚持"美丽乡村"与"乡村旅游"双轮驱动，深挖本土特色资源，精准对接周末休闲与乡村旅游的市场需求。基于现有资源的创新整合，龙新乡积极推动农业、文化、康体养生等产业与旅游业的深度融合，力图构建一条特色旅游链条。在此过程中，成功树立了多个标杆，如勐冒社区坪子组、绕廊社区新寨组、雪山村秋场组等人居环境与旅游相融合的示范点；开发了千亩梅花园、万亩茶海、茶叶制作体验中心及勐冒农耕文化体验基地等农业旅游新景观；并对雪山村的古水碾水磨群进行了修复与保护，成功申报文化遗产，使之成为文化旅游融合的新亮点，有力传承了农耕文明。同时，依托得天独厚的自然风光，龙新乡打造了雪山瀑布徒步路线、蚌渺湖热门拍照景点，并致力于环湖美景公路及观景台的建设，进一步美化蚌渺湖周边环境；开辟黄草坝温泉区域，推动温泉康体旅游热度上升，加速"旅游＋温泉康疗"模式的发展步伐。通过这一系列创新融合举措，龙新乡不仅丰富了旅游产品种类，还实现了各景点间的有机串联，形成了一个特色鲜明的旅游闭环，有效利用了闲置资源，拓宽了旅游边界，为乡村旅游注入了多元化的"新气象"。

龙新乡在旅游宣传推广方面主动作为，致力于精心策划与高效传播，旨在强化旅游品牌外部认知。龙新乡创新性地利用"站点"概念，建立党群服务中心站，通过实施"文明旅游伴我行"交通引导项目与"家游站"志愿行动，不仅为游客提供了导览解说、信息咨询、防疫安全保障等一站式服务，还借助这些"站点"作为窗口展示了龙新乡的良好形象，为旅游宣传添砖加瓦。"清新龙新"官方公众号，策划并推送了一系列深度游旅游品牌来提升社会知名度和国际吸引力，激发游客对小黑山、大雪山春游赏花、蚌渺湖休闲垂钓划船以及勐冒亲子农耕体验等活动的兴趣。针对蚌渺湖的自然美景，龙新乡的乡政府策划了一场以"水天交融，活脱一幅淡墨山水画"为主题的宣传活动，邀请市委宣传部、市文联等机构开展实地拍摄与专题报道，此活动后续得到了新华网、

中国网、云南日报等多家央级、省级、市级及县级媒体的广泛宣传与转发，其中新华网的浏览量突破270万人次，显著提升了宣传效果。

四、龙新乡农文旅融合驱动乡村振兴面临的挑战

（一）本土消费能力有限，限制市场发展潜力

龙新乡周边地区经济发展水平相对较低，制约了游客的消费能力，这导致乡村旅游市场需求相对有限，难以支撑农文旅融合的快速发展[13]。由于周边地区经济发展相对落后，大部分村民以种植农作物和外出务工为生，种植的农作物经济效益较低，劳动力收入薄弱，直接影响了他们的旅游消费能力，使得在旅游方面的投入比较有限。而且龙新乡通往县城及其以外的主干道路只有一条，交通条件不够快速便捷，自驾游和短途旅行游客居多，外来的长途游客较少，对当地的住宿收入、旅游业收入和餐饮收入带动力不够强。受传统农村村民消费观念和小农经济发展水平的限制，部分居民对旅游的认知和消费观念相对保守，他们可能更倾向于将有限的资金用于日常生活必需品的购买，而非农特产品等非必需品的消费，因此农特产品的消费主要面向外来游客，阻碍了本土消费能力的提升。

龙新乡周边地区农文旅市场竞争激烈。尽管龙新乡周边地区拥有一定的农文旅资源，但在激烈的市场竞争中，以象达镇为代表的历史文化游、以龙江乡为代表的田园观光游，和以勐糯镇为代表的民俗体验游等占据市场的优先地位，吸引和留住了许多游客。而且龙新乡农文旅还处在初级发展阶段，知名度不高，旅游宣传和推广力度不够，经营方式不够丰富多样，难以吸引足够的游客，导致旅游收入有限，进一步限制了旅游消费能力的提升。

（二）农文旅融合相对粗放，发展取向存在偏差

首先，主管农文旅的政府部门机制不协调导致农文旅融合相对粗放。一是农文旅相关政府部门缺乏高效、集成的跨部门协作平台，因此导致了农文旅等政府部门之间难以有效对接，各部门在推进农文旅融合项目时，各自为政，信息交流不畅，使得农业资源优势、文化的深厚底蕴与旅游业的市场潜力不能被充分挖掘并有效整合。二是决策与执行层面的信息不对称进一步加剧农文旅融合相对粗放这个问题。政策的制定往往基于宏观视角和理论分析，而实际执行则面临诸多微观细节和现实挑战。缺乏一个畅通的信息反馈机制，使得政策的初衷和具体实施效果之间产生了偏差。三是政策的支持和资源配置的分散导致农文旅融合相对粗放。在农文旅融合实践中，不同政府部门根据自身职能制定

的支持措施，如农业部门注重农产品的生产和质量；文化部门注重文化遗产的保护；旅游部门注重旅游开发和盈利性旅游收入。各部门往往侧重于本部门领域，缺乏全局视野和系统考虑，导致资源分散且难形成聚合效应。

其次，农文旅主体利益分配机制不均衡导致农文旅融合相对粗放。一是利益分配机制的不明确或不公平，交叉在农户、企业和文化旅游经营者之间。在农文旅融合项目中，农户往往提供土地、农产品以及乡土文化等基础资源，但缺乏清晰的收益分配方案，使得农户难以确定自己能够从项目收益中获取多少，这种不确定性直接影响到他们参与的热情和贡献度，农民作为农文旅融合不可或缺的一环，其积极性的缺失严重制约项目的乡土特色挖掘和可持续发展能力。二是农民受益程度受限，意味着虽然农文旅项目能促进地区经济的发展，增加旅游收入，但这些经济成果农民未充分享受到，这会挫伤他们对现代农业转型和乡村文化旅游发展的信心，进而影响到对农业生产的积极性和乡村文化的传承。三是企业投资农文旅项目面临着长期且不稳定的回报预期，缺乏有效的投资回报机制，使得企业尤其是社会资本在面对农文旅项目时犹豫不决，担心投资风险过高而回报不稳定。这种情况下，即使这个项目具有良好的发展潜力和市场前景，也会因为缺乏必要的资金支持而难以启动或中途搁置，限制农文旅融合的深度和广度。

最后，农文旅融合的发展取向存在偏差。当发展重点过于偏向旅游业时，农业与文化的深层次整合便容易被边缘化。农业作为农文旅融合的基础，其产业的延伸与升级是提升农文旅融合产业的关键。忽视农业的深度整合意味着农业的创新潜能未被充分利用，阻碍了特色农产品的品牌化和体验式农业的开发，不利于推动旅游消费、增加农民收入。未能深入挖掘龙新乡特色文化、民俗故事和历史遗迹的内涵，使得旅游项目缺乏文化底蕴，难以形成独特的文化吸引力，影响游客的体验深度和情感共鸣。过分追求短期的旅游经济利益，往往会牺牲长期的可持续发展目标，生态环境和文化传承的重要性被低估，导致资源的浪费和生态环境的破坏，降低生态服务功能，削弱地区的文化根基和旅游可持续吸引力，旅游目的地会逐渐失去独特的魅力，陷入同质化竞争困境。缺乏长远规划和差异化定位，对龙新乡农文旅的资源禀赋和市场需求调研不够充分，模仿其他地区的成功模式，导致农文旅项目的地方特色不够鲜明，市场竞争力较弱。难以满足游客日益增长的个性化的体验需求，限制农文旅产业健康发展和市场拓展。

（三）农文旅融合发展具有季节性，限制融合的可持续性

一方面，农业生产具有鲜明的季节性，这在一定程度上影响了农文旅融合的稳定性。在农忙时节，农业生产和旅游存在一定的冲突，导致旅游资源无法

充分利用。而在农闲时节，虽然旅游资源相对充裕，但游客数量可能因季节因素而减少，从而影响旅游收入[14]。旅游项目存在季节性依赖。赏杜鹃花海的季节为每年五、六月份，此时，龙新乡的山峦间会被绚烂的杜鹃花覆盖，形成一片壮观的花海，吸引摄影爱好者和花卉观赏者。这段时间，当地旅游业迎来高峰期，酒店、民宿预订火爆，特色餐饮和农产品销售也随之增加。然而，一旦花期结束，游客量就会骤减，导致相关服务业收入锐减，许多依赖旅游收入的家庭和企业面临经营压力。泛舟蚌渺湖受季节与天气制约。蚌渺湖以其清澈的湖水和宁静的环境著称，成为游客体验水上乐趣的理想之地。然而，这一活动同样受到季节变化和天气状况的影响。雨季时，湖面可能因风浪较大而不适宜开展水上活动，而旱季则可能因水位下降影响航行。春秋两季虽然气候宜人，但受制于非假期时间，游客数量相对有限，难以形成稳定的旅游流量。因此，旅游收入在一年之中呈现出明显的波峰波谷，不利于旅游设施的全年充分利用和稳定经营。

另一方面，文化活动具有节令性，这在一定程度上限制了龙新乡文化体验的深度和广度。龙新乡在农文旅融合发展过程中，丰富的文化活动和节日庆典是其重要的特色和吸引力之一，如庆祝丰收的农耕收获庆典、展现独特民族风情的刀杆文化艺术节等活动在特定时期内，能够汇聚人气，营造浓厚的文化氛围，短期内极大提升游客流量，带动当地经济和文化交流。然而，这些时令性文化活动的集中爆发，也暴露出非节日时段文化体验活动的相对匮乏。以农耕收获庆典为例，通常在金秋时节举行，游客可以参与到收获的喜悦中，体验割稻、打谷等传统农事活动，感受丰收的喜悦和农耕文化的深厚底蕴。但庆典结束，缺乏相应文化活动的延续，游客在平日里很难再体验到如此生动和深入的文化互动，导致旅游吸引力和参与度的下降。"五一"长假期间，龙新乡会策划一系列的文化表演、手工艺展示和美食节，吸引城市居民前来休闲度假，体验乡村生活的乐趣。然而，长假过后，这些特别安排也随之结束，留给游客的印象记忆比较浅，减少了非假日时段的旅游动机。刀杆文化艺术节作为展示傈僳族等少数民族勇敢精神和传统文化的盛会，仅在特定日子举行，惊险刺激的"上刀山下火海"等表演，虽能引起轰动效应，但在平时，游客很难有机会近距离感受这种独特的民族文化，一定程度上阻碍了文化体验和文化传承。

（四）旅游开发挑战环境承载力，破坏原生态系统

一方面，旅游开发方的垃圾处理不当与污水排放问题，成为了直接影响当地自然环境质量和生态平衡的重要因素。随着游客数量的增加，未得到有效管理的垃圾问题日益突出。游客在游览过程中，由于缺乏足够的环保意识，将食品包装、饮料瓶、塑料袋等一次性用品随意丢弃于景区、道路旁或河流中。这

些垃圾不仅破坏了自然景观，还可能被野生动物误食，对其生命安全构成威胁。由于旅游开发方垃圾收集和转运系统不健全，在节假日和旅游高峰期，龙新乡旅游景点周边会见到垃圾堆积现象。垃圾长时间暴露在外，易腐烂分解，释放出有害气体，如甲烷和氨气，造成空气污染；同时，雨水冲刷下的垃圾渗滤液还会携带污染物进入地表水和地下水中，影响水质安全。污水排放不当。许多旅游排污设施不健全，尤其是小型客栈、餐馆，由于污水处理设施不足或未连接到公共污水处理系统，直接将未经处理的生活污水排放到附近的河流或湖泊中。这些污水含有高浓度的有机物如氮、磷等营养物质，导致水体富营养化，引发藻类大量繁殖，水体透明度降低，严重时形成"绿潮"，破坏水生生态系统，影响鱼类和其他水生生物的生存。龙新乡作为农文旅结合的典型区域，农业活动与旅游活动并行，农田化肥、农药的使用以及旅游餐饮产生的污水混合排放，更加剧了水质的污染问题，使得水体自净能力下降，影响到当地居民的饮水安全和农业生产。

另一方面，旅游消费者的不当行为对环境造成的破坏。随着游客量的增长，旅游消费者随意丢弃垃圾、破坏植被、浪费水电资源和造成环境污染等不当行为对当地环境造成显著的破坏。游客在享受自然风光和文化体验的同时，常常忽略个人行为对环境的影响，随手丢弃的食品包装、饮料瓶、烟蒂等垃圾，不仅散落在景区步道、河岸边，还可能深入到森林内部，对自然景观造成视觉污染。这些垃圾难以降解，长时间累积会破坏土壤结构，影响植物生长，甚至成为野生动物误食的危险源，对生态系统造成连锁反应。不当接触自然。部分旅游消费者出于好奇或拍照需求，会践踏植被、采摘野花野果、扰动野生动物，这种行为不仅破坏了自然生态的完整性，还可能对龙新乡的"黑颈长尾雉""斑鱼狗"和"缅甸斑羚"等珍稀物种的生存构成威胁。蚌渺湖草地生态脆弱区，而游客的频繁踩踏导致土壤板结，影响植被再生，打破生态平衡。在旅游高峰期，消费者对水资源、食物和能源的需求激增，导致当地资源过度消耗。如大量使用一次性餐具和洗浴用品，加剧了塑料垃圾的产生；在水资源供给紧张的村庄，游客密集使用可能导致水资源短缺，影响村民及自然生态的正常用水需求。交通拥堵与环境污染。随着自驾游的普及，旅游高峰期车辆激增，不仅造成交通拥堵，增加尾气排放，还可能因不当停车破坏自然景观和植被。此外，大量使用的燃油交通工具排放的废气，也是空气污染的一个重要来源，影响空气质量，损害人体健康，同时也对周边的自然环境造成压力。

五、龙新乡农文旅融合驱动乡村振兴的优化路径

（一）强化品牌建设，拓展旅游市场

一方面，挖掘地域文化特色，强化品牌建设。深入挖掘龙新乡特有的傈僳族、彝族等少数民族文化，以及抗战历史文化、茶马古道遗迹等，提炼出独特的文化符号，作为品牌建设的核心元素。打造如"龙陵秘境·民族风情之旅""古道遗风·历史探索之路"等品牌口号，增强品牌辨识度。创建特色农产品品牌，依托龙新乡丰富的自然资源，如茶叶、核桃、中药材等，打造绿色、有机、地理标志认证的农产品品牌。如"龙陵云雾茶""龙陵核桃香"等，通过品牌故事讲述农产品的种植历史、营养价值和生产过程，提升产品附加值。举办品牌推广活动，定期举办文化节庆、农产品博览会、乡村旅游节等大型活动，邀请知名人士代言，利用线上线下媒体进行宣传，提高龙新乡品牌的知名度和影响力。如"龙陵茶文化节""傈僳族阔时节"等，吸引游客参与体验，加深品牌印象。

另一方面，细分目标市场，拓展旅游市场。基于市场调研，明确主要目标客群，如周边城市短途游旅客、市内外文化旅游爱好者、亲子家庭等。根据不同客群的特点，定制旅游产品和营销策略。网络营销与新媒体推广。利用微博、微信、抖音、小红书等社交平台进行精准营销，发布高质量的图文、视频内容，展示龙新乡的自然风光、人文故事、特色活动等，吸引潜在游客关注。跨界合作与联合营销，与周边景区、酒店、旅行社等建立合作关系，推出联票、套餐等优惠活动，形成旅游线路联动。同时，与教育机构、企业团建市场合作，开发研学旅游、团队建设等产品，拓宽市场渠道，提升旅游服务质量，同时加强旅游基础设施建设，如改善道路、增设指示标识、建立公共厕所等。培训提升旅游从业人员的服务技能，提供多语种导游服务，增加在线预订、咨询服务等功能，提升游客体验。注重可持续旅游发展，在旅游开发中坚持生态保护原则，推广低碳旅游、生态旅游理念，如设置生态徒步路线、野生动植物观察活动等，吸引更多关注可持续发展的游客。

（二）筑牢融合根基，促进农文旅深度融合

首先，建立一个高效运作的跨部门协调机制，是破解农文旅融合发展难题的核心举措。成立领导小组或联席会议制度，领导小组的构成由龙新乡政府的主要负责人担任组长，农业、文化旅游、发展和改革、自然资源（国土）、财政等部门一把手作为副组长或核心成员，确保决策层的高度关注与直接指导。

还可以根据需要吸纳教育、科技、交通、生态环境等部门的参与，形成多领域、多层次的协作体系。领导小组下设办公室或专项工作组，负责人日常联络、信息汇总、进度跟踪等工作。每个成员根据自身职能，明确在农文旅融合项目中的具体职责，农业部门侧重于农业资源的整合与提升，文化旅游部门负责文化挖掘与旅游品牌打造，发改部门主导战略规划与政策制定，自然资源部门确保土地使用合规及生态环境保护，财政部门则负责资金筹集与合理分配。制定周密的专项规划，做好前期调研与评估，组织专业团队深入调研，评估地区内农业基础、文化特色、旅游资源、生态环境及市场需求等，确保规划基于充分的数据分析与现实考量。形成政策、资金、项目一体化，充分利用现有政策优惠与资金支持渠道，积极争取上级政府和金融机构的专项补助、贷款贴息等。定期沟通协调与资源共享，形成例会制度，领导小组应每月或每个季度定期召开工作会议，及时通报农文旅项目的进展情况、分析问题、协调资源、调整策略，确保各参与方信息对称、决策迅速。利用云计算、大数据等信息技术手段，构建跨部门的信息共享与协作平台，实现项目的进展、政策动态、资金使用、市场反馈等关键信息的实时共享，提升工作效率。

其次，建立多元化的利益联结模式，是增强农文旅融合主体紧密性的关键措施。实行股份合作机制，鼓励农民、村集体以其土地使用权、劳动力、传统文化资源等作为资产入股，与企业共同成立混合所有制公司或合作社。农民和村集体不仅可以获得固定的地租或工资收入，还能根据公司盈利情况获得分红，实现从资源到资本的转变。推行利润返还机制，对于不直接参与经营管理的农民或村集体，可通过协议形式与企业约定利润返还比例，确保其能分享到农文旅项目带来的经济效益。这种方式可以减少农民直接参与市场风险，同时享受发展成果。发展租赁经营模式，允许农民或村集体将土地、房屋等资源租赁给企业进行农文旅开发，通过长期稳定的租金收入保障其基本利益。同时，企业可依据协议对租赁资源进行合理改造升级，提升其市场价值。实施差异化扶持政策，针对那些能够显著带动当地就业、促进农产品销售、传承和弘扬地方文化、保护自然生态的项目，政府应给予更多的政策支持，如税收减免、用地优惠、简化审批流程等，使其降低运营成本，加速项目落地。设立农文旅融合发展专项基金，对符合条件的项目提供启动资金、贷款贴息、项目补贴等财政支持。同时，建立绩效评价体系，对表现突出、融合度高、带动能力强的项目给予额外奖励，激励市场主体不断创新和深化融合发展。

最后，精准定位农文旅融合相辅相成的发展取向，是确保农文旅项目成功的关键步骤。深入挖掘地方特色与文化底蕴历史文化遗产调研，组织专业团队对当地的历史遗迹、非物质文化遗产、传统习俗、民间艺术等进行深度挖掘，整理成册，作为农文旅融合的素材库。通过故事化、场景化的方式展现地方文化，增强游客的文化沉浸感。调研龙新乡的特色农业、手工艺品、民俗活动等，探索与旅游相结合的可能性，如建立农产品采摘园、手工艺体验工坊、文化节庆活动等，让游客在体验中感受地道的乡村风情。避免同质化竞争，确立特色发展模式，分析龙新乡农文旅项目的类型与特点，避免直接模仿，找到自身的独特卖点，比如开发独有的主题线路、特色民宿、互动体验课程等，形成不可复制的竞争优势。结合龙新乡的实际情况，探索"农业＋文化＋旅游"的深度融合模式，如农耕文化体验园、乡村音乐节、生态教育基地等，实现一二三产业的有效联动，增强项目的吸引力和生命力。强化市场需求导向，市场细分与定位，通过问卷调查、网络数据分析、社交媒体互动等多种方式，收集潜在游客的基本信息、兴趣偏好、消费习惯等，对市场进行细分，明确目标客群，如亲子家庭、年轻情侣、退休群体等。定制化产品开发，根据市场调研结果，开发满足不同客群需求的个性化体验的旅游产品。例如，为亲子家庭设计农事体验与自然教育活动，为年轻游客推出户外探险与文化寻踪之旅，为老年游客提供休闲养生与怀旧体验项目。提升服务质量和满意度，建立健全游客服务体系，包括线上预约、智能导览、便捷支付、客户反馈机制等，同时注重服务人员的专业培训，提升服务态度和专业技能，确保游客获得愉悦的旅行体验。

（三）优化时间和空间布局，增强农文旅融合的均衡性

首先，优化空间布局。其一，功能分区。依据自然景观、文化遗产和农业特色，将龙新乡划分为不同的功能区，如自然观光区、农业体验区、文化展示区等，确保各区域特色鲜明，互不干扰。其二，节点串联。通过打造旅游环线、步行道、骑行道等，将分散的旅游资源如自然景点、文化遗址、农家乐等连接起来，形成连贯的游览线路，便于游客深入体验。其三，核心引领。确立几个核心景区或项目作为农文旅融合的示范点，如雪山村的杜鹃花海、勐冒社区的马铃薯基地等，通过核心项目的辐射带动作用，促进周边区域的协同发展。

其次，协调时间安排。一是策划季节性活动。根据四季变化和农作物生长周期，设计不同季节的主题活动，如春季赏花节、夏季农事体验、秋季丰收节、冬季民俗文化节等，均衡全年旅游热度。二是引导错峰旅游。通过优惠政策、主题活动等措施引导游客避开高峰时段，均衡旅游流量，减轻特定时段的环境压力，同时增加淡季旅游吸引力。三是激活夜间经济。开发夜间旅游产品，如灯光秀、星空观测、夜间农耕体验等，延长游客停留时间，提高旅游消费，同时平衡日间与夜间的旅游活动。

最后，建设智慧旅游。利用数字化管理，运用大数据、云计算等技术，对游客流量、消费习惯等进行分析，科学预测和调控游客分布，避免资源过度集中。搭建在线服务平台，建立统一的农文旅信息平台，提供在线预订、导航、解说等服务，帮助游客合理规划行程，提升旅游便利性和效率[15]。

（四）坚持绿色发展理念，确保农文旅融合的生态底色

一方面，针对龙新乡农文旅融合发展中旅游开发方面临的垃圾处理不当与污水排放问题，采取一系列细致且针对性的策略，确保旅游开发与环境保护并行不悖。建立健全管理制度，在政府主导下，联合相关部门，制定一套详尽的乡村旅游环境保护规章制度。明确规定旅游开发企业在垃圾处理（从收集、分类、存储到运输和最终处理）及污水处理各环节的具体责任与操作标准，确保整个链条上的每一步都有法可依、有章可循。同时，建立一套透明的监督举报机制，鼓励公众参与监督，共同维护乡村环境的清洁与安全。推广环保技术应用，鼓励并要求所有旅游企业积极采用先进的环保技术与设备。例如，投资安装高效的污水处理系统，确保所有排放的废水均达到国家规定的排放标准，或通过循环利用系统减少水资源消耗。此外，推广使用生物降解材料制成的餐饮用具和包装材料，减少塑料等难以降解垃圾的产生，同时在旅游景点、酒店及餐饮服务点广泛设置垃圾分类收集箱，方便游客与居民进行垃圾分类。实施垃圾分类政策，通过政府主导，开展全民垃圾分类教育活动，不仅面向游客，也要深入社区，提升居民的环保意识。在人流密集的旅游区域设置足够数量、标识清晰的分类垃圾桶，并建立定时定点的垃圾收集与清运制度，以减少垃圾堆积对环境的负面影响。建立生态补偿机制，创新激励机制，设立生态补偿基金，对那些积极采取环保措施、环境影响评估结果优秀的旅游企业给予经济奖励或政策优惠，如税收减免、项目优先审批等。相反，对于环境违规行为的企业，应严格执行处罚措施，包括罚款、公开通报批评乃至暂停营业等，以此作为警示。

另一方面，加强对游客的教育和引导，增强游客对环境的保护意识。开展游客教育与引导环保教育材料设计，精心设计环保手册，内容包含基本环保知识、龙新乡特色自然资源保护重要性、地方文化习俗介绍等，配以生动的插图和易懂的语言，确保游客能快速领悟。同时，制作一系列教育视频，通过景区入口大屏幕、游客服务中心电视循环播放，展现自然美景、文化价值及不当行为的负面影响。建立一支专业的导览讲解队伍，除了常规的景点解说外，特别加入环保教育和文化尊重的讲解内容，通过生动的故事讲述、互动问答等形式，增强游客的环保意识和文化尊重。利用社交媒体（如微博、微信公众号）、旅游App等平台，发起"文明旅游在龙新"主题宣传活动，定期发布文

明旅游小贴士、环保旅行故事、本地文化礼仪指南等，增加游客参与度，提升其自我约束力。完善基础设施建设垃圾分类回收系统优化，在景区入口、主要游览路线、休息区等地增设色彩鲜明、标识清晰的垃圾分类回收站，配备详细的分类指南，便于游客正确投放。在特定区域安装高清监控摄像头，配合智能分析系统，实时监控不文明行为，为后续管理提供依据。开发一款旅游监督小程序，允许游客匿名举报不文明行为，上传照片或视频证据，后台审核确认后，对违规者执行处罚，同时对有效举报者给予积分奖励，积分可用于兑换景区门票、纪念品等。与龙新乡当地社区建立紧密合作机制，邀请村民参与旅游管理和环保教育，通过培训让他们成为环保和文化保护的示范者，向游客展示如何正确处理垃圾，使其尊重自然与文化遗产。定期举办"社区清洁日""生态种植体验"等活动，邀请游客与当地居民一同参与，通过实际行动感受环保的意义，加强对环境的尊重和保护意识。

结语

随着我国乡村振兴战略的深入实施，龙新乡以其独特的自然风光、丰富的农业资源和深厚的民族文化为基础，积极探索农文旅融合发展路径，为乡村振兴提供了宝贵经验和启示。本文通过深入分析龙新乡在农文旅融合实践中的具体举措及其成效，得出了以下几点结论与思考。首先，凝聚力量，创新农业发展模式。采用"以党建为先导、党员作表率、能人带动能、村企协同合作"的策略，推动农业效率提升、农民收入增加及农村整体进步，为乡村振兴的高质量推进奠定了坚实的基石。其次，挖掘资源，构建多元文化系统。政府深入挖掘农耕文化、侨乡文化和红色文化资源的潜力，致力于构建一个多元化的文化体验系统，从而丰富文化旅游的内涵。最后精心规划，构建特色旅游链条。政府引导下，确立了"以旅游发展为核心强化党的建设，借力党建推动乡村振兴"的发展策略，基于现有资源的整合创新，积极推动农业、文化、康健养生等产业与旅游业的深度融合，力图构建一条特色旅游链条。然而，龙新乡农文旅融合发展之路并非坦途，仍面临诸多挑战，例如，如何强化品牌建设，拓展旅游市场；如何筑牢融合根基，促进农文旅深度融合；如何优化时间和空间布局，增强农文旅深度融合；以及如何坚持绿色发展理念，确保农文旅融合的生态底色等，都是未来需要持续关注和解决的问题。展望未来，龙新乡的农文旅融合发展应当继续秉持"绿水青山就是金山银山"的理念，不断优化发展模式，深化与高校、科研机构的合作，引入更多创新技术和管理思路，推动乡村振兴迈向更高水平。同时，加强与龙陵县周边区域间的农文旅融合的交流合作，共享经验，共同探索适合龙新乡的农文旅融合发展新模式，为实现乡村全面振兴贡献提供可借鉴经验。龙新乡的农文旅融合实践证明，农文旅融合发展是实现乡村振兴的有效途径之一，它不仅促进了经济的增长，更是在保护生态环境、传承优秀文化、提升民众福祉等方面发挥了重要作用。未来的路还长，农文旅融合的持续健康发展，需要政府、企业以及农民等各个主体的共同努力，加大政策扶持力度、增加资金投入、加强人才培养，促进农业、文化和旅游产业的深度融合与协调发展，以实现农文旅融合的长远发展。

参考文献

[1] 农业农村部印发《全国乡村产业发展规划(2020-2025 年)》以产业发展促乡村全面振兴[J]. 农经，2020(8)：11-13.

[2] 邢丹丹. 习近平关于乡村振兴战略重要论述研究[D]. 桂林：广西师范大学，2022.

[3] 王雯慧. 党的十九大描绘"三农"美好蓝图[J]. 中国农村科技，2017(11)：6.

[4] 王介勇，周墨竹，王祥峰. 乡村振兴规划的性质及其体系构建探讨[J]. 地理科学进展，2019，38(9)1361-1369.

[5] 孟桂敏. 乡村振兴背景下安徽歙县美丽乡村规划研究[D]. 杭州：浙江农林大学，2020.

[6] 罗明忠，唐超. 探寻各具特色的乡村振兴路径[N]. 广州日报，2019-08-12.

[7] 沈欣瑜. 浙东山区乡镇农文旅融合发展规划研究：以天台县石梁镇为例[D]. 杭州：浙江农林大学，2022.

[8] 潘素亚. 在乡村振兴背景下西藏农文旅融合发展研究[D]. 林芝：西藏农牧学院，2023.

[9] 龙陵县人民政府. 龙陵县人民政府关于龙陵县龙新乡2019年脱贫攻坚路线图(实施方案)[EB/OL]. (2019-11-15). https://www.long ling.gov.con/info/9125/1293859. htm.

[10] 王霞，荣生龙，武辰阳. 产业赋能振兴乡村[N]. 日照日报，2024-05-22(B02)。

[11] 李娜. 龙陵龙新：党建引领聚合力产业发展促振兴[N]. 保山日报，2022-02-28(2).

[12] 龙陵县人民政府. 龙陵县人民政府关于龙陵县龙新乡以实干为笔绘就乡村振兴新画卷[EB/OL]. (2022-07-22). https://www. long ling. gov. con/in-

fo/5674/172351. htm.

［13］ 周兴妍. 红色资源赋能革命老区乡村振兴的路径分析：基于 A 县"红色农文旅融合"的调研［J］. 决策与信息，2024(6)：88-96.

［14］ 刘淑敏. 基于农文旅融合发展的少数民族特色村寨景观提升规划设计研究［D］. 南京：南京农业大学，2021(5).

［15］ 刘辉. 文旅深度融合背景下喀什古城景区沉浸体验提升对策研究［D］. 济南：山东大学，2023.

全域旅游视角下芒宽乡百花岭村乡村旅游发展研究

施辉雨

乡村旅游是实施国家振兴战略的重要抓手，发展乡村旅游产业，为农村地区推进乡村振兴、优化升级农村产业以及实现乡村可持续发展奠定坚实基础，也是促进农村地区经济发展的重要举措。在乡村振兴背景下，发展乡村旅游对我国实现乡村振兴这一目标具有重要意义，尤其对于旅游资源丰富但经济水平较落后的地方，大力发展乡村旅游是至关重要的。

云南保山市芒宽乡百花岭村地处高黎贡山山脉南麓，拥有丰富的文化传统和民俗风情，旅游资源丰富，有着独得天独厚的自然环境和人文景观，是一个具有较大潜力的旅游目的地。近年来，随着乡村旅游经济的兴起，芒宽乡百花岭村的经济发展逐渐转向旅游业。在乡村振兴大背景下，全域旅游的创新理念对百花岭村乡村旅游业的高质量发展起到了积极的引导作用，而面对全域旅游时代乡村旅游转型发展的必然性，通过分析当前芒宽乡百花岭村乡村旅游发展现状和存在的问题，研究百花岭村在全域旅游视角下的乡村旅游开发，探索推进百花岭村乡村旅游可持续发展的有效路径，以提升百花岭村旅游业和社会经济发展功能。

一、全域旅游与乡村旅游相关概述

（一）全域旅游

1. 全域旅游定义

全域旅游是一种新型的旅游发展模式，它将一定区域作为完整的旅游目的地，以旅游业为优势产业，统一规划布局、优化公共服务、推进产业融合、加强综合管理、实施系统营销[1]。全域旅游突破了传统旅游的空间和时间限制，形成各种主题化、细分化的旅游结构和综合收益，各结构之间也呈现出融合发展的特征。

2. 全域旅游特征

旅游景观全地域。全域旅游的首要要求，就是要按照"景城一体"的理念，对整个区域的景观全面提升提质，形成处处是景观、处处能旅游的全域景区。

旅游产品全时域。注重丰富旅游产品，大力推进不同季节旅游产品的布局。加大夜节目、夜活动的开发，形成淡季不淡、旺季更旺，日夜可游的全时段旅游格局。

旅游要素全境域。注重全域旅游资源的统筹利用，重视旅游相关基础配套设施的建设，加强公共交通、咨询服务等设施和体系的建设，构建大旅游综合管理治理体制机制。

旅游产业全领域。推进产业融合发展，促进其他产业与旅游的深度融合，促进旅游产业链条全域化。

旅游成果全民享。倡导共建共享理念，村民积极参与旅游业发展建设。同时，以旅游业带动地方经济发展、居民收入增长及乡村振兴发展。

（二）乡村旅游

1. 乡村旅游定义

乡村旅游是以乡村为背景，以农村自然资源、人文历史遗迹、民俗风情、农民生活及农村环境为旅游吸引点，以城市居民为目标市场，满足旅游者休闲、度假、体验、观光、娱乐等需求的旅游活动。

2. 乡村旅游特征

旅游目的地是乡村。乡村拥有独特的自然风光和原始风貌、农业活动和民俗风情。在乡村，游客可以体验不同的生活方式和文化氛围，欣赏大自然的美丽，享受宁静的乡村生活、放松身心。

旅游资源具有乡村特色。乡村以独特的地域自然风光、人文景观、民俗风情等资源，反映了地方的文化特征，让游客在参与式的体验方式中感受乡村生活和文化。乡村资源的独特性是吸引旅游人群的关键、是带动地方经济发展、提高农民生活水平的重要因素。

旅游人群主要是城市居民。乡村旅游拥有深厚的乡土气息，具有地域差异性、自然体验性，使得乡村旅游在旅游市场中具有不可替代的地位，与城市忙碌、重复的生活模式有较大区别，因此吸引越来越多的城市居民前来体验和享受[2]。

（三）全域旅游与乡村旅游的发展关系

全域旅游与乡村旅游的发展关系是相互促进、共同发展的。在全域旅游的背景下，乡村旅游得到了更加广阔的发展空间和机遇，而乡村旅游的发展也为全域旅游提供了重要的支撑和补充。未来，随着全域旅游和乡村旅游的不断深入发展，二者之间的关系将更加紧密，共同推动旅游产业的繁荣和发展。

一方面在全域旅游的背景下，乡村旅游得到了更加广阔的发展空间和机遇。全域旅游的发展理念强调旅游产业的全面性和整体性，注重旅游资源的整合和优化，这为乡村旅游提供了更加广阔的市场和更加丰富的旅游资源。同时，全域旅游还注重旅游产业的可持续发展，强调生态环保和文化传承，这也为乡村旅游提供了更加可持续的发展路径。

另一方面，乡村旅游的发展也为全域旅游提供了重要的支撑和补充。乡村旅游以其独特的自然风光和人文景观吸引了大量的游客，丰富了全域旅游的旅游产品体系。同时，乡村旅游的发展也促进了乡村经济的繁荣和文化的传承，为全域旅游的发展提供了更加坚实的基础[3]。

二、全域旅游视角下芒宽乡百花岭村乡村旅游资源及产业分析

（一）芒宽乡百花岭村概况

1. 地理区位及人口构成

百花岭村，属云南省保山市芒宽彝族傣族乡（后文简称芒宽乡）的行政区划，位于保山市高黎贡山旅游度假区，位于东经98°左右，北纬25°左右，属于典型的干热河谷区，立体垂直气候明显。百花岭村地处高黎贡山南麓，东与烫习村接壤，南与芒合村相连，西与腾冲市毗邻，北紧靠世界遗产高黎贡山，占地面积18.6平方公里，海拔约为1400米。芒宽乡最南侧的村委会，距离芒宽乡人民政府38公里，距保山市区119公里。这个村庄下辖旱龙、大鱼塘、古兴寨、桃园、白花林、麻栗山、芒岗、芒晃8个村民小组，总人口约为2536人，其中分布着傈僳族、白族、彝族、傣族、汉族等多个民族。

2. 自然环境及气候条件

芒宽乡百花岭村因位于高黎贡山南麓，充满了原始森林的苍幽和瀑布群的

壮观，这里全年日照适中、降雨充沛，年平均气温21.0℃，四季如春，因此造就了百花岭村典型的立体型气候特征，具有热带、亚热带、温带等多种气候类型，这种立体气候为百花岭村发展农业种植、经济林木种植提供了有利的气候条件。得益于此，百花岭有了"热带雨林"徒步路线，拥有阴阳谷温泉、大瀑布、美人瀑布等热门景点。

3. 历史文化

芒宽乡百花岭村的历史可以追溯到数千年前，这里的地理环境使得它成为古代茶马古道的重要驿站。沿百花岭景区蜿蜒而上，是古代著名的南方丝绸之路高黎贡山段，著名的南方丝绸之路"蜀身（yuān）毒道"，自杨柳而来，经双虹桥，从百花岭向上翻越高黎贡山后到腾冲，是出缅甸达印度的主干道，也是现阶段保存最为完整的古道之一。它比北方丝绸之路要早200多年的历史。丝绸古道路宽1.5~2米，路面全部用石块砌成。跋涉在古老的驿道，偶尔能看到石板上嵌入的半圆形马蹄印，似乎还能触摸到厚重的历史的一页，一队队马帮在马锅头和马帮汉子的吆喝下一直响彻几个世纪。马帮文化也由此扎根生长。此外，芒宽乡百花岭村是一个多民族聚居的村庄，这里分布着傈僳族、白族、彝族、傣族、汉族等多个民族。每个民族都有着自己独特的民俗风情和文化传统，这些文化元素相互交融，共同构成了百花岭村丰富多彩的民俗文化。

其次，百花岭的名字由来也有着一段历史。百花岭以前叫白花岭，名字由来与一种名为白花羊蹄甲的植物紧密相关。这种植物在每年的春季，也就是三四月份，会盛开美丽的白色花朵，使得整个山岭和村寨都掩映在白花的海洋中，因此得名"白花岭"。后来，由于这里的花卉品种繁多，学者们将"白花岭"更名为"百花岭"，以更准确地描述这个地方的美丽景色。

（二）芒宽乡百花岭村旅游资源类型分析

1. 自然景观资源

鸟类资源：百花岭是高黎贡山最早开发出来的观鸟大本营，迄今共记录343种，分别属18目，52科，另4亚科。所录鸟类总数约占云南省记录鸟类总种数的43.3%，其中属国家一级重点保护种类5种，国家二级保护种类33种[①]。每年10月至次年5月，众多的鸟类会从高黎贡山的高山地带以及其他地方迁徙过境百花岭或在百花岭越冬栖息，使百花岭成了"鸟类天堂""五星级观鸟胜地""中国观鸟的金三角地带"，成为众多爱鸟、赏鸟、拍鸟人的天堂，

---

① 来源于百花岭村委会内部资料。

吸引了全国各地的鸟专家、摄影爱好者。①

山水景观：百花岭村东临怒江大峡谷，山水景观壮丽秀美。这里的山势陡峭、峰峦起伏，与清澈的江水相映成趣，为游客提供了绝佳的自然景观欣赏地。一是百花岭古道：这是古代南方陆上丝绸之路，又被称为茶马古道。沿百花岭景区蜿蜒而上，途中路过美人瀑布、阴阳谷温泉，经笔者徒步并记录全路线约为4.5公里、行程约2个小时，古道路宽1.5～2米，路面全部用石块砌成。沿着古道徒步，可以欣赏到茂密的森林、清澈的溪流和险峻的山峦，听到悦耳的鸟鸣声，感受大自然的神奇魅力。二是百花岭美人瀑布：从景区起点沿着绿荫遮盖的石板镶嵌的古道走大约2公里，便到了美人瀑布，瀑布周围的野芭蕉与瀑布相映成趣。高约五六丈的美人瀑布，上窄下宽，站在瀑布观景台上看，长长的瀑布犹如美女的披肩长发，缕缕"青丝"垂于脚跟，泛着晶莹的光泽。百花岭瀑布群秀丽壮观，水流奔腾而下，形成一道道美丽的景观。三是百花岭阴阳谷温泉：阴阳谷温泉，坐落在高黎贡山海拔1000米左右的丛林腹地，是高黎贡山东坡的核心景区。从瀑布徒步走1公里左右到达温泉处。温泉处共有2个泉池，泉中冷热泉眼并生，水温自然调和，传说是以前男性跟女性分开各泡一个泉池，所以故称之为阴阳泉。接近出水口的地方温度稍高，人坐上面可热得通体透红，水的浮力还可以起到自然按摩作用。游客还可以游向不出热水的地方，水温40℃左右，一边看着蓝天白云，一边享受这原生态的森林温泉。这里是最天然的温泉，没有人工的掺杂，其咸味中夹杂点硫黄的气味。纯天然的清澈是百花岭的一大特色，游客可以在这里体验温泉的舒适而放松。温泉水质清澈，具有多种疗效，是放松身心的理想之地。

2. 民族文化资源

芒宽乡百花岭村的文化资源主要包括傈僳族的原生态文化、居民建筑和民俗风情，以及通过建设音乐小镇、打跳所形成的多元民族文化交融的特色。这些资源对于保护和传承傈僳族文化，以及促进各民族文化交流与融合具有重要的价值。首先，百花岭村居住着多个少数民族，如傈僳族、彝族、傣族等，这些民族拥有丰富多彩的民族文化遗产，包括语言、服饰、歌舞、节庆、手工艺等，这些都是历史资源的重要组成部分。在芒宽的百花岭村和西亚村，传唱着一种天籁之音——傈僳族无伴奏四声部合唱。从祖辈到孙辈，他们一代一代传承着自己的民歌艺术，也把怒江大峡谷的声音传到世界各地。1996年10月12日，合唱团在昆明第五届中国金鸡百花电影节颁奖仪式上表演《让友谊天长地久》，带着田野和大山呼吸的声音，让在场观众沉醉其中，从此也让山外的世

---

① 来源于2024年3月28日的《云南省文化和旅游厅》公众号。

界认识了他们。①其次，在百花岭村的白花林村小组还遗存一座祠庙——三元宫，其最早修建时间已不可考证，据当地村民回忆说，因南方丝绸之路经过百花岭，所以道教在百花岭亦有发展，因此建立了这所祠庙，每逢初一和十五附近村民会到这里祭拜。

3. 历史遗存资源

怒江双虹桥：怒江双虹桥位于芒宽乡境内的怒江之上，始建于清乾隆五十四年（1789年），已有200多年的历史，并在民国十二年（1923年）进行了重建。这座桥跨怒江江面，在江中礁石上建墩，将桥分成两孔，遥望如双虹，因此得名双虹桥。尽管现在桥上的铁索已经锈迹斑斑，铁索上铺的木板也被磨白，但它仍然是怒江东西两岸来往的通道之一。桥中间还建有一个"风雨亭"，供行人歇脚避雨，同时起到点缀的作用。1993年，双虹桥被公布为云南省文物保护单位，是云南省的重点保护对象。

古道遗迹：历史上，百花岭村曾是2000多年前南方丝绸之路上的重要驿站。南北走向的高黎贡山挡住了南方丝绸古道的通行，商旅马帮只能选择穿越怒江大峡谷和平均海拔3500多米的高黎贡山，因路途遥远，商旅马帮只有在大鱼塘驿站休息和吃饭，也因此留下了特色小吃马帮菜。古道遗迹如今仍可见于百花岭村落周边，这些古老的驿道见证了当时商贸往来的繁荣景象。同时，在抗日战争时期，双虹桥曾经被拆除以阻止日军东侵，后来又被修复成为中国远征军反攻滇西的重要通道。这段历史反映了中国人民在抗日战争中的英勇斗争和坚强意志，因此双虹桥具有重要的历史纪念意义。

传统建筑：百花岭村的传统建筑风格独特，以土木结构为主，保存完好的传统民居、祠堂等建筑反映了当地的历史文化和民族特色。

4. 农业资源

百花岭村目前有耕地面积11330.5亩，林地17890.5亩，主要种植柑橘、咖啡、甜柿、芒果、玉米等。2023年，百花岭种植柑橘4000余亩、高海拔小粒咖啡1300亩、甜柿500余亩、核桃800亩、板栗600亩，产业基础好、物产丰富。除此之外，村民还积极发展核桃、板栗，以及中草药材的林下经济作物种植[4]。

---

① 来源于2024年4月13日的《芒宽的容颜》公众号。

（三）芒宽乡百花岭村旅游业发展历史及现状

1. 百花岭村发展历史沿革

觉醒阶段：在上个世纪，百花岭村还是一个交通闭塞、贫困落后的小山村。世代居住在山里的村民们沿袭着刀耕火种的生产生活方式。村民们不得不通过砍伐树林开垦荒地、猎食鸟类的方式来维持生计。直到1989年，一对来自台湾的夫妇在百花岭遇见正在打鸟的候体国（百花岭老侯），他们通过劝说和展示观鸟的乐趣和价值，成功转变了老侯的观念，使他从一位打鸟者转变为护鸟者和观鸟产业的带头人。在老侯的带领下，百花岭的鸟类资源得到了有效的保护，同时也吸引了越来越多的观鸟爱好者前来探访。台湾夫妇还将百花岭的鸟群信息发布在网上，进一步扩大了百花岭的知名度，吸引了更多的国内外鸟类专家和拍鸟爱好者。这些人在百花岭进行观鸟、拍鸟活动，不仅带动了当地的旅游业发展，也增加了村民的经济收入。此后，随着百花岭村以其丰富的生态资源吸引着越来越多的人，村民们也意识到了观鸟产业背后的经济效应，开启了发展观鸟产业的道路。作为行业的"排头兵"，百花岭村没有什么可以借鉴的先例，只能摸索出一条属于自身的新路，在实践中得出真知，并在不断的探索和经验的积累中为行业提供了范例，形成了闻名遐迩的"百花岭模式"。

萌芽阶段：为了保护高黎贡山生态，1983年，高黎贡山自然保护区建立，开启了对高黎贡山的保护管理。村民被禁止到保护区内活动，且禁止偷捕盗猎野生动物。但许许多多的当地老百姓们断了生计。因此，为了找到一条人与自然和谐共生的自然之道，引导当地居民进行产业转型，真正解决当地的问题，1995年12月，在保护区的牵头下，百花岭村成立了中国首个农民生物多样性保护协会——高黎贡山农民生物多样性保护协会，现已发展会员100余人。这个由当地居民自发成立的协会开启了自我组织、自我管理、自我服务、自我发展的生态环境保护发展路径。在协会的带领和当地政府的支持下，百花岭村昔日的"伐木工"变成了"护林员"，"猎鸟人"变成了"护鸟人"，维护着高黎贡山的生态环境。①协会也通过实惠带动，向百花岭村的村民们提供经济林树苗、通过"先进"带动"后进"、重点发展会员的方式，用有限的土地进行多种经营，不断转变当地生存模式，形成了一条绿色的经济带。

发展阶段：为了更好的促进旅游业的可持续发展，2019年，保山市隆阳区高黎贡山科学爱鸟护鸟协会正式注册成立，目前共有鸟塘24个，观测机位341个。2023年2月，在上级有关部门指导下，百花岭村规范了观鸟产业发

---

① 来源于2024年3月28日的《云南省文化和旅游厅》公众号。

展，制定了《百花岭村爱鸟护鸟协会观鸟活动管理制度》，该制度对鸟塘的布局、新增、取缔及收入分配有了明确要求。规范管理以来，协会售出"观测券"19000余张，收入约133万元，其中：观测点管理员79.8万元（占60%），小组集体3.857万元（占2.9%）、协会成员38.038万元（占28.6%）、村集体9.443万元（占7.1%）、售票员1.862万元（占1.4%）。①2023年在旅游业发展带动下，百花岭村的民宿客栈、交通运输、餐饮服务、观鸟向导、生态水果种植等产业就业200余人，共接待游客1.5万人次，收入约1200万元。在2023年10月，为加强阴阳谷徒步活动的规范管理，促进旅游业的可持续发展，百花岭村积极向上级部门争取政策、寻求专业指导，强化基层党组织作用，由党组织牵头，科学谋划、统筹部署，成立了村党组织领办企业——保山梦栖高黎贡生态旅游发展股份有限公司，以更好地推进百花岭景区长期可持续发展。同时，还建立了线上预约系统，推出进山预约平台，以限制当日预约人数不超过400人的环境容量，有效保障游客和生物生态安全。截至2024年3月13日，平台共收入20余万元，其中村集体收入约10万元。现在到处山清水秀，"绿色颜值"真正变成"富民价值"，实现了"绿水青山就是金山银山"。百花岭共有民宿18家，221个房间，386个床位，房间价格100元至1200元不等。其中，以灵芝家民宿为代表。灵芝家民宿位于百花岭村古兴组，2018年动工建设，2020年1月正式营业，占地面积5亩，总投资400余万元，有房间15间，床位26个，其中大床房4间，标准间4间，普通亲子房4间，亲子套房1间，星空套房2间。灵芝家民宿环境优美、公区面积大、功能设施完善，服务内容丰富，除了餐饮住宿之外还可开展研学、徒步、火塘电影等，2023年底申报成为丙级民宿。

2. 各类项目实施情况

百花岭村现为AA级景区，为进一步完善景区建设，加快百花岭生态旅游示范区的打造，百花岭村积极争取项目，以鱼塘组、旱龙组的基础设施、村容村貌提升为抓手，向全村辐射，致力将鱼塘组、旱龙组打造为特点鲜明、成效显著的示范点。目前百花岭村正在推进的项目主要有：

一是民族团结进步示范村项目。2020年百花岭村争取隆阳区民宗局民族团结进步示范村项目1个，项目资金100万元，其中用于全村入组、入户道路修缮补助资金51.26万元；整村亮化投入资金40万元；修复鱼塘组、芒岗组危桥2座，投入8.14万元；打造民族团结示范户60户，投入0.6万元。②

---

① 来源于《保山日报》2024年4月29日。

② 来源于百花岭村委会内部资料。

二是中央财政壮大村集体经济项目，项目总投入70万元，在鱼塘组建设民俗产品交易市场1个。主要建设内容为打造土特产展销间4间，240平方米。目前该项目正在建设，计划于2024年4月建成，建成后对外出租，平均月收入5000元，将有效提升村集体经济收入，同时解决鱼塘组停车难问题。

三是云南省林科院实施的高黎贡山生态功能提升及可持续发展技术研究与示范项目，该项目涉及省林科院、市高黎贡山自然保护局、移动公司、保山学院等多家单位，目前项目已批准，项目期限为2023—2026年，项目投入总资金1400万元，其中科研项目资金约1200万元，实际用于村庄建设资金约200万元。建设资金主要用于鱼塘组小微湿地建设、水体改造、庭院经济示范户的培养、智慧社区的打造及部分的村庄风貌提升，用于村庄建设具体内容仍在编写可研阶段。该项目完工后，百花岭村的社会治理能力、服务能力、旅游业态都将得到进一步提升。①

3. 百花岭村发展现有成果

百花岭村依托其得天独厚的地理位置和自然环境，近年来在经济发展上取得了显著的成就。依托高黎贡山生态资源，百花岭村建成国家生态旅游区和建立高黎贡山自然公园两个AA级景区，作为云南省面积最大的国家自然保护区，拥有丰富的动植物资源，被誉为"人类的双面书架""世界物种基因库""世界自然博物馆"等。此外，百花岭村还建起百花岭科研旅游接待站和民间博物馆，免费为游客提供便捷和舒适的旅游体验。保护区现已开辟多条生态旅游线路，通过观鸟、徒步、观光等生态旅游产业的发展，百花岭村就开启了以生态优先、绿色发展的先遣之路。

首先，百花岭村成功探索出了一条实现自然保护与发展利用的"双赢局面"的道路。在发展生态旅游产业的过程中，百花岭村坚持生态优先、绿色发展的理念，协同推进生态保护和经济发展。通过搭建生态观鸟基地，发展了以观鸟为代表的生态旅游产业，被誉为"中国的五星级观鸟胜地""中国观鸟的金三角地带"，吸引了大量游客前来观光旅游，进一步推动了当地经济的发展。目前，观鸟经济已经成为百花岭村的支柱产业和村民增收的重要途径，全村共有在册"鸟塘"23处，这些观鸟基地是农户自行开发建设，不仅为游客提供了观赏鸟类的优质场所，也带动了当地群众发展绿色"观鸟经济"。通过售出每张70元/鸟塘机位点、民宿100元/间、餐饮、研学等服务，实现可观的收入。不仅带动了当地群众增收，也提高了群众的生活水平。此外，百花岭村村民委员会通过在旱龙社区上面景区设置卡点，严格要求游客做好进山登记、

---

① 来源于百花岭村委会内部资料。

自觉缴纳卫生服务费、鸟类观测点使用费，对游客征收15元/人的"资源管理费"，通过价格机制支付管理服务费用，也为保护区的发展积累一定资金。同时，保护区管理局还对游客的接待量进行了一定规定，"团队人数由于住宿条件和保护区特殊性限制，一次不得超过40人"[5]。

其次，百花岭村通过积极推行村庄风貌改造、开展村庄生活污水和垃圾治理等工作，在生态保护方面取得了积极成果。通过建立"村级党组织—村民小组党支部—党员中心户"3级网格体系，将保护生态环境职能融入网格，定区域、定人员、定职责、定任务、定奖惩，深化网格化管理，结合党员设岗定责，划分责任区、责任段，由党员担任段长，与党员联系服务群众有机结合，村干部自觉承担林长、河长、路长制责任，深入联系百花岭8个村小组组长开展巡林、巡河、巡路等工作，并带领群众开展打扫卫生、垃圾清运、清淤疏渠，共同保护百花岭村的生态环境。同时，百花岭村还发挥高黎贡山农民生物多样性保护协会的作用，积极开展科普宣传教育，引导群众树立保护第一的理念，订立村规民约、设置惩罚机制，鼓励行业协会、社会组织参与宣传，营造全社会共同保护生物多样性的良好氛围。①

三、全域旅游视角下乡村旅游发展存在的问题及原因分析

党的二十大报告强调：高质量发展是全面建设社会主义现代化国家的首要任务。随着全域旅游理念的兴起和推广，乡村旅游发展备受关注，成为研究热点话题[6]。推动乡村旅游趋于全域化发展的核心在于加强产业融合和创新发展、提高旅游公共服务水平、保护资源和提升影响力等方面。现阶段，虽然百花岭村的乡村旅游发展逐渐变好，但在全域旅游的标准下显然还存在不足的地方，如旅游业态创新不足、配套设施不完善、产业融合不足和保护与开发存在矛盾等问题。具体如下：

（一）全地域发展不足

按照全域旅游的思路发展乡村旅游，其中最关键就是要按照"全地域共同发展"的理念，对整个区域的景观全面提质，形成处处是景观、处处能旅游，共同享有旅游业发展红利[7]。花岭村具有丰富的自然和人文旅游资源，但是只集中开发在旱龙小组，其他中下游几个小组并没有进行深度挖掘和完全开发。普通的观光游客到了景区后，基本上就是沿着古道走一趟，看看瀑布、泡泡温泉，活动范围都在特定景区内，而在景区外周边的村小组内没有可以参与的文

---

① 来源于百花岭村委会内部资料。

化旅游产品，没有享受到旅游业发展带来的红利。同时，这对于那些有较高体验要求的生态旅游者，如观鸟旅游者，景区也缺乏成熟的观鸟旅游线路和相关的旅游产品。总的来说，无论对于高端或是普通生态旅游市场，高黎贡山百花岭景区现有的产品都缺乏特色，旅游项目比较单一，没有很强的竞争力能够抢占市场。

（二）全境域公共服务不完善

全域旅游重在一定区域内以旅游产业为主导，全面优化提升区域内经济社会资源。旅游业是需要多个环节相互配合、涵盖多种行业的综合性服务链产业，需要各个配套行业提供质量保障。现阶段百花岭村存在基础设施薄弱、服务质量不高、医疗资源匮乏的问题。具体为：一是基础设施薄弱。停车场、旅游厕所、旅游标识标牌、游客服务中心的配套设施不完善，接待、导游、餐饮和住宿等方面承载能力较弱。同时，服务种类也不全，服务质量和标准化程度不高只能满足游客的最基本诉求。从S230省道下来，岗党到百花岭景区的乡村道路状况不佳且复杂，部分路段地势陡峭、路面较窄，在旅游旺季会车时会存在拥堵；供水供电设施老旧，景区内存在通信网络覆盖不全、信号差等问题。这些基础设施的落后会影响了村民的生活质量和游客的旅游体验，最终还会影响百花岭村的旅游业的长远发展。

二是服务质量不高、旅游从业人员的综合素质较低。百花岭缺少经过专业培训的旅游从业人员，现在参与旅游业的人员只能为游客提供基本的食宿服务和简单的向导服务，并且对全域旅游发展及其内涵并不是真正了解[8]。在大多数从业人员心中旅游业仍然是局限于景区内的户外活动，只是简单认为旅游业的开发可带来经济收入，没有全域发展的意识。其次人才队伍缺失，公司管理运营存在阻力，难以保障景区长期发展。目前景区由村办小微企业梦栖高黎贡生态旅游发展股份有限公司管理运营，目前无启动资金，虽然在试运行中有一定成效，但是整体投入要高于回报。且公司人员均为百花岭村两委成员，在推进景区规范管理的同时需兼顾村委会正常业务。同时，公司无运营管理经验，制约了百花岭整体发展。

三是医疗资源匮乏。百花岭村医疗资源相对匮乏，村里面只有一个村卫生所，位于百花岭村民委员会旁边，距离景区较远，且医疗机构设备简陋、医护人员只有三人轮流值班，只能医治一些感冒这样的常规小疾病，当面对一些突发情况时还要赶往芒宽乡或者保山市进行急救，这可能导致村民和游客在医疗服务方面面临一定的困难。

（三）全产业融合发展能力不强

全域旅游提倡旅游的全面发展，不能局限于单一的旅游景点或特定的旅游项目，强调对整个区域的生产要素进行统筹，以旅游业为主导产业进行生产要素配置，不断促使旅游业与其他产业进行融合发展，令整个区域的经济转型升级以促进产业高度关联、融合发展[9]。因此，在全域旅游视角下百花岭村乡村旅游发展存在资源整合不够、科学规划不到位、旅游服务种类挖掘不深、旅游产业链不完整的问题。具体为：一是资源整合不够。百花岭除丰富的自然资源之外，还有文物古迹、革命活动地、科学活动景观、民族文化景观、农业资源等，但相互结合不紧密，没有形成合力。二是规划不够科学。虽然明确"观鸟经济"的发展主线，但是缺乏可分区、分级实施，具有实际操作性规划，对土地性质、生态环境、群众生产生活需求、现有基础设施情况、审批条件等要素考虑不充分，过于理想化。三是旅游业态不够丰富、服务种类挖掘不全。目前相对成熟的项目仅有观鸟和徒步，生物生态研学、农旅融合、康养、避寒胜地等方向都没有显著成效。四是旅游产业链不完整，芒宽乡百花岭村的旅游产业链尚未形成完整闭环，8个小组缺乏上下游的协同合作，大部分游客，特别是观光游客到了百花岭后，往往只在旱龙小组民宿做短暂时间的停留便离去，没能给百花岭村其他村小组总体带来经济效益，也影响了旅游产业的健康发展。

（四）旅游全时域发展不足

在推动全域旅游发展过程中，百花岭虽然拥有丰富的自然资源和文化民俗资源，但存在优质的民俗文化与旅游路线设计、旅游文创产品等结合效果不明显问题，导致在淡季时遇冷没有人，旺季时景区、民宿承载量不足，存在安全隐患；白天游客在景区活动、晚上只有无聊地在民宿休息的情况，即没有充分挖掘开发当地的夜间经济、发展夜间旅游产品[10]。

事实上，大部分旅游目的地都有独特的优势资源和主打产品，虽然这些资源和主打产品能够在旺季为受众带来良好体验，但是在淡季却受到自然景观不足、受众活动自由度有限等因素的影响而与旺季客流量、创收能力呈现出了较大的差距，如以拍鸟项目为主的鸟塘景点，因每年10月至次年5月，数量众多的鸟类会从高黎贡山的高山地带以及其他地方迁徙过境百花岭或在百花岭越冬栖息，而迎来大量游客，也因此在6月到9月期间必然会迎来客流量低潮。然而，这种落差也难以因为全域化模式发展而完全消失，这则决定了缩小淡旺季差距仍旧是实现全时域开发的关键。

（五）保护与开发矛盾

全域旅游的发展重心是发掘乡村资源、开展生态文明，旅游可持续发展，达到宜居宜业宜游的目的。在全域旅游的带动下，要不断促进农村走上可持续发展道路，调整、治理、优化乡村生态环境，实现对风景区环境的综合治理，最终促进人与自然协调发展[11]。百花岭村是高黎贡山国家级自然保护区入口社区之一，在百花岭发展旅游，特别是主打生态旅游，就势必会对保护区产生一定影响，如何解决生物生态安全保护与开资源发利用发展的矛盾，就成了百花岭景区是否得以生存的决定因素。百花岭村拥有丰富的自然资源和独特的生态环境，这为其带来了巨大的发展潜力。然而，随着开发的推进，保护与开发之间的矛盾逐渐凸显出来。一方面，为了保护当地的自然环境和生物多样性，需要进行严格的生态保护和资源管理。这意味着需要限制某些开发活动，例如限制景区内的建设规模、限制游客数量等，以确保生态系统的平衡和稳定。另一方面，为了促进当地经济发展和提高居民生活水平，需要进行适当的开发活动。这包括旅游业、农业、林业等产业的发展，以及公共服务基础设施建设的推进。这些开发活动可以为当地居民提供更多的就业机会和收入来源，促进当地经济的发展。然而，开发活动可能会对当地的生态环境造成一定的破坏和污染，给生态保护和资源管理带来挑战。

四、全域旅游视角下百花岭村乡村旅游发展对策

（一）促进全地域共同发展

明确全域旅游的核心理念，即将整个百花岭村视为一个旅游区，通过整合和优化各类旅游资源，为游客提供全方位、多层次的旅游体验。结合百花岭村的自然风光、人文景观和特色文化，不断开发出多元化的全域旅游产品，设计出既符合市场趋势又具有地方特色的旅游产品，创造新的旅游增长点，最终形成新的全域旅游业态。

一是挖掘乡村文化资源。在全域旅游背景下，挖掘和保护乡村的文化资源是推动全域旅游发展不可或缺的环节。一方面，需要对百花岭村的历史、传统、风土人情等文化资源进行深入挖掘和整理，了解百花岭村的传统节日、民间故事、手工艺品等。此外，在挖掘的过程中要注重对民俗和非物质文化遗产的保护，以促进乡村文化在旅游开发中的可持续性发展。另一方面，加强百花岭8个村民小组的资源整合，创意创新，推动旅游产品的多样化。通过调查市场需求、了解旅游者需求和关注当前流行趋势等方式来提高产品的创新性。根

据上游旱龙社区的观鸟、徒步旅游业衍生出的餐饮、住宿、研学、观光农业等多种业态，让下游其他社区承接部分游客的农业体验，以在路途中出售特色农产品、徒步装备、泡温泉的泳衣，开设民宿和餐饮店的方式从中获取收益，形成完整的旅游产业链的同时，进一步丰富了旅游产品，满足了不同游客的需求。同时，还可以结合当地的特色农产品小粒咖啡和民间傈僳族的服饰等小吃和手工艺品，开发出一系列具有纪念意义的旅游商品，在满足游客的购物需求的同时也能增加村民收入

二是创新旅游业态。在全域旅游的背景下，要想提升乡村旅游的吸引力，可以引入新的商业模式和旅游活动，如乡村民宿、特色食品加工、文化体验游等。要鼓励当地居民参与其中，通过打造参与式、体验式的旅游项目培养当地村民的服务意识，提高乡村旅游服务水平。对于乡村民宿，还可以开展带有当地文化特色的体验活动，如傈僳族的文艺表演活动、篝火晚会等，让游客更好地融入当地的文化环境。还可以将百花岭村的旅游资源进行主题化划分，如旱龙社区的生态旅游景区，其他社区田园观光、农耕文化体验、民族风情展示。通过精心规划的游览线路和体验活动，让游客在欣赏美景的同时，也能深入了解百花岭村的历史文化和少数民族民俗风情。

（二）提高全境域公共服务水平

全域化旅游公共服务设施建设是全域旅游发展的基本保障，为了推动百花岭村全域旅游的发展，百花岭村委会要积极寻求与政府、企业和其他乡村的合作。政府可以提供政策支持和资金扶持，帮助百花岭村完善基础设施和公共服务设施；企业则可以提供市场渠道和专业化旅游管理经验，帮助提升服务质量；其他乡村则可以提供互补的旅游资源，共同提高百花岭村全域旅游的公共服务水平。

完善基础设施。交通设施：改善乡村道路，提升道路等级，确保游客能够安全、便捷地到达百花岭。同时，优化交通标识系统，使游客能够轻松找到目的地；公共设施：在景区增加旅游厕所、游客中心、停车场、垃圾桶等公共服务设施的数量和质量，满足游客的基本需求。此外，可以在景区内设立休息区和观景平台，为游客提供休息和观景的便利。

提升服务质量。设立游客投诉管理中心，畅通监督举报渠道，及时回应游客对服务质量的反馈，优化旅游服务管理。人员培训：加强对百花岭村民宿、向导、村委会人员对乡村旅游发展的专业化培训，提高他们的专业素养和服务意识，确保能够为游客提供优质的服务；服务标准：制定统一的乡村旅游服务标准，明确服务流程和规范，在旅游景区、住宿餐饮、娱乐购物服务方面制定标准化的旅游服务规范。统一民宿、向导、鸟塘、公共交通收费标准，保证游

客在百花岭享受到高品质的旅游服务。

强化信息化管理。建立乡村旅游服务平台，包括景点介绍、餐饮住宿、交通路线等信息，提供民宿在线预订、信息查询、导游服务等功能，方便游客获取旅游信息并享受便捷的服务。利用大数据、物联网等技术手段，对乡村旅游进行智能化管理，提升服务效率和游客体验。

（三）"旅游＋"推动全产业融合发展

大力发展"旅游＋"，推动旅游产业融合发展，加快旅游产业转型升级，打造全域旅游新业态，推动旅游产品向观光、休闲、度假并重转变，提升全域旅游的竞争力，促进百花岭全域旅游的可持续发展[12]。

"旅游＋"农业。大力发展乡村旅游是实施乡村振兴战略的重要抓手，也是帮助农民增收的重要渠道[13]。推动上游旱龙小组、大鱼塘的旅游业与下游其他村寨小组的农业深度融合，推动旅游业发展从以景区为核心到以全域为核心。下游小组应结合当地的农业特色，发挥农业优势、推广特色农产品，打造农产品交易市场，让游客在徒步、拍鸟后，到下游村小组参与沃柑、咖啡、绿色有机蔬菜等水果的采摘、加工环节，了解丰富的农耕文化。此外，下游村小组还可以开发观光农业、休闲农业、农事体验、民俗体验、乡村度假等旅游项目，利用乡村土地的天然优势研发大地景观、田园风光、天然氧吧等观光产品[14]。通过整合农业领域成果，并转化为旅游产品，以按人头收费进田园采摘、出售特色土特产和农产品、纪念品来促进百花岭村下游村寨小组的农民收入，共享旅游业发展红利。

"旅游＋"文化。乡村的"旅游＋"文化是指以乡村特有的人文景观和传统文化为依托，充分挖掘当地的旅游资源，打造独具特色的文化体验和旅游产品的新业态[15]。百花岭当地不仅拥有得天独厚的自然环境，还分布着傈僳族、白族、彝族、傣族、汉族等多个民族，蕴涵着浓厚民族特色和文化底蕴，是发展特色休闲旅游的瑰宝。百花岭村可以将少数民族文化元素与旅游资源深度融合，充分利用这些资源，通过举办民族文化活动、展示民族工艺品、提供民族特色美食等方式，让游客在欣赏自然风光的同时，也能深入了解当地的民族文化，从而提升旅游体验的深度和广度。同时，还可以充分挖掘当地红色文化，如滇西抗战遗址、怒江双虹桥，南方丝绸之路、古道遗迹，讲述革命先烈事迹，让游客在这段历史中感悟中国人民在抗日战争中的英勇斗争和坚强意志，缅怀先烈感叹今天幸福生活的来之不易。

"旅游＋"康养。随着社会经济的发展，生活水平显著提高，人们越来越重视身体健康，对健康的投入越来越大。康养旅游已逐渐成为旅游业的"新宠"，受到人们的青睐，康养产业在国民经济发展中的作用日益凸显[16]。百花岭村拥有优美的自然风光、适宜的气候、清新的空气，青山绿水、茂密的森林等，这些自然环境都为康养提供了良好的天然条件。其次该地区四季宜人，气温适中，湿度适宜，远离城市的喧嚣且安静，这些对于康养来说都是非常合适的。改变原来单一景区景点观光游为主的方式，在新旅游业态和全域旅游发展视角下，打造世界级健康旅游目的地为目标，向融合大健康的康养旅游转变。发展康养旅游精品民宿带，带动百花岭村衣食住行全产业融合发展，从而促进百花岭村全域旅游的发展。

（四）促进旅游全时域发展

在百花岭全域旅游发展过程中，破解旅游产业所具有的淡旺季落差、提升旅游产品在全时域中的覆盖范围，对于打造全季旅游、全时旅游模式，促进百花岭旅游向全域旅游迈进具有重要意义。

首先，在缩小淡旺季差距过程中，百花岭需要关注受众多元化的旅游需求，通过开发多元化的旅游产品来满足游客的个性化需求。在此要求下，百花岭不仅要充分挖掘自身的文化特色和自然资源，依托景观旅游打造消费旅游与生态旅游产品。定期举办一些特色活动，如生态旅游节、自然摄影大赛、观鸟摄鸟比赛、徒步旅行节等，在官网和新媒体平台传播来提高百花岭的知名度和吸引力，还有沃柑节、咖啡节、少数民族打跳晚会等这些活动可以吸引更多的游客前来参与体验，让游客了解当地的民风民俗，增强游客的参与感和归属感，为景区带来更多的曝光机会，促使百花岭旅游业能够挣脱季节、气候等束缚，进而有效提高旅游淡季游客量，为百花岭发展带来更大活力。

其次，百花岭还需要关注昼夜差距的缩小，通过发展夜间经济、开发夜间旅游产品，在为受众带来多元化的旅游体验基础之上，提升游客在夜间驻留的意愿，从而更好的带动百花岭休闲娱乐、住宿行业的发展。可以设计一系列与百花岭相关的故事、传说或文化元素，通过民宿主人讲述百花岭故事的方式吸引游客驻足倾听。开展夜间旅游产品，如民族篝火晚会、打跳、夜间动植物观察等，逆转过去"旺季忙、淡季歇""白天看景、晚上睡觉"的现状，打造全天全年全时段的服务景区，为游客提供更加丰富多样的旅游体验。

（五）注重生态环境保护

百花岭村在推进全域旅游的过程中，要注重环境保护和文化传承，确保旅游发展与当地生态环境的和谐共生。应始终坚持生态优先、绿色发展的理念，将生态环境保护作为乡村旅游发展的重要支撑。通过采取一系列有效措施，推动旅游产业与生态环境保护的相互融合，打造一个既美丽又宜居的乡村旅游胜地，为当地经济和社会发展注入新的活力。

一是践行生态保护责任。尽量缩小团队规模，适当避开高峰时段，降低对山林环境的集中负荷；尽量在植被覆盖面积稀少的地方活动，避免制造出新的路径与营地，不要轻易把地表的有机物如树叶、花草等移除。二是加强野生动物保护。在开发旅游项目的同时要尊重和爱护野生动物，在适当的距离之外观察野生动物，不要跟踪或尝试接近它们，不要给它们喂食，不要将宠物带到野外，禁止捕杀、食用野生动物，保护人与自然和谐共生的环境。三是增强防火责任意识。禁止携带烟火进入景区，或者在景区玩火取乐、烧火取暖、烧烤食物、燃放鞭炮、烧香点烛，从源头上杜绝林区野外用火，实现森林防火防患于未然。四是保护林区自然环境。参与"光盘行动"、绿色出行，不使用一次性用品，禁止在林区随意丢弃塑料袋、矿泉水瓶等白色垃圾，自觉养成环保、低碳、节能的生活习惯；记得把垃圾、剩菜等带出山林。五是强化保护宣传教育。村委会定期开展环保宣传，各小组组长当好生态环境保护宣传员，积极向亲朋好友宣传生态环境保护、森林防火知识及野生动物保护相关法律法规，提高全社会共同参与生态环境和森林资源保护意识。①

结语

现阶段，芒宽乡百花岭村的乡村旅游发展已取得成效，但在全域旅游的发展模式下仍有较大的发展空间。本文在全域旅游视角下，通过实地调查、参考大量文献、借鉴国内全域旅游发展较好的案例，结合百花岭村的自身实际情况来分析其在乡村旅游发展中的不足，然后通过旅游资源开发和整合、政策支持、产业融合以及品牌宣传营销等规划来促进百花岭村乡村旅游向全域旅游发展，实现百花岭村旅游资源在可持续发展下的充分利用以及对旅游产业质量的提升。

参考文献

［1］余晓燕.全域旅游背景下职业院校人才培养供需求分析与改革路径［J］.中国职业技术教育,2022(16):92-96.

［2］何捷.全域旅游视角下宁海县乡村旅游提升对策研究［D］.宁波:宁波大学,2020.

［3］杨静.全域旅游视角下苍南县乡村旅游发展研究［D］.舟山:浙江海洋大学,2019.

---

① 来源于2024年2月19日的《醉美芒宽》公众号。

［4］ 王艳艳."两山"理论在云南保山百花岭的实践研究［D］.大理:大理大学，
2023.

［5］ 肖朝霞.高黎贡山生态旅游管理存在问题及对策研究［J］.边疆经济与文
化，2011(8):19-22.

［6］ 孟杰,刘芳,李岩,等.基于全域旅游视角的乡村"文化＋旅游"新业态发展
规划建议［J］.旅游纵览,2023(22):96-98.

［7］ 安猛,宋红娟.全域旅游视角下三亚乡村旅游发展研究［J］.山西农经,2023
(6):53-55.

［8］ 肖朝霞.高黎贡山百花岭生态旅游资源开发现状评估［J］.保山学院学报,
2011,30(1):77-82.

［9］ 程建春.全域旅游视角下溪霞旅游特色小镇提升策略研究［D］.南昌:南昌
大学,2023.

［10］ 胡玲.全域旅游视角下信阳市茶旅融合发展探究［J］.商业经济,2020,
(8):20-21.

［11］ 左剑,刘欢.乡村振兴视角下江西全域旅游高质量发展研究［J］.旅游与摄
影,2023(13):38-40.

［12］ 邓珊,马爱艳.乌什县全域旅游高质量发展思考［J］.合作经济与科技,
2024(14):48-50.

［13］ 李富生.以乡村旅游高质量发展助推乡村振兴提质增效［N］.海东日报,
2024-05-09(1).

［14］ 杨双.全域旅游视角下庐山市旅游发展策略研究［D］.苏州:苏州科技大
学,2019.

［15］ 王彬.乡村振兴背景下清水县乡村旅游现状问题及转型路径［J］.南方农
业,2023,17(1):189-191.

［16］ 潘文进,宁波.基于SWOT分析的保亭县康养旅游发展研究［J］.山西农
经,2023(12):46-48.

乡村振兴背景下勐库镇茶旅产业融合发展研究

李新菊

习近平同志在党的十九大报告首次提出要实施乡村振兴战略，指出农业农村农民问题是关系国计民生的根本性问题，必须始终把解决好"三农"问题作为全党工作重中之重。"地方政府作为乡村振兴战略实施的主导力量，承担着乡村振兴的主体责任。"[1] 在《国务院关于做好2023年全面推进乡村振兴重点工作的意见》中提出，"推动乡村产业高质量发展，必须加快发展现代乡村服务业，培育乡村新产业新业态。"发展特色旅游业和加强建设特色农产品成为政府2023年推进乡村振兴的工作重点之一。乡村振兴战略提出之后，各地区的特色产业与旅游业的融合发展成为实现产业兴旺的重要途径之一，茶文化是最具有代表性的中国传统文化之一，"茶旅融合对弘扬茶文化，推动乡村文旅产业发展，助推乡村振兴具有非常重要的价值"。[2] 勐库镇境内有著名的"冰岛茶"和有着赛冰岛之称的"小户赛茶"，全镇全年的茶产量高，茶文化浓厚。勐库镇为少数民族自治地区，少数民族文化氛围浓厚，旅游资源开发潜力大。茶旅融合发展是勐库镇根据特色民族文化和茶产业建立的产业融合发展的一种模式，同时，勐库镇政府鼓励各村打造茶旅融合示范村。茶旅融合的发展也促进一二三产业的融合发展，延长了农业产业链，扩宽农民增收渠道，提升农村发展的内生动力。

如今，利用"特色产业＋旅游业"的模式发展经济成为地方政府推进乡村振兴的重要方式，在此模式中政府所起的作用成为了众多学者的研究对象，不同地区的产业融合发展模式各不相同，具体实施方案不同，在现有的文献中未找到关于勐库镇政府推进茶旅融合发展的研究，没有关于本地区茶旅融合的相关论文。本文的撰写可为今后的研究提供借鉴。同时因受地理、人文因素的影响，以及茶旅融合发展的客观性、差异化，本地区政府主导的茶旅融合发展的独特经验给其他具有相似情况的地区提供借鉴。

本文通过研究勐库镇政府作为促进乡村振兴发展的主导力量，在茶旅融合发展中扮演着重要角色，制定了产业融合发展规划，推动了茶旅融合发展，丰富了乡村振兴内涵。勐库镇政府在"十四五"发展思路中，要紧紧围绕率先将勐库镇打造成为全省乡村振兴示范区的目标，抓住两大产业即支柱茶叶产业和小区域产业，将其与旅游业相融合，建设观光旅游栈道，建设三个小镇即"冰岛茶小镇""滇濮古镇""勐库特色小城镇"，建设"四个一百"以及打造五条旅游路线，从而推动茶旅融合的发展。勐库镇推进茶旅融合发展的同时促进一二三产业的融合发展，延长了农业产业链，扩宽农民增收渠道，提升农村发展的内生动力。乡村振兴战略在勐库镇的未来规划上充分体现，勐库镇独具特色的茶旅融合发展模式，也会赋予乡村振兴新的含义。

一、相关概念界定

（一）乡村振兴

乡村振兴是指通过城乡融合发展、产业振兴、乡村环境改善等措施，改变乡村地区落后发展状况，促进经济和社会发展。乡村振兴的实现需要有好的机制，把巨量的资源在较短的时间投下去，完成基础设施的建设和升级换代。乡村振兴还要进行农村产业的升级和新质生产力的培育，真正调动多种要素的潜力和活力。

乡村振兴战略提出了五大要求：产业兴旺、生态宜居、乡风文明、治理有效、生活富裕。全面推进乡村振兴需五大要求共同发展，相互促进，也体现了亿万农民对美好生活的向往。各地区根据当地资源，积极探索乡村产业发展的途径，挖掘、发展地方特色产业，将其作为乡村振兴的根基，使农民增收，提高农民的幸福感、获得感。习近平同志在看望慰问基层干部群众时讲到"新时代的乡村振兴，要把特色农产品和乡村旅游搞好"，充分体现了将特色产业与旅游业融合的重要性。本文研究的地区勐库镇是茶叶大镇，以茶产业基础，通过茶旅融合，促进乡村振兴发展。

（二）政府主导

政府主导是指政府主动倡导体制改革，完善市场培育体系与市场体制建设，推进工业化、城镇化（城市化）进程，并确保经济得以较快、平稳、均衡地发展。政府主导是政府统揽全局，协调引导各方利益主体，积极引导非营利组织、市场主体、公民等其他主体充分参与到产业的治理中来。政府的首要任务是对当地的发展情况有明确的认识，再因地制宜制定发展战略，为各类市场主体营造健康、有序的发展环境。

本文所指的政府主导主要是推进勐库镇的城镇化进程，协调引导各方利益主体，使市场主体和群众充分参与到产业的治理中，实现茶产业和旅游产业的融合，推进当地乡村振兴的发展。"政府对旅游产业发展的主导作用通过宏观调控来实现，即主要通过政策指导，酌情示范。"[3] 首先确保证旅游开发工作的社会发展规划，在合法的范围内开发经营，勐库镇古茶园与茶文化系统被列入中国最重要农业文化遗产和全球重要农业文化遗产预备名单，在做好旅游规划的同时，要保证古茶树群落不被破坏，保护生态茶园与发展并举。对于具有成长潜力的新型旅游项目，政府优先进行开发，勐库镇政府主导挖掘公弄村独特的布朗族文化和勐库大雪山古茶树群，政府做好企业和群众之间"中介"，以及他们之间沟通的桥梁，并且保证双方的利益不被损害，运用多种方式对茶旅融合产业的发展进行干预和介入。

（三）茶旅融合

"产业融合指不同的产业彼此交叉，相互渗透，或者同一产业中不同的分支行业相互交融、相互渗透，从而融合为一，逐步形成新产业的一个过程"。[4] 茶旅融合就是茶也可以由喝向吃、用、玩、养等综合性多功能转变，充分发挥茶资源的产品功能、配料添加功能、生态功能、文化功能等，扩大利润空间。高品质的茶园是茶旅融合的基础，应该将许多小规模的茶园和茶场连接成大群体式的茶基地。

在乡村振兴的背景下，各产业加旅游业的发展模式，成为地方政府推动发展的主要方式之一。茶文化和乡村旅游之间的产业融合，正顺应时代的发展，逐步深化和加强，成为地方经济发展的一项特色。茶文化产业和乡村旅游业之间具有很强的产业关联性。从二者的关系来看，旅游业能够宣传茶文化产业，帮助打开茶叶的销售市场，茶文化产业能够赋予乡村旅游业更多的文化内涵。它可以促进双方的资源发展、技术交流融合、功能结合以及融入市场，使双方能够持续健康发展。在我国很多茶文化浓厚的地区，都选择利用茶旅融合的方式推动当地发展。本文所指的茶旅融合，指的是勐库镇作为茶叶生产大镇，茶文化浓厚，将旅游业融入其中，运用茶产业＋旅游业的发展模式促进勐库镇乡村振兴，加之勐库镇有拉祜族、佤族、布朗族、傣族等多个民族聚集，可以让独特的民族文化也成为推进茶旅融合的一大特色。

二、勐库镇政府主导的茶旅融合发展现状

（一）基本情况介绍

勐库镇地处云南省临沧市双江拉祜族佤族布朗族傣族自治县北部，下辖16个村委会、103个自然村、160个村民小组、11261户37779人（其中：农业人口7444户29461人）；境内集居着拉祜族、佤族、布朗族、傣族等12个少数民族，有少数民族人口14250人（其中：拉祜族7780人、佤族1651人、布朗族944人、傣族2551人、其他少数民族1324人），占总人口的43%。[①]

勐库镇是多民族聚居区，而茶叶是勐库镇的主要产业，2019年全镇茶园面积累计达117474亩（户均达16亩，人均达4亩），可采摘面积为83229亩。在2021年全镇的茶叶面积有13万亩，其中可采摘面积9.34万亩，有机茶园面积2.3万亩，有茶农7444户29361人，占全镇总人口的78%；有茶叶加工企业1676户，其中精制厂46户、初制加工1602户；有茶叶专业合作社28个。[②]2023年，全镇有茶叶面积19.8万亩，可采摘面积12.4万亩，有机茶园面积9.7万亩，有茶叶加工企业3226户，其中精制厂46户、规上企业7户、初制所3133户、茶叶合作社47户。

"加强茶文化旅游发展，可以充分发挥地区丰富的茶文化历史作用和优势，带动茶产业旅游工作的发展。"[5] 近年来，勐库镇的茶叶面积不断扩大，依托浓厚的茶文化和民族文化，茶旅融合发展的方式成为勐库镇推动脱贫攻坚与乡村振兴有效衔接的途径。茶旅融合发展是大势所趋。如今勐库镇已建成以冰岛村和公弄村为重点的乡村旅游区，茶旅融合在勐库镇正在稳步推进。

（二）茶旅融合发展历程

产业融合发展的要义是推进农村一二三产业深度融合，涉及制度建设、政策设计以及利益协调等多方面。如果地方政府不能为产业融合发展提供必要的合作平台、金融服务、财税支持以及技术保障，脱贫攻坚与乡村振兴便不能有效的衔接。勐库镇政府利用六治融合（政治、德治、法治、自治、智治、贤治）共画乡村治理同心圆的理念，结合各村特色，形成"茶文化＋民族文化＋旅游"的发展模式，促进茶旅融合的发展。

2019年勐库镇政府强调要巩固脱贫攻坚成果，加快实施乡村振兴战略，

---

① 来源于双江县人民政府门户网站。
② 来源于双江县人民政府门户网站。

最终形成脱贫攻坚和乡村振兴相互支撑、相互配合、有机衔接的良性互动格局。勐库镇有16个行政村，以冰岛村和公弄村为代表，自2019年以来，政府积极推动两村茶旅融合的发展作为示范点，依托丰富的茶叶资源、深厚民族文化资源，谋划与旅游相结合，推动茶旅融合发展，同时促进茶旅融合的发展，也能提升地方政府治理能力。勐库镇的茶旅融合发展可为两个阶段，脱贫攻坚阶段和乡村振兴阶段。前期重点在统计当地茶园面积，保护茶园，扩大茶园的面积并对茶旅融合做规划等方面，后期重点则在具体实施茶旅融合项目。目前该镇仍然处于建设阶段、初级阶段，更多的茶旅融合发展成果有待考察。

1. 脱贫攻坚阶段

2016年，勐库镇政府组织召开"健康茶叶"建设座谈会，邀请了茶企代表、镇村组干部代表、村民代表、村初制所代表共147人参与，初步宣传了建设"健康茶叶"理念，最终共召开镇、村组会议32场，使更多群众参与到"健康茶叶"建设中，并选定了冰岛村、坝糯村和亥公村作为"健康茶园"示范点。

同年，勐库镇亥公村就已规定要经常性地组织茶农积极参加茶叶种植和管理技术技能培训，不断提高茶农素质和种植水平，组织茶农参加有机茶园标准及相关规定集中培训每年不少于3次。从2007年亥公村成立有机茶协会，到2016年参加协会的农户已有238户，涉及6个村民小组，覆盖茶园面积已有2000余亩。勐库镇深入开展"千人培训计划"，不定期组织开展茶叶种植、加工、销售、电子商务等培训。2019年举办劳动技能培训5期（540余人次参与），实用技术培训3期（230余人次参与），激发群众的内生动力。[①]

在脱贫攻坚时期，勐库镇茶叶初制所较少，且规模小，但仍然有一家名为云南双江勐库茶叶公司（勐库戎氏）的企业，集勐库大叶种茶种植（可采摘茶园面积达5.4万亩，有机茶园1.08万亩，无公害茶园4.3万亩）、初制、精制、研发和销售为一体的农业产业化国家重点龙头企业，成为联合国粮农组织在中国的四个"有机茶生产、发展与贸易"项目示范基地之一。

勐库镇政府按照"四有一无"（有吃、有住、有干净水喝、有医疗、灾后无大疫）的要求，向群众宣传"爱护茶园就是爱护生命"，加快转变群众观念，使群众充分认识到对茶园使用农药易污染水源，将危害生命，同时会影响茶叶的质量，最终使茶叶价格降低。近年来通过不断推广物理防治虫害、安装太阳能诱虫灯和利用割草机除草等方式，减少农药使用量，保证茶叶质量，实现茶叶稳产增产；加大有机茶园创建力度，扩大有机茶园面积。2019年全镇

---

① 来源于双江县人民政府网站。

的茶叶面积为117474亩，之后勐库镇政府不断鼓励茶农新植茶叶，抓实种植基地。

脱贫攻坚后期，勐库镇正式对茶旅融合建设提出实施方案，规划将冰岛老寨建设成为"冰岛茶小镇"，并深入挖掘公弄村的布朗族文化、佤族文化、拉祜族文化，将其融入茶旅融合产业中，建成特色民族村寨旅游区。2018年勐库镇对原本存在的冰岛湖和山神庙旅游区进行再规划，加强管理；2020年初成为运行有序的观光旅游区。

2. 乡村振兴阶段

政府鼓励建立茶叶合作社，有力支撑群众增收致富，为提升组织化水平。在村党组织的统筹下，协商进行资源整合，组建较有实力的合作社，推动合作社形"党组织＋合作社＋基地＋农户"的模式，即党组织通过引进能人成立农业合作社，把村民吸引进合作社，对分散的产业进行统一管理。村民通过资金或土地入股参与经营管理，最终实现标准化生产。为应对市场变化，可通过强化合作共赢，提升组织化；同时依托丰富的茶叶资源、深厚民族文化资源，谋划与旅游相结合，形成茶产业＋旅游业的发展模式。勐库镇政府积极引进企业投资旅游开发项目，促进茶旅融合发展，提升市场化。

勐库素有茶乡之称，是勐库大叶种茶的原生地。勐库镇政府为各村的发展，提供政策支持、资金帮扶，不断扩大茶叶种植面积，2021年全镇现有茶叶面积13万亩，其中可采摘面积9.34万亩，有机茶园面积2.3万亩；树龄百年以上古茶树10656亩78529株；有茶农7444户29361人，占全镇总人口的78%；有茶叶加工企业1676户，其中精制厂46户、初制加工1602户；有茶叶专业合作社28个。2023年全镇有茶叶面积19.8万亩，可采摘面积12.4万亩，有机茶园面积9.7万亩，有茶叶加工企业3226户，其中精制厂46户、规上企业7户、初制所3133户、茶叶合作社47户。虽然勐库镇制茶商不断增加，但是勐库戎氏依然是当地最大的制茶商、销售商，它与多家茶叶初制所合作，带动了一批当地茶商发展，共同实现勐库镇产业兴旺。

2020年12月勐库镇"冰岛茶小镇"建设项目正式启动，逐渐完善基础设施，实施更加严格的茶叶准入机制，更规范的市场管理，在保护古茶树资源的同时建设旅游项目，初步实现茶旅融合发展。2021年公弄村的古茗之巢半山酒店建设完成，周边的基础设施较为完备，同时建成了茶叶文化历史馆，除了茶文化，还深入挖掘了公弄大寨的布朗族文化，丰富了公弄村旅游区的旅游项目，将茶旅融合贯彻落实，进一步推进茶旅融合的发展。2021年邦改村的茶叶观光旅游栈道建成并投入使用。

"特色产业的融合创新是推动产业转型升级，突破经济发展瓶颈的根本动力所在"。[6] 勐库镇政府利用现有的资源，找出各村的特色和优势，使茶旅融合在部分村内得以快速发展，在推进脱贫攻坚与乡村振兴的有效衔接进程中，各村利用本村优势和特色，顺应时代的发展趋势，运用科学理论做好整村规划，同时运用网络直播等方式推销本村，在各大网络平台销售特色农产品，宣传独特文化，吸引更多的游客观光旅行，实现了利用茶、吸引人、促发展，充分利用闲置资源，助推产业转型升级，促进茶旅融合发展，有序进行乡村振兴的工作。

（三）茶旅融合取得的成效

党的十九大报告提出乡村振兴战略，其规划提出"要壮大特色优势产业、推动农村产业深度融合，让农村一二三产业在融合发展中同步升级、同步增值、同步受益。"[7] 本文所指的乡村振兴是勐库镇政府依据乡村振兴战略，围绕优势重点茶叶产业和传统农业产业，补齐技术、基础设施、销售短板，精心打造"一乡一特""一村一品"和特色产业基地，运用产业融合的理念，促进茶旅融合发展，挖掘出特色优势产业，农业、工业和服务业深度融合，建立比较完整的产业链，扩大销售市场。近年的乡村振兴工作，勐库镇政府有序推进，其中公弄村和冰岛村成效显著，勐库镇公弄村在党建引领下创新发展治理模式，探索实践出一条六治融合（即政治、法治、德治、自治、智治、贤治）共建共治共享的乡村治理路径，成效显著，为茶旅融合的发展营造了良好的社会氛围。

公弄村现已建成有机茶园2.6万亩，2022年人均纯收入达1.48万元。连续两年被授予农村信用体系建设"信用村"，先后被评定为"中国少数民族特色村寨""云南省旅游名村""云南省民族团结进步示范村""云南省旅游扶贫示范村""省级绿美村庄"及"国家AAA级旅游景区"等多个称号。在公弄村旅游区可体验到布朗族独特的饮茶文化，参与制茶工艺；在当地特色农家乐中，可享用不同民族的特色食物，了解公弄茶产业历史，增强了游客和茶商的体验感。产业兴旺、生态宜居、乡风文明、治理有效、生活富裕的美丽乡村建设成效初步显现，茶文化和旅游业融合发展的效果显著。

冰岛村的冰岛茶在2006年的广州茶博会荣获金奖。2015年，冰岛水利风景区被授予国家级水利风景区。之后冰岛村先后被国家和省级评为"恒春小镇""2014年中国十佳避暑小镇""全国生态文化村"。前往冰岛村的路途中，在勐库镇政府的主导和扶持下，建成南等水库旅游区和山神庙旅游区。这两个旅游区发展时间长，游客流量大，在勐库镇的旅游产业中，拥有较大市场，能有效带动冰岛村的茶旅融合发展。在冰岛村政府帮扶建成的农家乐中，其中部分提供茶宴菜单，让游客体验特色茶叶食物的同时还能参与到采茶、制茶的全过程，增强体验感。

三、勐库镇政府主导茶旅融合发展的经验

（一）谋划茶旅融合的体制机制

为巩固脱贫攻坚成果，提质增效茶叶产业，持续提升人居环境，继承和发扬少数民族传统文化，推进移风易俗，保护古茶树资源，勐库镇以各村基层党建为引领，通过征求群众意见，并根据各村的独特性制定了通俗易懂易执行的《村规民约》和《有机茶园的管理公约》，为茶旅融合的发展提供良好的环境和社会秩序。茶旅融合的发展需要群众和政府一起努力，所以各基层党组织和党员在规范执行的同时，深入开展"不忘初心、牢记使命"主题教育、党史学习教育，加强群众的感恩教育，激发群众内生动力，努力引导群众由"要我振兴"向"我要振兴"转变，营造齐心协力大干乡村振兴的氛围。近年来，勐库镇持续探索将绿水青山转化为金山银山的有效路径，保护传承和发展民族茶文化，促进各村茶旅融合发展创新，推动一二三产业深度融合，将打造"绿色食品牌"和"健康生活目的地牌"落到实处，走出了一条小叶子"摘"出大产业的致富之路。

（二）优化茶旅融合的具体规划

依托勐库镇高品质的勐库大叶种茶资源、原生态的自然环境和浓郁的少数民族风情，以"看得见山，看得见水，记得住乡愁"为基本要求，勐库镇指导各村通过召集规划小组、村组干部、理事会成员多次协商，并多次征求了多方意见后，逐步形成了以"民族为根、茶叶为本、文化为魂、民益至尊、品质至上"为理念的乡村规划，走出了以茶产业发展为核心，以茶文化和民族文化为特色，以旅游开发为亮点的茶旅融合发展的新路子。各村规划按照"近期成点（核心区）、中期成线（旅游路线）、远期成面（各村全域）"的目标稳步推进。目前，已按照规划建成特色寨门、传习馆、游客服务中心文化活动场所、观景步道、旅游公厕、观景亭、停车场和旅游标识牌等基础设施，同时扶持多家"茶家乐""农家茶坊""农家茶庄""农家工艺作坊"。

（三）明确茶旅融合发展的依托产业

茶叶产业就是勐库镇的"铁饭碗"，群众的衣食住行都依靠茶叶。近年来，勐库镇认真践行"绿水青山就是金山银山"发展理念，努力打造省委、省政府提出的"绿色食品牌"，鼓励各村打造属于自己的茶叶品牌，例如冰岛村

的俸字号、坝糯的藤条茶以及有着"赛冰岛"称号的小户赛茶，按照县第十四次党代会精神，勐库镇政府逐渐推进各村茶旅融合产业"波尔多"经营模式发展，在勐库镇茶旅融合发展中主要表现为茶农、茶商、中介机构。按照"政府主导、企业主体、群众参与"的模式，由政府牵头，引进企业投资，群众利用土地入股的方式参与旅游项目的建设，推动公弄村建成"古茗之巢"半山酒店和冰岛老寨形成"茶旅小镇"。并对全镇现有茶园进行有机认证，通过有机认证可使茶农每亩茶叶增收300元以上，即促进了茶旅融合的发展，也真正将绿水青山就是金山银山落实到实处。

（四）选择"新乡贤"带领茶旅融合发展

为有效推进勐库镇的茶旅融合发展，实现乡村振兴，勐库镇政府贯彻落实临沧市委、市政府开展"万名干部规划家乡"行动的有关要求，联合16个村委会，积极与在外的公职人员、离退休人员、致富带头人、乡贤能人联系，选择出生于当地、熟悉当地、对家乡有深厚感情的同志担任各村村庄规划牵头人。在好的领头人的带领下，由镇政府代表干部、村委会成员、村民代表和投资企业代表组成的规划小组通过对各村的资源优势、发展的问题短板、未来的发展方向进行分析、研究及判断。其中公弄村在原县人大常委会退休干部叶自平同志的带领下，制定了人的资源清单34名，物的资源清单82项，问题清单72个和项目清单245个。规划小组根据项目清单积极协调各方工作力量和资源，引导群众规范化种植和管理茶叶，积极招商引资吸引企业进驻，共整合各类资金1000余万元，形成责任共担、同创共建、资源共用、成果共享的工作格局。

2021年坝糯村的一批回乡干部，为将坝糯"会跳舞的藤条茶"的名号向外传播，采取全面摸清，治理古茶山、古茶树周围环境，建立长效管理机制，实行规划管控，制定保护技术措施等措施，对坝糯村的茶区进行整治，保证茶叶的质量，重点抓住每年政府牵头举办的茶博会，宣传坝糯藤条茶，为当地开发旅游业奠定基础。

四、勐库镇政府主导茶旅融合发展中出现的问题

（一）管理系统尚不健全

乡村振兴背景下，推动产业＋旅游业的融合发展，需明确各主体产业发展中的作用。在勐库镇推进茶旅融合进程中由勐库镇政府、各村委会和企业联合投资茶旅项目，但是部分村项目建成后没有明确的文件或者法律材料证明项目

的所有权、经营权归属于哪一方主体，没做到权责一致。这存在巨大风险，容易使各主体产生纠纷，不利于茶旅融合发展，或处理不当也会阻碍勐库镇未来的发展规划，因此明确各方的主体责任，也是勐库镇推进茶旅融合发展的重要因素之一。茶旅融合发展与群众的利益息息相关，发展产业需充分考虑、保障群众的各项权益，利用合法的方式，以实实在在的文件向群众公示。在推进茶旅融合过程中，实时了解群众需求，并及时解决问题，能够在保障群众利益的同时，提高政府的公信力以及权威，这需要政府完善政民交流的渠道，保证群众与政府沟通渠道畅通。

政府文件是具有法律效力的，并且是政府推进各项工作的记录册。在推进茶旅融合进程中，勐库镇政府对各村的项目文件和内部的部分资料未以文件的形式保存于政府档案中，有时未能及时调用资料，影响办事效率。且各村推进茶旅融合发展的情况不同，包含其中的民族文化也不同，促进茶旅融合发展的具体路径也不相同，此时文件便可发挥其作用。文件的缺失也会对上级政府突然的视察工作造成影响，损害镇政府的形象，不能及时详细的将勐库镇茶旅融合发展的情况反馈，无法及时抓住发展的机遇，影响勐库镇的发展前景。

（二）基础设施建设有待提升

基础设施建设是形成茶旅融合的重要构成部分，同时也是促进茶旅融合发展的前提条件。道路交通是国民经济和社会发展的命脉。勐库镇政府在推动脱贫攻坚与乡村振兴的有效衔接中，逐渐硬化各村道路，但是由于资金缺乏、部分地区道路建设难度大以及涉及群众的财产权等问题，一些交通干道至今未实现道路硬化，造成道路设施不完善，同时难以完善村内的基础设施建设。公弄村小户赛就因为公弄大寨到小户赛的路段未建成硬化道路且道路狭窄，过往车辆较多，所以存在较大的安全隐患。此外该路段也未设置指路牌，而使得前来观光旅行和购买小户赛茶的游客或商家难以顺利到达目的地，由此失去部分市场，同时不利于推进之后的旅游宣传工作。

推进茶旅融合发展意味着需保证干净、整洁的旅游环境。目前部分村落未建设垃圾处理站，并且已经建设垃圾处理站的村落也未能及时将垃圾处理，比如公弄大寨和公弄小寨，垃圾处理站均设在村口处，且紧靠交通要道，会给前来观光旅行的游客、茶商以及视察工作的上级政府工作人员留下不好的印象，不利于未来旅游区的宣传。

（三）乡村振兴人才缺乏

茶旅融合发展需各领域的人才投身其中。勐库镇政府为乡村振兴的发展，鼓励各村在做乡村规划时，利用各村威望高、能力强的老一辈党员，这虽然实现了部分的建设项目，但是却未能将青年一代的人才留住并使其参与茶旅融合项目及乡村振兴工作。如今各村每年都会有步入大学的学生，所学的专业交互率低，遍布多个领域，这便意味着每年有众多不同专业的大学生需就业，但是勐库镇政府的人才政策未健全，即使是已存在的创业、就业政策，也因宣传力度不够导致知名度低、很少有村民了解，造成了镇内的部分人才资源闲置，未得到充分利用。

在推进茶旅融合进程中，在动用村民土地时，根据勐库镇少数民族居多，各民族文化有所不相同、习俗不同、禁忌不同，需充分考虑并尊重各民族的特殊文化。勐库镇部分村落有古树群，少数民族村落内部形成规定，如不是天灾不可砍伐古树，而对此类习俗需通过本村人进行记录上报，既能尊重各民族人民也能保证信息获取，这也需要村内人才的加入。

（四）产业治理需强化

随着勐库镇茶旅融合的不断发展，运用直播的方式销售茶叶和当地特色产品成为商家的第一选择，但是以假乱真、制假售假、扰乱市场的行为也随之而来。勐库镇各村各自然村的茶叶品质不相同，而冰岛茶和小户赛茶的价格高、品质好，但由于村民缺乏产权意识，未对自家制出的茶叶设计商标，也未对产品进行商标注册，从而市场上出现其他人或其他村假冒商标的现象，因此村民的产权意识急需提高。此外，外来茶商也借此名号销售非地区茶叶产品，导致劣质产品不断增加，影响勐库茶叶的声誉，勐库镇政府对此提出了对有机茶园实施溯源管理，以便于购买者通过扫码等方式了解茶叶的整个生产过程，但是此项措施实施进度慢，未取得进展。

推进茶旅融合的发展，不仅要有需求还要有供给，目前勐库镇旅游区内的产品，很多为家庭手工业，随着当地旅游业的不断发展，手工作坊没办法满足游客的需求，产品的生产体系和产业链发展不完善，供需失衡，影响经济发展。

旅游点连接成面是旅游产业快速发展的决定性因素之一。勐库镇行政区域面积421.96平方千米，且辖区范围内各行政村自然村坐落于不同山头，发展旅游业难度系数大。镇内各村各有特色，形成各旅游点的潜力较大，政府需加大投资力度。但是由于各村之间的间距较大，且各村村民已形成自己独有的生产生活方式，使勐库镇成为一个景点集中的旅游景区难度大，并且勐库镇推行茶产业加旅游产业融合，其中很多古茶树群和有机茶树园靠村生长于不同区域，这边意味着勐库镇的旅游产业分布于不同地方，旅游景点便没办法形成面，投入成本比一般景区建设大。

(五) 政府帮扶机制宣传力度不足

乡镇政府靠近一线，有更多机会直接接触群众，各项政策需政府和各村村委会加强宣传、贯彻落实。镇政府的文件明确规定为加强当地市场主体的活力、动力，通过对资产以及银行信用度进行认证，可根据小额信贷政策进行贷款，降低利息、延长贷款年限使其获得更多可支配资金，参与茶旅融合发展项目。政府为促进乡村振兴、茶旅融合的发展，建立健全联农带农机制，让群众参与到企业建设项目中，使群众从中获取利益，稳定居民收入。勐库镇政府制定许多惠农、惠企政策，发出的文件较官方，但是当地村民的文化水平较低，而村委会直接转发文件，并未将其进行解释宣传，出现群众信息滞后，宣传力度不足，部分茶商未及时了解政策，从而最终阻碍市场主体的发展。

五、勐库镇政府主导茶旅融合发展的对策建议

(一) 完善保障机制，全面加大对茶旅融合的支持

茶旅融合发展需加强组织领导。落实省、市、县、乡、村五级书记抓巩固拓展脱贫攻坚成果和乡村振兴工作责任制，要树立"今天再晚也是早，明天再早也是晚"的效率意识，协调推进重点项目，深入基层，因地制宜制定政策。各层级要加强数据共享和工作指导，确保各项措施取得实效，完善反馈机制，获得实时反馈。镇政府各村要明确主体责任，切实履行责任，结合实际制定符合自身特点的茶旅融合具体方案，细化工作措施，分类精准施策。而对政企合作的旅游项目开发，根据法律规定，按照投资比例，明确项目最终的归属权属于企业还是政府，明确主体责任，避免在未来发生纠纷时出现无法厘清主体责任的情况，及时解决出现的各类政企合作纠纷。

茶叶档案文件是政府重要的工作内容之一。勐库镇政府与各村村委会要做到共享文件，各村村委会对茶旅融合工作做记录、总结，对出现的问题采取的解决措施等都可形成文件，并将推进茶旅融合发展相关的文件在村内留档，之后及时上传镇政府，形成茶旅融合发展档案库，使其能为之后推进茶旅融合工作中出现的问题提供解决思路、有案例可借鉴。由于勐库镇独特的茶文化和民族文化，勐库镇促进茶旅融合发展的方式也同样具有独特性，由此也可以为其他具有相同特征又想利用茶旅融合的方式促进发展的地区提供借鉴，而文件在此过程中便发挥重要作用。档案库的存在，提高了政府管理文件的能力，也能帮助后来的工作人员了解勐库镇各村推进茶旅融合的情况，快速适应工作。

（二）完善基础设施建设，提升服务能力

"提升政府助力旅游产业发展的服务职能。旅游产业发展所依托的基础设施及公共服务设施，需要政府直接投入或通过引导性投入及政策驱动，调动或吸纳社会资金进入旅游产业来完成。"[3] 未来勐库镇政府将在全镇打造五条旅游路线，首先必须将基础设施完善，才能提升景区的服务能力，吸引更多观光旅行的人。针对勐库镇各村落之间部分道路未被硬化的问题，其影响最大的因素是资金不足，需利用社会多方力量，开拓资金筹集渠道，鼓励旅游企业尤其是有实力的大型旅游开发公司，对勐库镇的旅游资源进行合理的商业规划、商业开发，政府通过政策引导、利益协调，完善基础设施建设，实现与旅游企业的双赢。利用政府帮扶与村民自筹的方式，充分发挥当地居民参与旅游产业发展的积极性，出台相应的优惠或扶持政策，鼓励他们出资出力，参与到基础设施建设、旅游开发及旅游服务的各个行业中来，共同分享发展茶旅融合产业带来的效益。优先解决基础项目，对于危险路段要加快建设，并设置前往各村的指示牌，为初次参观的旅客指明道路，保证来往人员的交通安全，方便村民进出村；让村民参与集资建设，能够增强村民对基础设施、公共设施的保护意识，增强责任感。

促进勐库镇茶旅融合发展的可持续性发展，应突出生态保护，始终把资源和环境保护工作放在旅游开发的首位。"规模化茶园已经对生态环境形成了一个重要的促进作用。"[8] 勐库镇茶旅融合建设区，如今有机茶园逐渐规模化，部分有机茶园靠近村庄，勐库镇政府应与相关部门、机构积极合作，及时做好垃圾处理工作，保证环境整洁，保护生态环境，在旅游区可贴上"请勿乱扔垃圾""垃圾待在垃圾桶"等标语，也可根据各村不同的民族文化，设计出不同的标语，提醒游客、茶商和当地村民不能随意乱扔垃圾，形成保护生态、保护有机茶园和旅游景区的意识，为推进茶旅融合发展，保护环境的同时就是在保护有机茶树园，贯彻绿水青山就是金山银山的发展理念。

（三）注重人才培养，提供智力支持

茶旅融合的发展需各专业人才投身其中，最终做到专业化、科学化发展。结合茶旅融合产业发展，深入实施"万名人才兴万村"行动。首先需从干部群体入手，优化驻村工作队员结构，提高专业技术人员比例，探索建立"乡村党政干部＋驻村工作队员＋科技特派员＋企业技术指导员＋致富带头人"一体的人才合力帮扶机制。完善政府的人才政策，对镇内大学生资料留档，吸引这类群体参与茶旅融合，针对他们设置特定的补贴政策，例如政策上提供便利，利用大学毕业生的身份申请更多的资金支持，鼓励其在村内创业就业。

"科学的茶旅生态经济区开发建设离不开专业化、知识化复合型人才力量的支持，因此为了完善旅游区文化服务功能，还要注重引进、培训专业的茶旅人才。"[9]推进茶旅融合发展，实现乡村振兴，是勐库镇政府未来一段时期内的工作重点，持续时间长，所需的人才只增不减。由于时代是不断发展变化的，需要人员不断提高自己的能力，提升专业技能，所以勐库镇政府可与高校或其他机构合作，采取定期和不定期、线上和线下相结合的方式组织人员参与学习，了解当今时代的发展趋势，也可借此机会对政府新的政策进行解读、宣传，增强群众的主体意识，帮助推进政府政策。勐库镇的旅游产业发展的基础是茶文化，所以茶叶的发展史也是人才学习的一大板块。勐库镇政府需不断探索留住人、培养人才的方式，持续满足乡村振兴发展的需要，加快建设旅游景区，充分利用人才资源，保证茶旅融合的发展。

（四）创新发展规划，构建高附加值茶旅产业链条

创新是推动乡村振兴发展的重要因素，而完善农村产业链链条是乡村振兴发展的重要推动力量之一。"乡村的发展，积极探索乡村地区产业融合，延展其产业链是一条重要的道路"。[10]勐库镇政府推动本镇茶旅融合发展，目前将重点放在茶产业和旅游产业的发展，对古茶树群和有机茶园的保护，为茶商提供政策和资金扶持以及近年来不断培养电子商务人才。单谈茶产业链的发展，如今在勐库镇已较为完善，但是未深入挖掘民族特色文化并将其融入其中。单一的产品不能保证居民的收入稳定，在出现自然灾害时，易出现返贫现象，这不符合乡村振兴发展的理念。"创新意识的缺乏不仅加重旅游项目同质化的情况，还会流失一定的旅客"。[11]勐库镇旅游业除茶产业之外的衍生产品少、未能将民族文化充分利用。冰岛老寨是拉祜族村寨，现如今也因建成"旅游小镇"而将村民聚镇而居，原有的拉祜族文化在茶旅融合发展中未能体现出来。公弄布朗族村寨是勐库镇最早的原住民，民族文化保存较为完整，如布朗族的特色菜系、各种传统节日，以及竹筒蜂蜜茶和糊米香茶等传统养身茶叶制作。勐库镇政府应深入挖掘潜在的民族文化，在保护传统文化的同时，与现代科学技术、文化相结合，与时俱进，顺应时代的发展潮流，开发出新的旅游产品。为企业提供便利政策，吸引、鼓励企业参与茶旅融合项目投资，延长茶旅产业链链条，提高农产品的附加值，扩大市场，实现村民增收。

借助勐库镇浓厚的茶文化对茶商的吸引，将茶文化与旅游产业链中的"食、住、行、游、购、娱"各个环节融合在一起。利用勐库镇有众多茶商的优势，宣传各村的茶旅融合，采用茶叶销售带动旅游业的宣传方式，打开勐库镇茶旅融合发展的市场，激发市场主体的活力，支持乡村各类经营主体策划包装具有地方风格的旅游农特产品。茶叶生产商可在产品的包装上，印制自己独

特的民族文化、制茶工艺以及村内的旅游景点。勐库镇政府对此类茶商应做好扶持工作，鼓励茶商以多种方式宣传旅游点；旅游企业和村民联合开发制茶体验区、民族文化体验区、采茶体验，建设茶园内的观光旅游栈道，丰富旅游区内的观光项目，提高市场占比，扩大知名度，完善乡宿、乡游、乡食、乡购、乡娱等休闲体验产品，保证旅游区内的项目多样；政府应联合法律部门制定相关政策，维护好各主体的利益，形成良好的竞争关系，持续推进茶旅融合的发展。

勐库镇由于复杂的地形以及各村落分布不均，旅游景点很难形成面，根据此特点，勐库镇政府转换思路，在未来的发展规划中将打造五条旅游路线（214线正气塘—那赛观景台—热水塘—忙蚌—滇濮古镇—忙波；林勐线冰岛小镇—冰岛湖—神农祠—忙云坝—城子村；古茶谷线神农祠—山神庙—古茶山；公弄旅游线勐库街—公弄大寨—小户寨；勐库集镇区—各村、各组旅游线），促使旅游点由点到线。

勐库镇政府在促进茶旅融合过程中，了解各村不同的民族习俗。通过政府人员、村委会与各村小组长的深入交流，记录各村的独特习俗，在与企业合作开发旅游项目时，共享资源，组织会议对旅游项目规划做补充，做出合理规划，充分利用资源，避免在推进茶旅融合进程中，破坏原本的民族文化。在挖掘民族文化的同时，要时刻与村民保持联系，尽量做到兼顾各方利益，最终成果由各主体共享，实现推进脱贫攻坚与乡村振兴的有效衔接。

（五）加强政府政策的宣传力度

加强宣传、落实小额信贷政策，对符合贷款条件的各类主体给予贴息补助，提高主体投资能力，激发各村的内生动力，营造良好的投资环境，也可吸引外来企业投资旅游项目，增加旅游区的市场主体，为茶旅融合的发展注入活力。

宣传联农带农机制，鼓励群众参与茶旅融合建设项目。鼓励市场主体采取统一服务带动标准化经营、股份合作共享发展成果、信用和风险互联互担打破融资困局、村企协同融合资源要素、业态创新引领高质量发展等多种模式，建立健全联农带农机制。对表现突出的市场主体在项目补助、用地保障、金融扶持、科技服务、基础设施、市场营销等方面给予倾斜支持。让村民了解政策措施，方便开展群众工作。积极引导村集体和村民利用资金、技术、土地、林地、房屋以及农村集体资产入股乡村旅游合作社、旅游企业等获得收益，壮大乡村旅游市场主体，推动乡村旅游快速健康发展，可增强旅游企业和村民对未来茶旅融合发展的信心，同时增强政府的公信力。

宣传政府政策，需每级政府人员首先了解政策内容，并在文化水平较低的地区运用图画和文字相结合、视频、小故事及民族语言方式，向村民宣传政府的各项政策。

结语

在乡村振兴背景下，产业融合发展成为地方政府发展经济的重要方式，各地区因地制宜的探索产业融合发展的途径，形成了产业融合发展的多种模式，而在推进产业融合发展过程中，各主体参与的方式是政府主导、企业主体、群众参与。

本文主要研究政府主导视角下的产业融合发展，以勐库镇政府主导促进当地茶旅融合发展为例。为实现脱贫攻坚与乡村振兴的有效衔接，勐库镇政府利用当地的茶产业和旅游业相融合促进发展，将独特的民族文化融入其中，赋予了勐库镇茶旅融合更多的内涵。勐库镇辖内16个行政村，茶旅融合的发展进程各不相同，部分村为促进发展，率先寻找乡贤带领村民代表做好规划，在政府政策和资金扶持下，完善基础设施建设，推动茶旅融合快速发展。勐库镇各村分散而居，地形复杂，影响部分自然村的基础设施建设进度，阻碍地区的发展。

乡村振兴的发展受多种因素影响，但是政府作为其中的主导力量，需发挥主导作用，文章通过多种方式研究勐库镇政府推进茶旅融合发展进程对存在的问题提出对策及建议，目前勐库镇的茶旅融合发展任重道远，未来需不断发现问题、解决问题，实现脱贫攻坚与乡村振兴的有效衔接。

参考文献

［1］ 唐惠敏.论乡村振兴的地方政府职责［J］.大连海事大学学报（社会科学版），2021，20（1）：107-114.

［2］ 章凡华,董占波,叶子.乡村振兴背景下茶旅融合的发展模式及优化策略：以平阳县新联村为例［J］.商场现代化，2022（19）：97-99.

［3］ 陈丽华.政府主导下的武当山旅游产业可持续发展研究［J］.中州大学学报，2016，33（6）：33-36.

［4］ 田卉,李景慧.茶文化与乡村旅游的产业融合分析［J］.福建茶叶，2022，44（7）：43-45.

［5］ 林铅海,张少平.产业融合视域下茶文化旅游发展路径研究［J］.福建茶叶，2021，43（12）：56-57.

［6］ 薛莹.茶旅产业融合创新发展探究：以信阳市为例［J］.农业与技术，2022，

42(11)：161-164.

[7]　庞娇.乡村振兴视域下茶旅产业融合发展模式及提升路径：以四川省为例[J].安徽农学通报，2021，27(24)：112-114.

[8]　葛知萍，柳娥.凤冈县茶旅融合发展模式研究[J].北方经贸，2022(1)：158-160.

[9]　黄碧雁.茶文化与旅游经济发展融合的探究[J].文化产业，2021(19)：146-147.

[10]　牟丹，古丽娜尔·吾玛尔江.乡村振兴背景下特色产业经济发展战略探究[J].中关村，2022(8)：108-109.

[11]　胡冰冰.乡村振兴背景下湖南乡村茶文化旅游的营销策略研究[J].福建茶叶，2022，44(10)：48-50.

乡村振兴战略背景下腾冲市银杏村旅游品牌建设探析

李玉萧

近年来随着乡村振兴战略的提出乡村旅游得到大力发展，乡村旅游品牌建设成为了实现乡村振兴的重要途径之一[1]。在乡村旅游品牌建设过程中通过对乡村特有的旅游资源进行挖掘开发，兴办实体经济带动村民就业，促进乡村振兴。同时，在乡村旅游品牌建设中实现农业与其他产业的融合发展，增强村民创业就业活力，保障村民的基本收入。

然而，就目前乡村旅游发展现状来看，绝大部分地区旅游产业同质化严重，未形成鲜明的品牌特色。反观游客的需求是千变万化的，这些千篇一律的景点不能满足其多样化的需求。少部分地区虽然已经建设了品牌，但仍存在品牌意识不强、建设思路不清、运营方式不当等方面的问题。因此，在发展乡村旅游过程中，对于未开发的地区在发展旅游业时必须加强乡村旅游的品牌建设，通过品牌建设突出自身的独特性以吸引大众，满足人民群众多样化的旅游目的地需求。对于已经形成品牌建设的地区，要着力解决好品牌建设过程中面临的各类问题，实现旅游品牌发展的持续性。

腾冲市银杏村在发展乡村旅游的过程中，结合自身特色资源进行旅游品牌建设，彰显了其独特性，深受广大游客欢迎。但是，在旅游品牌发展过程中仍存在部分问题有待解决，本文将通过研究银杏村旅游品牌建设过程，发现其旅游品牌建设过程中存在的问题，并提出相关解决措施。

一、概念界定

（一）乡村旅游

乡村旅游的概念近年来成为了各国学者较为关注的研究主体之一，就目前来看有了一定的研究成果，其内容包含乡村旅游理论体系的构建。但是目前学术界对乡村旅游概念的界定还没有形成统一的结论。学者吉尔伯特和图恩将乡村旅游定义为，农户为游客提供食宿等服务，让游客在乡村环境中体验乡村独特的资源和各种休闲活动的一种旅游方式[2]。欧盟和经合组织定义乡村旅游为，发生在乡村的旅游活动，认为乡村本土性是乡村旅游最本质和独特的特点。我国学者对乡村旅游概念的研究和实践都处于不断拓展的阶段，还未形成统一概念，但普遍认为乡村旅游应是经营主体为农民，以农村的田园、村落、农作物和文化资源为特色来吸引城市居民游览的一种旅游方式[3]。

现阶段伴随人民的生活水平不断提高及生活节奏的加快，面对大都市的繁华人们已经麻木，反而更向往悠闲自得的乡村生活。作为都市游客想到乡村去感受各具特色风俗民情和极具传统的乡村建筑，观赏各类自然风光及感受各地传统文化，体验富有特色的传统劳作[4]。正是因为如此，乡村旅游得到广大游客的欢迎，全国各地乡村旅游也得到快速发展。

综上，本文将乡村旅游定义为，以乡村独特的自然、人文资源和历史资源为依托，把乡村打造为满足群众需求的旅游目的地。

（二）旅游品牌建设

旅游品牌建设是各地结合自身特色挖掘出旅游资源，打造出极具本地特色旅游品牌。品牌是代表旅游产品的特色形象、品质、口碑的综合体现[5]。各地发展乡村旅游都结合自身的特色打造旅游品牌，促进旅游景区的可持续发展。众多的乡村旅游景区千篇一律，导致发展乡村旅游竞争越来越激烈，乡村旅游产品要想突出重围就必须挖掘本地特色打造具有本土性的旅游品牌，形成自己的品牌竞争力。

在当今社会，旅游市场的竞争越来越激烈，要想在激烈的竞争中彰显自身优势，必须对旅游品牌的形象进行塑造，即旅游品牌形象塑造是旅游地吸引游客注意的关键因素。旅游产品各具特色，在成功打造旅游品牌后要靠形象的传播，使其广大游客所熟知，从而产生想要体验观赏的念头，并最终来到景区体验。乡村旅游品牌建设要挖掘自身本土特色、明确目标客源，有针对性地建设具有自身本土特色的旅游品牌。朱强华、张振超认为：旅游品牌的构建是品牌定位、品牌设计与开发、品牌营销与传播、品牌管理和维护的过程。

本文认为，乡村旅游品牌建设是指乡村依托自身独有的自然资源、人文资源、历史文化资源，建设相关旅游项目，同时打造相应的品牌标志、名称和口号，制定合理的营销方案，完善相应的管理保障，形成一个系统的品牌建设程序[6]。

二、乡村振兴战略背景下银杏村乡村旅游品牌建设的积极影响分析

乡村旅游品牌建设助推乡村振兴战略的实现。乡村振兴战略要求通过产业振兴、人才振兴、文化振兴、生态振兴、组织振兴等方式，实现产业兴旺、生态宜居、乡风文明、治理有效、生活富裕的总要求[7]。银杏村在发展乡村旅游品牌建设过程中取得了一定的积极影响，主要体现在产业兴旺、生态宜居、乡风文明、生活富裕这几方面。

（一）乡村旅游品牌建设对乡村产业兴旺的影响

在乡村振兴战略背景下，我国乡村旅游业得到迅猛发展，推动了乡村的经济发展，为乡村产业兴旺奠定基础。乡村旅游品牌建设，发挥乡村生态旅游优势，打造特色旅游产品，为乡村产业兴旺再添动力。

1. 促进了一三产业融合发展

乡村旅游品牌建设促进了产业融合发展，实现了产业兴旺总要求。第一产业农业，在农村经济发展中属于基础产业，只有与二三产业有机融合，才能实现产业兴旺。乡村旅游品牌建设作为第三产业的有机形态，有效地把农业生产与乡村旅游、城镇消费紧密结合起来，从而促进产业融合发展，推进农业高质量发展[8]。

银杏村以其自然景观和人文景观为基础资源，建设乡村旅游品牌，开发了以银杏果为特色的餐饮店，传承了本地特有的文化皮影戏和绒绣等。同时银杏村乡村旅游品牌建设过程中十多户村民将传统种植业与旅游业结合起来发展水果采摘、养殖等产业，让游客可以更好地体验田园生活。乡村旅游品牌建设实现了农业与其他产业的有机融合，延伸了产业链，实现了乡村振兴战略对产业兴旺的要求。

2. 增强乡村创业就业活力

乡村旅游品牌建设是一项系统工程，在旅游品牌建设过程中为全方位满足游客的需求，往往需要大量的人参与到旅游服务中去，这给村民提供了大量的创业就业机会[9]。在银杏村旅游品牌建设过程中，由于市场需求，部分村民抓住机遇参与到旅游服务中去，如开设农家乐、民宿，生产旅游纪念品等服务业。据银杏村村支书介绍目前银杏村开展农家乐、民宿登记在册的共计 173户，还有部分是未进行登记的。同时还有部分村民转变传统种植理念，开始种

植果树，发展养殖业。因此，乡村旅游品牌建设，可改变村民以农为本的传统观念，增强村民创业就业活力。

（二）发展乡村旅游品牌建设对生态宜居的积极影响

1. 人居环境得到改善

与城市相比，农村的生活污水、生活垃圾等处理能力较差。乡村旅游品牌建设前的银杏村就是如此，由于村民没有环保意识，没有固定的垃圾收集点。小树林里、小河边、大路旁，随处可见的都是各种垃圾。像家畜粪便和厨余垃圾更是会被村民们倾倒在河里，造成了极大的环境污染。村民赖以生存的环境可以用"脏、乱、差"三字形容。

随着乡村旅游品牌建设的发展，村子里每周都有固定的垃圾转运车收集垃圾，村里大大小小的道路上都装上了垃圾桶，建成了专门的排污系统，再加上村民环保意识的加强，村内的环境与之前相比发生了翻天覆地的变化。村民生活环境变得更加干净整洁了，山更青了、水更绿了，村民的生活也变得更美好了。因此，从某方面说乡村旅游品牌建设让人居环境得到了改善。

2. 完善乡村公共基础设施

乡村旅游品牌建设后，村容村貌发生了极大的变化，乡村公共基础设施的不断完善。"路不通、水不通、电不通"是过去银杏村的标志。银杏村旅游品牌开始建设之初，政府就开始对乡村道路做出重要部署，通过财政补贴投入大量资金实施道路硬化。银杏村的道路也由过去的泥泞小路变为了现在旅游道村村通、村镇通、村市通。同时"道路亮化"工程也随之开展，村内各主干道上开始安装上了路灯。道路工程的建设不仅促进了乡村旅游品牌建设的发展，同时也便利了村民，满足了村民的需求。

乡村旅游品牌建设后，银杏村实施了农村千兆网、第五代移动通信、移动互联网同步规划建设。规划实施后，村内实现了家家户户通网络。通过网络村民接触到了大千世界，思想也变开阔了，幸福感也提升了。数字乡村建设发展工程的实施在满足乡村旅游品牌建设需要的同时，也满足了村民对日益增长的美好生活的需求。

（三）乡村旅游品牌建设对乡风文明的积极影响

银杏村自乡村旅游品牌建设以来，不断推动乡风文明建设。定规矩、立良俗、破陋习、扶正气，其内容涵盖社区治理、环境美化、邻里和睦、尊老爱幼等与村民生活息息相关的内容。伴随着村规民约实施的深入，银杏村民风、村貌均有不同程度的提高。例如在乡村旅游品牌建设之前村内大街小巷到处都有村民打牌喝酒等现象，吆五喝六、污言秽语充满了整个村落。在乡村旅游品牌建设之后村民们在村规民约的制约下和与游客接触交往中接受了新思想，村内这些混乱的现象逐渐没有了身影。村民开始积极参与到村里组织的各类志愿活动中去，充满正能量的热心村民越来越多，村子里各家各户团结一致、互帮互助，使整个银杏村呈现出了欣欣向荣的景象。

此外，银杏村旅游品牌建设后群众文化活动越来越丰富多彩，银杏博物馆、文化馆等公共场所常年坚持免费开放，设施功能不断完善。各大广场定期开展本村传统戏曲皮影戏的表演、群众广场舞大赛等活动，每个学期都定期开展戏曲进校园的活动，让孩子们从小耳濡目染本村传统文化。在旅游品牌建设过程中将乡村文化融合历史背景、融于时代主题、融进生活场景、融入心灵深处，在乡村旅游品牌建设过程中传承和增强文化认同。

（四）乡村旅游品牌建设对生活富裕的积极影响

乡村旅游品牌建设后，因要满足旅游品牌的运营需求而需要大量的村民参与到旅游服务业中去，因此在旅游品牌建设后大量村民根据各类需要参与到旅游服务业中，通过参与保障了基本收入来源，最终达到生活富裕的目标。

1. 保障村民收入来源

银杏村在乡村旅游品牌建设过程中，大部分村民通过参到旅游服务业中保障了基本收入。例如对于村里六七十岁的老年人来说，每年在旅游旺季的时候通过编银杏帽售卖和出售一些当地的农副食品，基本都能有六千元到一万元左右不等的收入，这些收入基本能满足其一年的支出。对于年轻的村民，一部分通过开农家乐或民宿增收，另一部分则通过到旅游公司和其他有人员需求的民宿或农家乐帮忙增收。总之，通过银杏村乡村旅游品牌建设的发展，带动了当地村民的就业，促进了村民"生活富裕"目标的实现。

2. 丰富村民的精神生活

银杏村在乡村旅游品牌建设过程中，实现村民物质生活富裕的同时，也实现了村民的精神生活富裕。随着游客的到来，村民们在与游客的接触中开阔了自己的眼界，思想方面得到提高，开始追求有品质的精致生活。例如过去在闲暇之余大家都只会打牌消遣，如今在闲暇时间大家会结伴外出旅游，去了解外面的世界。同时在闲暇之余越来越多的村民开始加入健身行列，晚饭后走路的、跑步的、跳广场舞遍布村里的各个角落。乡村旅游品牌建设，奠定了村民的物质基础，同时让村民的精神生活越来越丰富。

三、银杏村乡村品牌建设存在问题分析

乡村旅游品牌建设关键突出的是乡村独有的自然资源、人文资源及特色产品，银杏村在旅游品牌建设过程将中其独特的资源进行挖掘开发，形成独具特色的旅游品牌。但在品牌建设过程中仍有旅游品牌建设思路不清晰、营销策略不当、基础设施不完善等问题。

（一）旅游品牌建设思路不清晰

银杏村在旅游品牌建设之初，其主要打造的是本村特有的自然资源，由于其自然资源存在季节性，为满足发展需要必须开发一些新的旅游项目，但在开发过程中由于品牌建设思路不清晰，造成了盲目开发的现象。

1. 盲目跟风，开发网红打卡景点

银杏村乡村旅游品牌建设过程中将银杏林作为开发资源，其虽彰显了自身独特性，但银杏林作为自然植被具有明显的季节性，每年旅游旺季只有十月初至十二月底短短三个月的时间。为解决季节性的问题，旅游公司也开始尝试开发一些新的项目，但其所开发的旅游景点大多都是盲目跟随潮流，没有结合本土特色。例如开发了悬崖秋千、玻璃栈道等没有吸引力的网红旅游项目。打造网红景点，一方面虽当下非常吸引人们的关注，但它所被人们关注的周期往往是非常短暂的，潮流过后通常就会被人们遗忘。另一方面，网红景点吸引的游客面非常狭窄，其往往只能吸引到周围村寨的村民前来观赏和游玩，对于都市游客要么是同样是网红景点到哪里打卡都无所谓，要么是觉得网红景点没有吸引力提不起参观的兴趣。银杏村在乡村旅游品牌建设过程中存在，建设思路不清的问题，没有做到结合本土特色认真考察，挖掘具有本地特色的旅游资源和文化产品。

2. 本土特色景点未全面开发

银杏村旅游资源除了成片的银杏林外还有极具本地特色的古溶洞、龙川江峡谷、"鬼磨针"古战场、"三道门"遗址等人文景观和历史景观。但在银杏村旅游品牌建设过程中开发的重点放在了自然资源上，对这些人文、历史景观的开发不够深入全面，只是在原有的基础上稍稍改造便开始营业，导致这些景点对旅客的吸引力不够。同时在开发后期宣传上，其宣传的主角同样也是以银杏林为主，对于其他的景观并没有进行大力宣传，导致银杏村人文、历史景观没有被大众所熟知。

（二）乡村旅游品牌营销策略不当

乡村旅游品牌建设过程中品牌营销是一个核心环节，好的品牌营销让旅游品牌在旅游市场中立于不败之地，带来更多的经济效益[10]。银杏村在乡村旅游品牌建设过程中由于缺乏专业人才和宣传手段单一等问题，出现了旅游品牌营销不当的现象。

1. 旅游品牌缺乏专业人才管理

旅游品牌的宣传需要专业的人才在进行市场研究后包装、传播品牌，然后再根据游客的体验反馈进行品牌的再塑造、完善。在银杏村旅游品牌建设过程中虽也有旅游公司在对景区进行管理，但其旅游公司是由市镇村三级共同组建的，公司内的员工大多也是由附近的村民组成，拥有的专业技术少之又少。同时没有专门的游客反馈信息收集系统，造成了游客体验后体验感无处反馈的现象。专业人才的缺乏导致了银杏村在乡村旅游品牌建设过程中缺乏科学准确的管理方案，也没有办法制定专业的营销方案。

2. 品牌运营过程中服务水平不高

服务质量是旅游业持续发展的基础，其水平高低优劣直接影响一个地方的旅游形象。银杏村在旅游品牌建成开始营业后，本村村民开始自己发展农家乐、民宿，在提供服务过程中由于没有接受专业的培训，提供的服务往往呈现出不统一、不专业的现象。同时旅游公司的服务人员也都是本村或周边村子的村民，这个群体由于没有接受过专业的教育和培训造成文化素养和专业服务技能的欠缺，其服务水平往往也不能满足游客的需求。例如，服务人员大多对本地景区文化内涵了解不足，当游客想深入了解景区文化对服务人员进行相关交流时，服务人员往往不能进行深入专业的讲解，给游客造成不好的体验感。

3. 品牌宣传力度欠佳

银杏村在旅游品牌运营过程中由于管理部门和经营者缺乏知识，对乡村旅游品牌宣传认识不足、要求不高。宣传营销方式仅限于部分经营者拍摄短视频进行宣传。旅游公司虽有自己的短视频账号和微博账号，但是其利用率并不是太高。主要是因为账号所发布的内容并不是定时更新，账号更新大多都只在旺季那段时间，淡季的时候基本没有进行宣传，更新的内容也不能满足旅客的了解需求。同时宣传内容拍摄最终呈现的结果不是很完美，视频达不到预期的宣传效果。景区内运营的账号由于推广不够导致关注的人寥寥无几，关注的人大多都属于本地村民。这些原因共同造成了旅游品牌宣传效果欠佳。

（三）旅游品牌建设过程中基础设施不够完善

1. 景区缺乏科学统一的规划

景区各旅游项目之间缺乏科学统一的规划，古银杏林、古溶洞、龙川江峡谷、"鬼磨针"古战场、"三道门"遗址这几个旅游景点分布零散，普遍缺少规划，没有形成统一的布局，从而导致景区在规划上缺乏完整性。

银杏村的道路缺乏统一的规划和布局。从大的方面看，银杏村进村道路主要是以银杏大道为主，没有形成网状和面状，遇到旺季出现堵车严重的现象；从小的方面看，银杏村的景区道路也并未规划好，只是在原来的乡村小道上稍作改造。景区内许多旅游道路崎岖不平，村寨中的小巷子凌乱不堪，东一条，西一岔，游客在寨中迷路情况时有出现。

2. 基础设施建设无法满足游客需求

景区内旅游标识系统存在许多问题，在银杏村内很多道路缺乏必要的标识，许多路段无标识或标识不清，例如有的标识箭头指向有误、有的标识由于年久失修上面的字已经看不清楚，无法正确指引游客甚至会误导游客。村内公共厕所、垃圾处理都存在不同程度的问题，景区内的厕所少且卫生差，整个景区中公共厕所不足5个，有几个还属于付费的，不能满足游客的基本需要。旅游区内缺少必要的医疗点和医疗设施，在银杏村景区只有1个医疗卫生院，医疗设备不齐全，不能满足突发情况的处理需求。

此外，银杏村在旅游品牌建设过程中，虽然有建设专门的旅游大道，但并没有开设旅游专线。在这样的情况下不免给许多不是自驾游的旅客带来了不便。一方面，会有部分游客不清楚需要转到乡镇的车站的位置后，还要找到银杏村专门的停车点，在这个过程中如果没有人引导会使得整个旅途非常劳累。另一方面，许多初次来的游客，不了解情况往往会被一些黑车司机欺诈，给游客留下一些不好的旅行体验。造成旅游专线没有开通的原因主要是，首先，银杏村景点的存在季节性，如果为满足旺季需求开设一条旅游专线，淡季的时候就会造成资源闲置。其次，开设一条专门的旅游专线需要大量的资金投入，目前来说更多的资金只能用来开发新的旅游项目，没有多余的资金用来开发旅游专线。

四、乡村振兴战略背景下银杏村乡村旅游品牌建设的对策

(一) 多品牌齐头并进，助力文化振兴

找准本土发展定位，打造多种乡村旅游品牌。打造多品牌有利于提升旅游品牌建设的竞争力。在乡村旅游品牌建设过程中要因地制宜，结合自身不同资源，打造多样化的旅游品牌，在品牌建设过程中着重考虑品牌的本土性、唯一性、体验感和互动性几方面的因素[11]。

1. 挖掘本土特色，实现多品牌齐头并进

实现多品牌齐头并进，即在乡村旅游品牌建设过程中将具有本土特有的自然资源、人文资源和历史文化资源都进行品牌打造，形成多品牌齐头并进的局面，在保证其景点独特性的同时避免了景区因旅游资源季节性造成的空窗期问题。银杏村在面对景点季节性问题时，不应该盲目跟随潮流开发网红景点，可以结合本地实际情况，对本土特色的资源进行品牌建设。保证旅游资源的唯一性，以品牌特色吸引游客，这也是关系乡村旅游品牌建设能否取得成功的命脉。对于银杏村来说在品牌建设过程中，要着重开发极具本地特色的旅游资源如古溶洞、龙川江峡谷、"鬼磨针"古战场、"三道门"遗址，挖掘其背后的文化内涵并打造旅游品牌。这样既能使旅游项目区别于其他地区的景点，具有本地特色，呈现多品牌齐头并进的局面，也能提升旅游品牌的价值、品质，实现旅游资源得可持续发展。

2. 设置体验互动项目，宣传本村文化

乡村旅游品牌建设应设置互动项目，宣传本村文化，即乡村旅游品牌要让游客参与其中，体验该品牌带来的精神享受和心灵感悟，提升乡村旅游的价值和品质。在具体操作层面上，乡村旅游品牌建设要以乡村的资源为依托，以目标市场为导向，突显乡村文化内涵，挖掘乡村旅游产品或服务的物质上的文化性、内涵上的人文精神文化性，从而形成特色鲜明的乡村旅游品牌。具体到银杏村来说，其旅游品牌建设要结合到本村文化产品皮影戏和绒绣上。对于皮影戏和绒绣的价值挖掘不能仅停留在欣赏和旅游纪念品售卖上，而是要开发更多的体验馆，让游客参与到其中去，体验传统文化和传统手工艺的制作。游客通过体验和互动后了解本土特色文化的趣味性和独特性，然后再将自己的体验感分享给其他的朋友，让旅游品牌的价值在游客的体验互动中得到提升和传播。

（二）多管齐下，推动村民就业

1. 多管齐下，着力解决专业人才欠缺问题

根据银杏村品牌运营具体情况来看，其存在问题的关键原因就是缺乏专业人才。要解决此问题需要从多方面入手。一方面，可引进专业的旅游公司或加强与专业旅游公司的合作。请专业的旅游公司派遣专业的人员进行策划营销，或从他们身上学习或引进有关旅游品牌管理运营的理念，为旅游品牌的长远发展奠定基础。另一方面，加强对本公司员工的专业知识与技能培训。专业的知识与技能是旅游品牌运营发展的基础，旅游公司应定期请专业的人员对本公司的员工进行培训，完善他们的专业技能。同时要加强顶尖人才的培养和引进，为旅游品牌建设注入专业力量。

2. 加强职业技能培训，拉动村民就业

银杏村发展带动了村内大部分人的就业，但少部分村民依然享受不到发展带来的福利。解决这个问题最主要地的措施就是加大对全村村民的职业技能培训，这些技能不光包括服务业，对种植业、养殖业相关行业的培训也要定期开展。通过这些培训的开展，使不直接从事旅游相关服务业的村民通过种植、养殖等谋生手段，为村内的农家乐和餐厅提供纯天然、无公害的绿色食品原材料。通过开展职业技能培训，让村民掌握专业的技能，参与到乡村旅游品牌建设的过程中，提高村民的就业率，带动本村的经济增长。同时在职业技能培训中，培养出各个领域的专业人才。

（三）完善基础设施建设，实现乡村宜居宜业

1. 加强政府引导，科学规划景区

发展乡村旅游品牌建。各级政府及相关行政主管部门要加强对景区的引导和规划，为乡村旅游品牌建设进一步发展创造良好的政策制度环境。从银杏村的发展来看，政府应加强对银杏村乡村人文景观、文化遗产、生态环境等的整合，形成旅游村落名录。加强银杏村景区的科学规划，根据实际情况科学合理地为乡村旅游品牌建设进行规划，为银杏村乡村旅游品牌健康、快速、长远发展提供科学保障；制订乡村旅游精品项目建设计划，实现银杏村旅游品牌建设景点的有序开发和可持续发展。因此，在乡村旅游品牌建设过程中，政府要加强对银杏村乡村旅游资源的全面整合，精心培育乡村旅游产品，科学规划乡村旅游线路，合理布局乡村旅游景点，努力形成产品各具特色、道路相互贯通、

景区道路和景点间点线面结合的良好的银杏村乡村旅游新局面。

2. 开展多渠道合作，完善景区基础设施建设

实现旅游品牌建设基础设施完善，一方面要加强与交通运输部门合作，开辟乡村旅游专线，为扩大客源市场和更多有需要的游客提供出游便利。针对银杏村目前的实际情况看，在本身没有足够投资资金的情况下，可以加强与交通运输部门的合作，在旅游旺季的时候请公交公司或其他的交通集团派车为游客提供服务。另外，可以通过让本村的营运车辆，到市区内的各车站专门接送游客，防止游客因为坐黑车而被欺骗的现象发生。另一方面要政府部门与旅游公司加强合作，对景区内的设施加大投入，同时定期派专门的人员对景区内的基础设施进行维护。在乡村旅游品牌建设基础设施不完善的情况下，只有做到上述两点，才能让交通和配套设施与旅游品牌建设的发展速度相匹配。在满足品牌建设需要的同时，惠及村民日常需求。

五、总结与反思

（一）总结

1. 乡村旅游品牌建设对乡村振兴战略具有推动作用

乡村旅游品牌建设是实现乡村振兴战略的重要途经，在乡村旅游品牌建设过程中，把突出农民主体作用、挖掘乡村文化、推进产业融合和加强环境整治放在首位。村民在旅游服务中实现了经济收入来源，在与游客交往中开拓了思想眼界；乡村在品牌打造建设中实现了环境优美、生态宜居。因此，乡村旅游品牌建设对实现乡村振兴战略具有推动作用，促进乡村产业兴旺、生态宜居、乡风文明、生活富裕总目标的实现。

2. 加强乡村旅游品牌建设有利于突出乡村旅游资源的独特性

在乡村旅游目的地同质化严重的今天，乡村旅游品牌建设就显得尤为重要。乡村旅游品牌建设过程中应区别于其他地区的旅游产品，尤其注重品牌的本土特色性，其景点应具有独特性，只有独特性才能吸引更多游客的到来。因此，加强乡村旅游品牌建设有利于突出旅游资源的独特性，各地在发展乡村旅游时要注意挖掘本土的自然资源、人文资源和历史资源，打造极具本地独特性的旅游品牌，实现旅游的持续性发展。

（二）反思

1. 乡村旅游品牌建设需加强多方合作

乡村旅游品牌建设要加强多方合做，多管齐下。就目前我国乡村旅游品牌建设的实际情况来看，各方面都还存在一定的问题，或是品牌建设思路不清，或是一个主体难以建设维护景区基础设施，或是品牌管理运营方面难以运行等。要解决这些问题必须做到加强各主体、各部门之间的合作，让种种困难在多方合作中迎刃而解。让乡村旅游品牌建设无论是建成、维护还是运营中都可以高效地达到预期的目标。因此，乡村旅游品牌建设要加强多方合作，多管齐下。

2. 乡村旅游品牌建设需加强人才培养引进

服务水平是旅游业发展的关键环节，在这个环节中提供服务的人往往又是最核心的要素。现阶段我国乡村旅游业中服务人员绝大部分都是由本地或周边的村民，由于文化水平和专业技能的限制，其提供的服务不能满足游客的需求。要解决这个问题就要定期对服务人员开展职业技能培训，根据不同的需求开展不同的培训，以解决各个方面的需求。同时定期引进专业人才，利用专业技术，解决发展服务中存在的问题。

参考文献

［1］ 王靓楠. 乡村振兴背景下乡村旅游品牌化建设展望［J］科技和产业，2019，19（5）:29-32.

［2］ 李荣恩. 乡村振兴战略背景下 H 县乡村旅游品牌建设研究［D］. 广州:广东工业大学. 2020.

［3］ 付子强. 乡村品牌形象设计:以山东平邑县苗泉村为例［D］. 济南:山东师范大学. 2020.

［4］ 帅明君. 居于乡村振兴战略下的农旅模式思考［J］. 农村实用技术，2019（10）:55-56.

［5］ 孙志红. 青岛乡村旅游品牌文化建设现状、问题及对策［J］. 青岛职业技术学院学报，2022，35（1）:69-73.

［6］ 梁明珠. 城市旅游开发与品牌建设研究［M］. 广州:暨南大学出版社，2009:71.

［7］ 董银丽，彭燕梅，瞿嘉安. 乡村振兴战略背景下旅游扶贫效应研究:以腾冲

市银杏村为例[J].保山学院学报,2019,38(6):89-95.

[8] 唐小翠.乡村旅游品牌建设与乡村振兴[J].中共桂林市委党校学报,2021,
21(3):30-34.

[9] 唐小翠.全域旅游视阈下的乡村旅游品牌建设探析[J].百色学院学报,
2019,32(3):106-110

[10] 陈博.产业兴旺战略下陕西省乡村旅游品牌建设问题研究[J].农业经济,
2020(8):58-59.

[11] 徐丹.乡村振兴战略背景下绍兴市乡村旅游区域品牌建设研究[J].经济
研究导刊.2019(1):154-155.

[12] 余可发.乡村旅游目的地品牌建设研究[M].北京:经济管理出版社,
2020.

[13] 王婉飞.浙江乡村旅游发展与创新[M].北京:北京大学出版社,2008.

[14] 黄晓宇.乡村旅游纪念品设计与旅游目的地品牌形象建设探究[J].参花
(上),2022(3):50-52.

[15] 蒋琴,吴学成.乡村旅游品牌建设与社会经济发展研究[J].农业经济,
2019(1):58-60.

[16] 何凝青,唐诗懋,杨博文,等.全域旅游视域下乡村文旅品牌建设新路径研
究:以南京市黄龙岘茶文化旅游村为例[J].旅游纵览,2022(1):160-163.

后 记

  乡村振兴是新时代"三农"工作的总抓手，是建设农业强国，实现中国式现代化的必由之路。产业振兴是乡村振兴的坚实根基，是解决农村一切问题的重要前提，是农村作为中国式现代化稳定器和蓄水池的关键支撑。正如习近平总书记所强调的，"产业振兴是乡村振兴的重中之重，也是实际工作的切入点。没有产业的农村，难聚人气，更谈不上留住人才，农民增收路子拓不宽，文化活动很难开展起来。"只有明确产业振兴的重要意义，把产业放在首要位置，积累丰厚的物质基础，才能更好地带动乡村人才、文化、生态、组织等协同发展、全面振兴。

  自拉开乡村振兴序幕以来，更多的政策资源和舆论焦点转向中国的乡村大地，农村再次焕发勃勃生机，乡村产业获得新动能。各地结合本土资源禀赋、历史文化底蕴等特点，如火如荼地培育和发展适合自身的乡土产业。乡村产业振兴尚处于起步阶段，虽说党和国家自上而下制定一系列规划政策，各地也在积极响应和探索发展路径，但也面临一系列发展困境。编者之前有幸作为驻村工作队员，直接参与脱贫攻坚和乡村振兴工作，发现当前乡村产业发展出现两个极端：资源禀赋好的乡村能够获得更多要素支持，并积极抢抓机遇，快速培育和壮大产业，享受到较多政策红利，甚至出现资源溢出和浪费现象；资源禀赋差的乡村刚刚摆脱贫困的束缚，缺乏产业振兴的底气和主动创新的思维，面对新形势和新政策或者处于观望状态，或者显得一筹莫展，不能有效承接政策红利，失去发展的主动性。显然，如何在乡村产业振兴过程中均衡资源配置，激活乡村主动性创造性，实现公平和效率的统一既是对政策制定者和实施者的考验，也是摆在理论界和实践者面前的难题。

  边境城市的乡村产业振兴具特殊性，不仅关乎全国性乡村振兴全面实现的程度，更关乎边疆繁荣稳定和国家安全发展，应该得到更多的政策关切和理论关注。云南省地处边疆，与缅甸、老挝和越南接壤，拥有长达4060公里的边境线、25个边境县（市）；地形气候复杂多样，多山脉和河流；少数民族分布广泛，民俗文化多元，集"边境""民族""欠发达""资源"等特征为一体，属于国家宏观政策重点关注的特殊类型地区。云南边境地区复杂的要素组合特征决定了其乡村产业振兴的复杂性。一方面，云南边境地区经济发展的滞后性及其特殊的政治意义，决定了国家层面的乡村振兴战略必须和西部大开发、兴边富民等战略有效耦合，对云南边境地区的乡村产业发展实施全面的政策支持。另一方面，云南广阔边境地区多元的自然资源、社会资源和人文资源等条件，决定了其乡村产业振兴无法用一般性或普适性的理论进行解读和分析，也不能采用宏观性政策"一刀切"推进，必须基于一方水土，做好"土特产"。

编者及其所在学院地处云南边境地区，在政治学、社会学、公共管理、边境社会治理学等学科支撑下，一直致力于关注和探究乡村振兴和边境治理问题，希望能够发挥高校及研究者的功能，为边境地区的乡村振兴发声、发力。由于知识和能力有限，编者难以从宏观层面对边境地区的乡村产业振兴展开宏大叙事，只能尽可能通过广泛的社会调研与思考总结，从微观层面搜集和整理云南边境乡村地区产业发展的实践资料和典型案例，进行一定的问题剖析和经验总结，以期为学术界相关研究提供素材，为政府的政策制定和实施提供依据，为其他同类地区产业发展提供经验借鉴。本书的主要内容，就是编者和学院诸位同事带领和指导学生基于一定的实践体验和社会调查，并结合一定的专业理论和认知，形成的对云南各边境乡村地区产业发展实践的粗浅总结和思考，主要集中在多元主体激活、乡村特色产业拓展、乡村休闲旅游业三个层面。本书的出版，得到东北大学出版社的大力支持，在此特别感谢出版社编辑对本书成稿所提出的意见和建议。感谢为本书提供文稿的各位同学及指导老师，感谢为本书出版提供的资金支持和情感支持的保山学院政府管理学院，感谢一直以来关心、指导和鞭策编者成长的同事和专家学者。本书尚有诸多不足之处，希望各位同仁批评指正，也希望更多同仁关注和支持云南边境地区的乡村振兴，为边境地区产业发展建言献策。

王旭明

2025年1月25日于保山学院明城楼